UMA
BOA
VIDA

Robert Waldinger e Marc Schulz

UMA BOA VIDA

COMO VIVER COM MAIS SIGNIFICADO E REALIZAÇÃO

As descobertas do mais longo estudo científico
sobre o que realmente nos faz felizes

SEXTANTE

Título original: *The Good Life*

Copyright © 2023 por Robert Waldinger e Marc Schulz
Copyright da tradução © 2023 por GMT Editores Ltda.

Todos os direitos reservados. Nenhuma parte deste livro pode ser utilizada ou reproduzida sob quaisquer meios existentes sem autorização por escrito dos editores.

tradução: Livia de Almeida
preparo de originais: Priscila Cerqueira
revisão: Hermínia Totti e Luis Américo Costa
diagramação: Valéria Teixeira
capa: Natali Nabekura
impressão e acabamento: Lis Gráfica e Editora Ltda.

CIP-BRASIL. CATALOGAÇÃO NA PUBLICAÇÃO
SINDICATO NACIONAL DOS EDITORES DE LIVROS, RJ

W167b

Waldinger, Robert
    Uma boa vida / Robert Waldinger, Marc Schulz ; [tradução Livia de Almeida]. -1. ed. - Rio de Janeiro : Sextante, 2023.
    320 p. ; 23 cm.

    Tradução de: The good life
    ISBN 978-65-5564-670-2

    1. Desenvolvimento pessoal. 2. Relações humanas. 3. Autorrealização. I. Schulz, Marc. II. Almeida, Livia de. III. Título.

23-85161   CDD: 158.1
                        CDU: 159.923.2

Gabriela Faray Ferreira Lopes - Bibliotecária - CRB-7/6643

Todos os direitos reservados, no Brasil, por
GMT Editores Ltda.
Rua Voluntários da Pátria, 45 – 14.º andar – Botafogo
22270-000 – Rio de Janeiro – RJ
Tel.: (21) 2538-4100
E-mail: atendimento@sextante.com.br
www.sextante.com.br

*Para as famílias em que nascemos
e para as famílias que ajudamos a criar*

SUMÁRIO

Nota dos autores   9

1. O que faz uma vida ser boa?   11
2. Por que os relacionamentos importam?   37
3. Os relacionamentos na sinuosa estrada da vida   63
4. Saúde social: seus relacionamentos em boa forma   94
5. Atenção aos relacionamentos: o melhor investimento   125
6. Segurando o rojão: como se adaptar aos desafios interpessoais   147
7. A pessoa ao seu lado: como as relações amorosas moldam nossa vida   171
8. Assuntos de família   200
9. Uma boa vida no trabalho: como investir em vínculos   226
10. Toda amizade é colorida   252

Conclusão: Nunca é tarde demais para ser feliz   274

Agradecimentos   284
Notas   292
Bibliografia   305

NOTA DOS AUTORES

Por mais de oitenta anos o Estudo de Harvard sobre o Desenvolvimento Adulto acompanhou indivíduos de centenas de famílias ao longo de duas gerações. Estar à frente de um trabalho assim exige uma forte relação de confiança, e parte dessa confiança vem de um profundo compromisso com o sigilo. Alteramos nomes e detalhes pessoais para proteger a identidade dos participantes. Todas as citações no livro, no entanto, são reproduções fiéis ou foram baseadas em entrevistas reais, gravações, observações e outros dados.

1
O QUE FAZ UMA VIDA SER BOA?

> Não há tempo para implicâncias, pedidos de desculpa, desgostos, acertos de contas, tão breve é a vida. Só há tempo para amar e apenas um instante, por assim dizer, para fazê-lo.
>
> Mark Twain[1]

Vamos começar com uma pergunta:

Se você tivesse que tomar uma *única* decisão vital, neste exato momento, para aumentar suas chances de ter saúde e felicidade no futuro, qual decisão tomaria?

Escolheria guardar mais dinheiro todo mês? Mudar de carreira? Viajar mais? Qual decisão seria capaz de assegurar que, em seus últimos dias, você pudesse olhar para trás e dizer que teve uma boa vida?

Uma pesquisa de 2007 perguntou a millennials (a geração de pessoas nascidas entre 1981 e 1995) quais seriam seus objetivos de vida mais importantes.[2] Enriquecer ficou em primeiro lugar para 76% dos entrevistados e metade deles mencionou a busca pela fama. Mais de uma década depois, quando esses millennials já eram adultos mais experientes, perguntas semelhantes voltaram a ser feitas por dois levantamentos. A fama tinha perdido algumas posições na lista, mas os principais objetivos ainda incluíam ganhar dinheiro, ter uma carreira de sucesso e livrar-se das dívidas.

Esses são objetivos comuns e práticos que atravessam gerações e fronteiras. Em muitos países, mal a criança começa a falar e já é questionada sobre o que quer ser quando crescer, ou seja, que carreira pretende seguir. Quando um adulto conhece alguém, uma das primeiras perguntas que faz é: "Você trabalha com quê?" O sucesso na vida é muitas vezes medido por titulações, salários e reconhecimentos, embora a maioria de nós entenda que essas coisas não contribuem necessariamente para uma vida feliz. Aqueles que conseguem cumprir alguns ou mesmo todos os objetivos desejados muitas vezes se pegam sentindo a mesma insatisfação de antes.

Ao mesmo tempo, somos bombardeados o tempo inteiro com mensagens sobre o que nos fará felizes, sobre o que devemos desejar, sobre quem está "se dando bem" na vida. Os anúncios nos dizem que consumir iogurte de determinada marca nos tornará saudáveis, que comprar aquele smartphone nos trará maior satisfação e que usar um creme facial específico nos manterá jovens para sempre.

Outras mensagens são menos explícitas, tecidas no material da vida cotidiana. Se um amigo compra um carro novo, talvez nos questionemos se um carro mais moderno tornaria nossa vida melhor. À medida que percorremos os feeds das redes sociais vendo apenas fotos de festas fantásticas e praias maravilhosas, podemos nos perguntar se faltam festas e praias na nossa vida. Para nossos amigos, colegas de trabalho e seguidores, tendemos a exibir versões idealizadas de nós mesmos. Apresentamos nossos avatares, e a comparação entre o que vemos um do outro e como nos sentimos sobre nós mesmos nos deixa com a sensação de que estamos perdendo alguma coisa. Como dizem por aí, *estamos sempre comparando nosso lado de dentro com o lado de fora dos outros.*

Com o tempo, desenvolvemos a sensação sutil, mas insistente, de que nossa vida está *aqui*, agora, enquanto as coisas de que precisamos para uma boa vida estão *lá longe*, no futuro. Sempre fora de alcance.

Quando observamos a vida através dessa lente, é fácil acreditar que a felicidade não existe de fato ou então que ela só é possível para os outros. Afinal, nossa própria existência quase nunca combina com o que imaginamos ser uma vida feliz. Nossa vida é sempre enrolada demais, complicada demais para ser boa.

Alerta de spoiler: a boa vida também é complicada. Para todo mundo.

A vida boa é repleta de alegrias... e desafios. Cheia de amor, mas também de dor. E podemos dizer que ela nunca *acontece* de fato. Na verdade, ela se *desenrola* com o passar do tempo. É um processo.[3] Inclui turbulência, calma, leveza, fardos, lutas, realizações, retrocessos, saltos para a frente e quedas terríveis. E, claro, sempre termina com a morte.

Que bela propaganda, não é mesmo?

Mas falemos às claras. A vida, mesmo quando é boa, não é fácil. Simplesmente não há jeito de chegar à perfeição e, se houvesse, não seria bom.

Por quê? *Porque uma vida rica – uma boa vida – é forjada precisamente pelas coisas que a dificultam.*

Este livro foi elaborado sobre uma sólida base de pesquisa científica. Em seu cerne encontra-se o Estudo de Harvard sobre o Desenvolvimento Adulto, um extraordinário esforço científico que começou em 1938 e que, desafiando todas as probabilidades, continua de vento em popa até hoje. Bob é o quarto diretor do Estudo, e Marc, seu diretor associado. Radical para a época, o Estudo se propunha a entender a saúde humana investigando não o que adoecia as pessoas, mas o que as fazia prosperar. Registrava as experiências de vida de seus participantes mais ou menos enquanto elas aconteciam, desde os problemas da infância, passando pelos primeiros amores, até os derradeiros dias. Assim como a vida de seus participantes, o caminho percorrido pelo Estudo de Harvard tem sido longo e sinuoso, evoluindo em seus métodos através das décadas e expandindo-se para agora incluir três gerações e mais de 1.300 descendentes dos 724 participantes originais. Progredindo e crescendo até hoje, é o mais longo estudo longitudinal da vida humana jamais realizado.

Mas nenhum estudo, por mais enriquecedor que seja, seria suficiente para estabelecer amplas afirmações sobre a vida humana. Assim, embora este livro se baseie diretamente no Estudo de Harvard, ele encontra suporte em centenas de outros trabalhos científicos que envolveram muitos milhares de indivíduos de todo o mundo. O livro também está repleto de sabedoria do passado recente e antigo – ideias duradouras que espelham e enriquecem as compreensões científicas modernas da experiência humana. Esta obra trata, sobretudo, do poder dos relacionamentos e é profundamente influenciada pela longa e frutífera amizade entre os autores.

Mas o livro não existiria sem os seres humanos que participaram da pesquisa – pessoas generosas cuja honestidade tornou possível esse estudo tão improvável.

Pessoas como Rosa e Henry Keane.

– Qual é o seu maior medo?

Rosa leu a pergunta em voz alta e depois olhou para Henry, seu marido, sentado do outro lado da mesa da cozinha. Na faixa dos 70 anos, Rosa e Henry moravam naquela casa e sentavam-se juntos à mesma mesa na maioria das manhãs havia mais de cinquenta anos. Entre eles havia um bule de chá, um pacote aberto de biscoitos Oreo (comido pela metade) e um gravador. No canto do aposento, uma câmera de vídeo. Ao lado da câmera, sentada, uma jovem pesquisadora de Harvard, chamada Charlotte, observava e fazia anotações em silêncio.

– É uma pergunta e tanto – disse Rosa.

– *Meu* maior medo? – perguntou Henry para Charlotte. – Ou *nosso* maior medo?

Rosa e Henry não se consideravam particularmente interessantes para fazer parte de um estudo. Os dois haviam crescido na pobreza, casaram-se com 20 e poucos anos e criaram cinco filhos juntos. É verdade que tinham atravessado a Grande Depressão e passado por muitos momentos difíceis, mas isso não era diferente do que acontecia com qualquer outra pessoa do seu entorno. Por isso os dois nunca entenderam por que os pesquisadores de Harvard se interessaram por eles, muito menos por que permaneciam interessados, ainda telefonando, enviando questionários e vez ou outra pegando um avião e atravessando o país para visitá-los.

Henry tinha apenas 14 anos e morava no West End de Boston, num cortiço sem água encanada, quando pesquisadores do Estudo bateram pela primeira vez à porta de sua família e perguntaram a seus perplexos pais se poderiam fazer um registro de sua vida. O Estudo seguia a todo vapor na época em que ele se casou com Rosa, em agosto de 1954 – os registros mostram que, quando ela aceitou o pedido, Henry mal conseguiu acreditar na própria sorte –, e ali estavam eles em outubro de 2004, dois meses depois das suas bodas de ouro. Rosa havia sido convidada a participar mais diretamente do Estudo em 2002.

– Já estava na hora – dissera ela.

Harvard vinha rastreando Henry ano após ano desde 1941. Rosa costumava dizer que achava estranho que, na velhice, ele ainda concordasse em se envolver tanto, porque em geral Henry era muito reservado. Mas o marido sentia o dever de participar e também havia desenvolvido o gosto pelo processo, porque lhe dava outra perspectiva sobre as coisas. Assim, por 63 anos ele abriu sua vida para a equipe de pesquisa. Contou tanto sobre si mesmo, e por tanto tempo, que nem conseguia se lembrar do que eles sabiam ou não. Mas presumia que sabiam de tudo, até mesmo certas coisas que ele nunca tinha dito a ninguém além de Rosa, porque sempre que faziam uma pergunta ele se esforçava ao máximo para dizer a verdade.

E faziam muitas perguntas.

"O Sr. Keane ficou claramente lisonjeado por eu ter ido a Grand Rapids para entrevistá-los", escreveu Charlotte nas anotações feitas durante o trabalho de campo, "o que estabeleceu uma atmosfera amistosa para a entrevista. Ele me pareceu uma pessoa cooperativa e interessada. Ficava pensativo a cada resposta e fazia uma pequena pausa antes de falar. De todo modo, foi simpático e me pareceu se encaixar no estereótipo do homem tranquilo de Michigan."

Charlotte fez uma visita de dois dias para entrevistar os Keane e aplicar um questionário bem longo com perguntas sobre saúde, vida pessoal e vida a dois. Como a maioria dos jovens pesquisadores em início de carreira, Charlotte tinha suas dúvidas sobre o que constituía uma boa vida e sobre quanto as escolhas atuais poderiam afetar o futuro. Seria possível que insights sobre sua própria vida pudessem estar guardados na vida dos outros? A única maneira de descobrir era fazendo perguntas e prestando profunda atenção em cada pessoa entrevistada. O que era importante para aquele indivíduo em particular? O que dava sentido aos seus dias? O que ele aprendia com suas experiências? De que se arrependia? Cada entrevista fornecia a Charlotte novas oportunidades de se conectar com uma pessoa cuja vida estava mais adiantada do que a sua e que vinha de diferentes circunstâncias e de um momento diferente da história.

Naquele dia ela entrevistaria Henry e Rosa juntos, aplicaria o questionário e depois faria um vídeo com os dois conversando sobre seus maiores medos. Ela também os entrevistaria separadamente no que chamamos de "entrevistas de apego". De volta a Boston, as fitas de vídeo e as transcrições das entrevistas seriam estudadas para que a maneira como Henry e Rosa falavam um sobre o outro, suas pistas não verbais e muitas outras informações pudessem ser codificadas em dados sobre a natureza de seu vínculo – dados que se tornariam parte de seus arquivos, além de representar uma pequena mas importante peça num conjunto de dados gigantesco sobre como uma vida é realmente vivida.

Qual é o seu maior medo? Charlotte já havia gravado as respostas individuais a essa pergunta em entrevistas separadas; estava na hora de discutir a questão com os dois juntos.

A conversa foi assim:

– Eu até que gosto de perguntas difíceis – afirmou Rosa.

– Então ótimo – disse Henry. – Você começa.

Rosa ficou em silêncio por um momento e então contou para Henry que seu maior medo era que ele apresentasse sérios problemas de saúde ou que ela tivesse outro derrame. Henry concordou que eram possibilidades assustadoras. Mas disse, em seguida, que os dois estavam chegando a uma etapa da vida em que algo parecido seria provavelmente inevitável. Os dois conversaram bastante sobre o modo como uma doença grave poderia afetar a vida um do outro e de seus filhos adultos. Rosa acabou admitindo que não é possível prever tudo e que não adiantava se preocupar antes que algo acontecesse.

– Há mais alguma pergunta? – Henry dirigiu-se a Charlotte.

– Qual é o seu maior medo, Hank? – indagou Rosa.

– Eu estava torcendo para você se esquecer de perguntar para mim – admitiu ele, e os dois riram. Henry serviu mais chá para Rosa, pegou mais um Oreo e ficou em silêncio por algum tempo. – Não é difícil responder – disse por fim. – É que não gosto de pensar nisso, para ser sincero.

– Pois bem, essa pobre garota veio lá de Boston, então é melhor responder.

– Não é uma coisa bonita de se dizer, eu acho – confessou ele, a voz vacilante.

– Vá em frente.

– Meu medo é não morrer primeiro. É ficar aqui sozinho sem você.

Na esquina do Bulfinch Triangle, no West End de Boston, não muito longe de onde Henry Keane morava na infância, o edifício Lockhart tem vista para as barulhentas ruas Merrimac e Causeway. No início do século XX, essa teimosa estrutura de tijolos era uma fábrica de móveis e empregava homens e mulheres do bairro de Henry. Agora abriga consultórios médicos, uma pizzaria e uma loja de donuts. É também a sede das pesquisas e dos registros do Estudo de Harvard sobre o Desenvolvimento Adulto, o mais longo estudo da vida adulta jamais realizado.

Aninhadas no fundo de um arquivo rotulado "KA-KE" estão as pastas de Henry e Rosa. Lá dentro encontramos as páginas amareladas, com bordas desgastadas, da primeira entrevista de Henry em 1941. Foram escritas à mão, na letra cursiva fluida e bem treinada do entrevistador. Vemos que a família de Henry estava entre as mais pobres de Boston e que aos 14 anos o garoto era considerado um adolescente "estável, bem controlado", com "um pensamento sensato acerca do seu futuro". Podemos ver que após a adolescência ele se manteve muito próximo da mãe, mas se ressentia do pai, cujo alcoolismo o obrigava a ser o arrimo da família. Um incidente particularmente doloroso aconteceu quando Henry estava na casa dos 20 anos e tinha acabado de noivar: seu pai disse à futura nora que o anel de 300 dólares havia privado a família do dinheiro necessário à subsistência. Temendo nunca escapar dessa família, a jovem terminou o noivado.

Em 1953, Henry se livrou do pai ao conseguir um emprego na General Motors e se mudou para Willow Run, em Michigan. Lá conheceu Rosa, imigrante dinamarquesa que tinha oito irmãos. Os dois se casaram um ano depois e tiveram cinco filhos. "Muitos, mas não o suficiente", na opinião de Rosa.

Nos dez anos seguintes, Henry e Rosa passariam por alguns momentos difíceis. Em 1959, o filho Robert contraiu poliomielite aos 5 anos, um desafio que testou o casamento e causou muita dor e preocupação à família. Henry começou na GM no chão de fábrica, como montador, mas, após faltar ao trabalho devido à doença de Robert, foi rebaixado, depois demitido e, a certa altura, ficou desempregado com três filhos para criar. Para sobreviver, Rosa começou a trabalhar para a prefeitura de Willow Run, no departamento financeiro. Embora o emprego fosse inicialmente apenas um jeito de fechar as contas da família, Rosa passou a ser muito querida pelos colegas e trabalhou em período integral por trinta anos, desenvolvendo relacionamentos com pessoas que ela considerava sua segunda família. Depois de demitido, Henry mudou de carreira três vezes, finalmente retornando à GM em 1963 e chegando a um cargo de supervisão. Pouco depois ele retomou contato com o pai (que havia conseguido superar o alcoolismo) e o perdoou.

Peggy, a filha do casal, que agora já tem mais de 50 anos, também participa do Estudo. Peggy não sabe o que seus pais compartilharam porque não queremos influenciar seus relatos sobre a vida familiar. Ter múltiplas perspectivas sobre o mesmo ambiente e os mesmos eventos ajuda a ampliar e aprofundar os dados do Estudo. Quando vasculhamos o arquivo de Peggy, descobrimos que, quando mais nova, ela considerava os pais compreensivos e acolhedores. Em geral, ela via seus pais como "muito afetuosos". E achava que eles nunca tinham pensado em separação ou divórcio – uma percepção condizente com os próprios relatos de Henry e Rosa.

Em 1977, aos 50 anos, Henry classificava sua vida da seguinte maneira:

Satisfação no casamento: EXCELENTE
Humor ao longo do último ano: EXCELENTE
Saúde física nos últimos dois anos: EXCELENTE

Mas não determinamos a saúde e a felicidade de Henry, ou de qualquer outro participante, simplesmente perguntando a ele e a seus entes queridos como se sentem. Eles nos permitem olhar para o seu bem-estar através de muitas lentes distintas, incluindo ressonâncias magnéticas do cérebro, exames de sangue e vídeos em que falam sobre suas preocupações mais profundas. Coletamos amostras de cabelo para medir os hormônios do estresse, pedimos que descrevam suas maiores preocupações e seus principais objetivos na vida, e avaliamos a rapidez com que os batimentos cardíacos se acalmam depois que são provocados com desafios lógicos. Isso nos fornece uma visão mais profunda e completa sobre a situação de um indivíduo diante da vida.

Henry era tímido, mas se dedicava aos relacionamentos mais próximos, em particular a seu vínculo com Rosa e com os filhos, e essas ligações lhe forneciam um profundo sentimento de segurança. Ele também empregava certos mecanismos poderosos de enfrentamento, que discutiremos nas próximas páginas. Com base nessa combinação de segurança emocional e enfrentamento eficaz, Henry se sentia à vontade para sempre dizer que estava "feliz" ou "muito feliz", mesmo durante seus momentos mais difíceis, e sua saúde e longevidade refletem isso.

Em 2009, cinco anos após a visita de Charlotte à casa de Henry e Rosa, 68 anos após sua primeira entrevista para o Estudo, o maior medo de Henry se tornou realidade: Rosa faleceu. Menos de seis semanas depois, Henry a seguiu.

Mas o legado da família continua em sua filha, Peggy. Recentemente ela se apresentou para uma entrevista em nosso escritório em Boston. Desde os 29 anos, Peggy está num relacionamento feliz com sua companheira, Susan, e agora, aos 57, relata boa saúde e nenhuma solidão. Ela é uma respeitada professora do ensino fundamental e membro ativo de sua comunidade. Mas o caminho percorrido para chegar a esse momento feliz foi doloroso e demandou muita coragem. Voltaremos a Peggy mais tarde.

O INVESTIMENTO DE UMA VIDA INTEIRA

O que havia na maneira de Henry e Rosa lidar com a vida que permitia aos dois florescer mesmo diante das dificuldades? E o que torna a história de Henry e Rosa – ou qualquer outra história de vida do Estudo de Harvard – digna de nosso tempo e atenção?

Quando se trata de compreender o que acontece com as pessoas ao longo do tempo, é quase impossível obter panoramas de vidas inteiras, incluindo as escolhas que foram feitas, os caminhos percorridos e como tudo funcionou. A maior parte do que sabemos sobre a vida humana aprendemos ao pedir às pessoas que se lembrem do passado, e as memórias estão cheias de lacunas. Tente se lembrar do que você jantou na terça-feira passada, ou com quem você conversou nesta mesma data no ano passado, e você terá uma ideia de quanto se perde na memória. Quanto mais o tempo passa, mais detalhes esquecemos, e pesquisas mostram que o ato de *relembrar* um evento pode de fato mudar nossa memória sobre ele.[4] Em suma, como ferramenta para estudar eventos passados, a memória humana é, na melhor das hipóteses, imprecisa e, na pior delas, inventiva.

Mas e se pudéssemos assistir a vidas inteiras enquanto elas se desenrolam ao longo do tempo? E se pudéssemos estudar as pessoas desde a adolescência até a velhice para ver o que realmente importa para a saúde e a felicidade de cada uma, bem como os investimentos que de fato valeram a pena?

Foi o que fizemos.

Durante 84 anos (e seguindo em frente) o Estudo de Harvard acompanhou os mesmos indivíduos, fazendo milhares de perguntas e centenas de medições para descobrir o que realmente mantém as pessoas saudáveis e felizes. Ao longo de todos os anos de estudo dessas vidas, um fator crucial se destaca pela consistência e por sua forte relação com a saúde física, a saúde mental e a longevidade. Ao contrário do que muitos podem pensar, não é a conquista profissional, nem a atividade física, nem a alimentação saudável. Não entenda mal; essas coisas importam (e muito). Mas há algo que demonstra de forma contínua sua ampla e duradoura importância.

Bons relacionamentos.

Na verdade, bons relacionamentos são tão significativos que, se tivéssemos que pegar os 84 anos do Estudo de Harvard e reduzi-los a um único princípio de vida, um único investimento de vida que é apoiado por descobertas semelhantes numa ampla variedade de outros estudos, seria o seguinte:

Bons relacionamentos nos mantêm mais saudáveis e felizes. Ponto final.

Quer dizer, se você vai tomar aquela única decisão, aquela com as maiores chances de garantir sua saúde e sua felicidade, a ciência nos diz que você deve cultivar relacionamentos calorosos. De todos os tipos. Como mostraremos adiante, essa não é uma opção que se faz apenas uma vez na vida, mas sim repetidamente, segundo após segundo, semana após semana e ano após ano. É a escolha que inúmeros estudos apontam como determinante para a alegria duradoura e uma vida próspera. Mas nem sempre é fácil. Como seres humanos, mesmo com as melhores intenções, nós nos atrapalhamos, cometemos erros e nos magoamos com as pessoas queridas. Afinal de contas, o caminho para uma boa vida não é fácil, mas é possível percorrer suas voltas e reviravoltas com sucesso. O Estudo de Harvard sobre o Desenvolvimento Adulto aponta o caminho.

UM TESOURO NO WEST END DE BOSTON

O Estudo começou em Boston quando os Estados Unidos lutavam para sair da Grande Depressão. À medida que os projetos do New Deal ganhavam força, como a previdência social e o seguro-desemprego, houve um interesse crescente na compreensão dos fatores que levavam os seres humanos ao sucesso, em oposição aos fatores que os faziam fracassar. Esse novo interesse levou dois grupos independentes de pesquisadores em Boston a iniciar projetos de pesquisa que seguiam de perto dois grupos muito diferentes de rapazes.

O primeiro grupo era formado por 268 universitários do segundo ano da Harvard College, selecionados por serem bons candidatos a se tornarem homens saudáveis e bem ajustados. Dentro do espírito da época, mas muito à frente de seus contemporâneos na comunidade médica, Arlie Bock, novo professor de higiene e chefe dos Serviços de Saúde para os Estudantes de Harvard, queria que a pesquisa tirasse o foco daquilo que fazia as pessoas adoecerem e se concentrasse naquilo que as tornava saudáveis. Pelo menos a metade dos jovens escolhidos para o estudo só conseguia frequentar Harvard graças a bolsas ou empregos que ajudavam a pagar as mensalidades. Alguns vinham de famílias abastadas. Alguns tinham raízes que remontavam à fundação dos Estados Unidos e 13% tinham pais imigrantes.

O segundo grupo era constituído por 456 meninos de áreas pobres de Boston, como Henry Keane, selecionados por um motivo diferente: eram adolescentes de 14 anos criados por algumas das famílias mais problemáticas da cidade. Eles moravam nos bairros mais desfavorecidos, mas, ao contrário de alguns de seus colegas, haviam em sua maioria conseguido escapar da delinquência juvenil. Mais de 60% daqueles meninos eram filhos de imigrantes vindos das regiões mais pobres da Europa Oriental e Ocidental ou de áreas no Oriente Médio e imediações, como Síria e Turquia. Suas linhagens modestas e a condição de imigrantes os tornavam duplamente marginalizados. Sheldon e Eleanor Glueck, advogado e assistente social, iniciaram esse estudo numa tentativa de compreender que fatores da vida evitariam a delinquência. Aqueles adolescentes tinham sido bem-sucedidos nesse quesito.

Os dois estudos começaram em separado, cada um com seus próprios objetivos, mas depois se fundiram e operam atualmente sob a mesma bandeira.

Ao ingressar em seus respectivos estudos, todos os participantes foram entrevistados – tanto os meninos dos bairros pobres quanto os jovens de Harvard. Foram todos submetidos a exames médicos. Os pesquisadores visitaram a casa de cada um deles e entrevistaram seus pais. Esses adolescentes se tornaram adultos que circularam por todas as esferas da sociedade. Tornaram-se operários, advogados, pedreiros e médicos. Alguns desenvolveram alcoolismo. Alguns desenvolveram esquizofrenia. Alguns subiram a escada social, saindo de baixo e chegando ao topo. Outros fizeram a jornada na direção oposta.

Os fundadores do Estudo de Harvard ficariam surpresos e maravilhados ao descobrir que a pesquisa continua até hoje, gerando descobertas singulares e importantes que eles nem poderiam ter imaginado. E agora, nos papéis de diretor (Bob) e diretor associado (Marc), nós nos sentimos incrivelmente orgulhosos por ter a oportunidade de apresentar a você algumas dessas descobertas.

UMA LENTE QUE ENXERGA ATRAVÉS DO TEMPO

Os seres humanos são cheios de surpresas e contradições. Nem sempre conseguimos entender os outros, nem (ou talvez principalmente) a nós mesmos. O Estudo de Harvard nos dá uma ferramenta única e prática para enxergar por dentro alguns desses mistérios humanos naturais. Uma rápida contextualização científica ajudará a explicar o porquê.

Estudos sobre saúde e comportamento humano costumam ser de dois tipos: "transversais" ou "longitudinais".[5] Estudos transversais cortam uma fatia do mundo em determinado momento e olham por dentro, da mesma forma que você cortaria um bolo para ver como são suas camadas. A maioria dos estudos psicológicos e de saúde se enquadra nessa categoria porque são eficientes em termos de custo. Levam um tempo finito e têm despesas previsíveis. Mas sofrem de uma limitação fundamental, que Bob gosta de ilustrar com a velha piada: se você confiasse apenas em estudos transversais, teria que concluir que há pessoas em Miami que nascem cubanas e morrem judias. Em outras palavras, os estudos transversais são "fotos instantâneas" da vida e podem nos levar a ver ligações entre duas coisas desconexas porque omitem uma variável crucial: o tempo.

Os estudos longitudinais, por outro lado, são o que parecem: longos. Eles examinam vidas *com o passar* do tempo. Existem duas maneiras de fazer isso. Já mencionamos a primeira, que é a mais comum: pede-se que as pessoas se lembrem do passado. São os chamados estudos retrospectivos.

Mas, como explicamos, esses estudos dependem da memória. Tomemos Henry e Rosa como exemplo. Durante as entrevistas individuais em 2004, Charlotte pediu a cada um dos dois, separadamente, que descrevesse como se conheceram. Rosa contou que escorregou no gelo na frente da caminhonete de Henry, então ele a ajudou a se levantar e mais tarde ela o viu num restaurante, onde tinha ido encontrar alguns amigos.

– Foi engraçado e a gente riu muito – disse Rosa –, porque ele estava usando meias de cores diferentes, e eu pensei: "Cara, ele não está nada bem, precisa de alguém como eu!"

Henry também se lembrava do escorregão de Rosa no gelo.

– E aí, um pouco depois, eu a vi sentada num café – disse ele –, e ela me pegou olhando para as pernas dela. Mas eu só estava olhando porque ela usava meias de cores diferentes: uma vermelha e outra preta.

Esse tipo de contradição entre casais é comum e provavelmente familiar para quem está num relacionamento longo. Bem, sempre que você e seu par discordarem sobre algo que lhes aconteceu no passado, saiba que você está testemunhando o fracasso de um estudo retrospectivo.

O Estudo de Harvard não é retrospectivo, é *prospectivo*. Nossos participantes são questionados sobre a vida como ela *é*, não como ela *era*. Como no caso de Henry e Rosa, às vezes perguntamos sobre o passado para estudar a natureza da memória, a maneira como os eventos são processados e lembrados no futuro, mas em geral queremos saber sobre o presente. Nesse caso específico, nós sabemos que versão da história das meias é a mais correta porque fizemos a mesma pergunta a Henry sobre o encontro com Rosa no ano em que se casaram.

– Eu estava usando meias de cores diferentes e ela percebeu – dissera ele em 1954. – Ela jamais deixaria isso se repetir hoje em dia.

Estudos prospectivos como esse, que abarcam toda uma existência, são extremamente raros. Os participantes desistem ou mudam de nome ou de endereço sem notificar o estudo. O financiamento seca, os pesquisadores perdem o interesse. Em média, os estudos longitudinais prospectivos mais bem-sucedidos mantêm entre 30% e 70% de seus participantes.[6] Alguns deles duram apenas alguns anos. O Estudo de Harvard superou todos os percalços e manteve uma taxa de participação de 84% ao longo de 84 anos. Continua com boa saúde até hoje.

MUITAS PERGUNTAS. MUITAS MESMO.

Cada história de vida em nosso estudo longitudinal é construída com base na saúde e nos hábitos do participante: um mapa de dados físicos e de comportamentos ao longo do tempo. Para criar um histórico completo de saúde, coletamos informações regulares sobre peso e prática de exercícios, hábitos de tabagismo e consumo de bebidas alcoólicas, níveis de colesterol, cirurgias, complicações – enfim, todo o prontuário de saúde. Também registramos outros dados básicos, como tipo de emprego, número de amigos próximos, hobbies e atividades recreativas. Num nível mais profundo, elaboramos perguntas para sondar a experiência subjetiva e os aspectos menos quantificáveis da vida dos participantes. Perguntamos sobre realização no trabalho, satisfação conjugal, maneira de lidar com conflitos, impacto psicológico de casamentos e divórcios, nascimentos e mortes. Perguntamos sobre as melhores lembranças que eles têm dos pais e sobre seus laços emocionais com os irmãos (ou sobre a falta deles). Pedimos que nos descrevam em detalhes os piores momentos de sua vida e nos digam para quem poderiam ligar se acordassem assustados no meio da noite.

Estudamos suas crenças espirituais e seus posicionamentos políticos; suas práticas religiosas e participações em eventos comunitários; seus objetivos de vida e suas fontes de preocupação. Muitos de nossos participantes serviram na guerra, lutaram, mataram e presenciaram a morte de amigos. Temos relatos e reflexões em primeira mão sobre esse tipo de experiência.

A cada dois anos enviamos longos questionários que abrem espaço para respostas abertas e personalizadas. A cada cinco anos coletamos com a equipe médica seus registros completos de saúde e a cada quinze anos, mais ou menos, encontramos pessoalmente os participantes numa varanda na Flórida ou num café no norte de Wisconsin, por exemplo. Fazemos anotações sobre sua aparência e seu comportamento, sobre o nível de contato visual, sobre as roupas que estão usando e sobre suas condições de vida.

Sabemos quem teve problemas com alcoolismo e quem está em recuperação. Sabemos quem votou em Reagan, quem votou em Nixon, quem votou em John Kennedy. Na verdade, antes de seus registros serem adquiridos pela Biblioteca Kennedy, sabíamos em quem o próprio Kennedy havia votado, porque ele era um de nossos participantes.

Sempre perguntamos aos entrevistados como estão seus filhos, caso os tenham. Agora estamos perguntando aos próprios filhos – mulheres e homens da geração baby boomer – e um dia esperamos perguntar aos seus netos.

Temos amostras de sangue e de DNA, e laudos de eletrocardiograma, ressonância magnética funcional, eletroencefalograma e outros relatórios de imagens cerebrais. Chegamos a ter 25 cérebros reais, doados pelos participantes num derradeiro gesto de generosidade.

O que não podemos saber é como essas coisas serão usadas em estudos futuros, ou mesmo se serão usadas. A ciência, como a cultura, está em constante evolução e, embora a maioria dos dados do passado tenha se mostrado útil, algumas das variáveis mais bem observadas no início da pesquisa foram estudadas apenas por causa de suposições profundamente falhas.

Em 1938, por exemplo, o biotipo era considerado um importante preditor de inteligência e até mesmo de satisfação com a vida (acreditava-se que os mesomorfos – ou seja, aqueles de tipo mais atlético – tinham vantagens na maioria das áreas). Pensava-se que a forma e as protuberâncias do crânio indicavam a personalidade e as capacidades mentais. Uma das perguntas iniciais da coleta foi, por motivos desconhecidos, "Você sente cócegas?", e continuamos fazendo essa pergunta por quarenta anos, só por precaução.

Após oito décadas de experimento, sabemos agora que essas ideias variam de vagamente tresloucadas a totalmente erradas. É possível, ou mesmo provável, que alguns dos dados que estamos coletando hoje sejam vistos com similar perplexidade ou apreensão daqui a mais oitenta anos.

A questão é que todo estudo é produto de seu tempo e dos seres humanos que o conduzem. No caso do Estudo de Harvard, esses seres humanos eram em sua maioria homens brancos, de meia-idade, letrados e heterossexuais. Por conta de vieses culturais e da composição quase inteiramente branca da cidade de Boston e da Harvard College em 1938, os criadores do Estudo seguiram o caminho conveniente de analisar apenas outros homens brancos. É uma história comum, com a qual o Estudo de Harvard deve lidar enquanto trabalhamos para corrigi-la. E, embora existam descobertas que se aplicam apenas a um ou aos dois grupos que iniciaram o Estudo na década de 1930, essas descobertas restritas não são apresentadas neste livro. Felizmente, agora podemos comparar as descobertas da amostra original com nossa própria amostra expandida (que inclui esposas, filhos e filhas de nossos participantes originais) e também com estudos que englobam pessoas com contextos culturais e econômicos mais diversos e com diferentes etnias e identidades de gênero. Nas próximas páginas enfatizaremos as descobertas que foram corroboradas por outros estudos e que valem para todos nós – inclusive mulheres, pessoas não brancas, pessoas que se identificam como LGBTQIAPN+ e uma ampla gama de grupos socioeconômicos. O objetivo deste livro é apresentar o que aprendemos sobre a condição humana; é mostrar o que o Estudo de Harvard tem a dizer sobre a experiência universal de estar vivo.

Marc leciona há mais de 25 anos numa faculdade só para mulheres e, a cada ano, um novo grupo de estudantes brilhantes e entusiasmadas pede para participar de sua pesquisa sobre bem-estar e evolução da vida. Ananya, da Índia, foi uma dessas alunas.[7] Ela estava particularmente interessada na relação entre adversidades e bem-estar adulto. Marc contou a Ananya sobre os ricos dados do Estudo de Harvard que acompanhava toda a vida adulta de centenas de pessoas. Mas essas pessoas eram homens brancos nascidos mais de sete décadas antes de Ananya. Em voz alta, ela questionou o que poderia aprender com a vida de pessoas tão diferentes dela – especialmente com senhores brancos nascidos havia tanto tempo.

Marc sugeriu então que ela passasse o fim de semana fazendo a leitura dos registros de apenas um participante do Estudo de Harvard. Foi o que Ananya fez e, na semana seguinte, apareceu para a reunião cheia de entusiasmo. Antes que Marc pudesse fazer qualquer pergunta, ela foi logo dizendo que queria participar da pesquisa sobre aqueles homens. O que a convenceu foi a riqueza da vida documentada nos arquivos que ela leu. Apesar de as particularidades da vida daquele participante em especial serem, sob inúmeros aspectos, muito diferentes da vida que ela conhecia – por exemplo, ele havia crescido num continente diferente, tinha pele branca, identificava-se como homem, nunca tinha feito faculdade –, Ananya viu reflexos de si mesma em suas experiências e em seus desafios psicológicos.

Essa é uma história que vem se repetindo quase todos os anos e cada vez mais, agora que a psicologia e todo o restante do mundo estão reconhecendo sérias disparidades relacionadas a origens étnicas e culturais. O próprio Bob também hesitou quando foi convidado a ingressar no Estudo de Harvard como seu novo diretor. Ele tinha suas dúvidas sobre a relevância daquelas vidas e sobre a singularidade de alguns métodos de pesquisa. Tirou um fim de semana para ler alguns dos arquivos e foi fisgado imediatamente, assim como Ananya. E esperamos que isso aconteça com você também.

Um século inteiro se passou desde o nascimento de nossos participantes da Primeira Geração, mas os seres humanos continuam complexos como sempre foram e o trabalho nunca termina. À medida que o Estudo de Harvard avança para a próxima década, continuamos a aprimorar e a expandir nosso conjunto de informações com a ideia de que cada dado, cada reflexão pessoal ou sentimento momentâneo cria uma imagem mais completa da condição humana e pode servir para responder a perguntas do futuro que ainda não temos condição de formular. E é claro que nenhum retrato de uma vida humana pode ser completo.

Esperamos, contudo, que você nos acompanhe enquanto abordamos algumas das questões mais complexas do desenvolvimento humano. Por exemplo: por que os relacionamentos parecem ser a chave para uma vida bem-sucedida? Que fatores na primeira infância moldam a saúde física e mental na idade adulta e na velhice? Que fatores estão mais fortemente associados a uma vida mais longa ou a relacionamentos mais saudáveis? Em resumo:

O QUE FAZ UMA VIDA SER BOA?

Quando perguntamos o que alguém quer da vida, a resposta costuma ser tão somente esta: "Ser feliz." Se for sincero consigo mesmo, Bob talvez responda do mesmo modo. É uma ideia um tanto vaga e que, ao mesmo tempo, diz tudo. Já Marc provavelmente pensaria por um segundo e então diria: "Não é tão simples."

Mas o que significa a felicidade? Como ela se manifesta na sua vida?

Poderíamos encontrar respostas para essa pergunta simplesmente perguntando às pessoas o que as faria felizes e, em seguida, identificando os pontos em comum. Só que existe uma dura verdade que todos nós deveríamos aceitar: *as pessoas são péssimas em saber o que é bom para elas.* Voltaremos a esse assunto mais tarde.

Mais importantes do que as respostas que essas pessoas dariam são os mitos não ditos e internalizados sobre o que significa ter uma vida feliz.

Esses mitos são muitos, mas o principal deles é a ideia de que a felicidade é algo que se *alcança*. Como se fosse um diploma que pode ser emoldurado e pendurado na parede. Ou como se fosse um destino aonde se chega depois de superar todos os obstáculos do caminho e onde se permanece pelo resto da vida.

Claro que não é assim que as coisas funcionam.

Há mais de 2 mil anos, Aristóteles empregou um termo que ainda é amplamente utilizado em psicologia: *eudemonia*. Refere-se a um estado de profundo bem-estar ao sentirmos que nossa vida tem *significado* e *propósito*. Costuma ser contraposto à *hedonia* (daí a palavra "hedonismo"), que se refere à felicidade fugaz obtida a partir de prazeres diversos. Em outras palavras, a felicidade hedônica é a experiência de alguém que está *se divertindo*, enquanto a felicidade eudemônica é o que sentimos quando dizemos que *a vida é boa*. É uma sensação de que, fora deste momento, por mais prazeroso ou infeliz que ele seja, a vida vale alguma coisa e é preciosa para você. É o tipo de bem-estar que pode resistir a altos e baixos.

Não se preocupe – você não lerá "felicidade eudemônica" muitas vezes por aqui. Vamos só esclarecer um pouquinho o assunto e o que ele significa.

Alguns psicólogos se opõem à palavra "felicidade" porque ela pode significar qualquer coisa, desde um prazer temporário até um estado quase mítico de propósito eudemônico que, na realidade, poucos conseguem alcançar. Assim, em vez de "felicidade", termos mais sutis como "bem-estar", "harmonia", "prosperidade" e "florescimento" tornaram-se comuns na literatura psicológica popular. Usamos esses termos neste livro. Marc gosta particularmente dos termos *próspero* e *florescente* porque eles se referem a um estado ativo e de constante transformação em vez de indicarem apenas um estado de espírito. Mas ainda usamos "felicidade" às vezes pela simples razão de que é assim que as pessoas falam da própria vida. Ninguém diz: "Como está o seu florescimento humano?" Dizemos: "Você está feliz?" E é assim que, numa conversa casual, nós dois também costumamos falar da nossa pesquisa. Falamos sobre saúde e felicidade, significado e propósito. Mas nos referimos à felicidade eudemônica. E, apesar da imprecisão da palavra, "felicidade" acaba soando natural. Quando falam sobre o neto recém-nascido, os avós dizem: "Estamos muito felizes." Ou, quando alguém em terapia descreve seu casamento como "infeliz", fica claro que a palavra se refere a uma qualidade de vida duradoura, e não apenas a um sentimento passageiro. É nesse espírito que empregamos o termo "felicidade" neste livro.

DO MUNDO DOS DADOS PARA A VIDA DIÁRIA

Você talvez esteja se perguntando como podemos ter tanta certeza de que os relacionamentos desempenham um papel tão central para nossa saúde e felicidade. Como é possível desvincular os relacionamentos das questões financeiras, da sorte ou do azar, de infâncias difíceis ou de qualquer outra circunstância importante que afeta como nos sentimos no dia a dia? Será realmente possível descobrir *o que faz uma vida ser boa*?

Depois de estudar centenas de vidas inteiras, podemos confirmar aquilo que todos nós, no fundo, já sabemos: que uma imensa variedade de fatores contribui para a felicidade humana. O delicado equilíbrio entre relações econômicas, sociais, psicológicas e de saúde é complexo e vive em constante mudança. Raramente seria possível determinar com absoluta certeza que um único fator possa *provocar* um resultado específico, e as pessoas sempre surpreendem. Portanto, existem, sim, respostas para aquela pergunta. Quando se observam repetidamente os mesmos tipos de dado ao longo do tempo, vindos de numerosas pessoas e estudos, padrões começam a emergir. *Preditores* da prosperidade humana tornam-se claros. Entre os muitos preditores de saúde e felicidade (como alimentação balanceada, atividade física e nível de renda), uma vida de bons relacionamentos se destaca por sua força e consistência.

O Estudo de Harvard não é o único estudo longitudinal que analisa ao longo de várias décadas a psicologia humana. Estamos sempre acompanhando outros estudos para verificar se as descobertas são robustas e se resistem ao teste do tempo, aplicando-se também a diferentes tipos de pessoa. Cada estudo tem suas peculiaridades, e é por isso que as descobertas que se repetem em diferentes pesquisas são cientificamente convincentes.

Seguem alguns exemplos significativos de outros estudos longitudinais que representam coletivamente dezenas de milhares de pessoas:

> Os *Estudos de Coorte Britânicos* incluem cinco grandes grupos nacionalmente representativos nascidos em anos específicos (desde os baby boomers nascidos logo após a Segunda Guerra Mundial até as crianças

nascidas no início do novo milênio). Eles estão sendo acompanhados por toda a vida.[8]

O *Estudo Longitudinal Mills* acompanhou um grupo de mulheres desde que se formaram no ensino médio em 1958.

O *Estudo Multidisciplinar Dunedin sobre Saúde e Desenvolvimento* começou acompanhando 91% das crianças nascidas em 1972 numa pequena cidade da Nova Zelândia e continua a segui-las na meia-idade (e mais recentemente começou a acompanhar seus filhos também).[9]

O *Estudo Longitudinal Kauai* foi desenvolvido durante três décadas e incluiu todas as crianças nascidas na ilha havaiana de Kauai em 1955, a maioria de ascendência japonesa, filipina e havaiana.[10]

O *Estudo de Chicago sobre Saúde, Envelhecimento e Relações Sociais* começou em 2002 e acompanhou intensivamente um grupo variado de homens e mulheres de meia-idade durante mais de uma década.[11]

Envelhecimento Saudável em Bairros de Diversidade ao Longo da Vida é um estudo que vem examinando a natureza e as fontes de disparidade de saúde em milhares de adultos brancos e negros (com idades entre 35 e 64 anos) na cidade de Baltimore desde 2004.[12]

Por fim, em 1947 o *Estudo do Conselho Estudantil* começou a rastrear a vida de mulheres e homens que foram eleitos representantes do conselho estudantil nas faculdades Bryn Mawr, Haverford e Swarthmore. Esse estudo foi planejado por alguns dos pesquisadores que desenvolveram o Estudo de Harvard e foi projetado com a intenção de capturar a experiência das mulheres também. Durou mais de três décadas e seus arquivos originais foram redescobertos recentemente. Por causa da conexão que essa pesquisa tem com o Estudo de Harvard, você conhecerá algumas dessas mulheres neste livro.[13]

Todas essas pesquisas, assim como nosso Estudo de Harvard, testemunham a importância das relações humanas. Mostram que as pessoas mais ligadas à família, aos amigos e à comunidade são mais felizes e fisicamente mais saudáveis do que aquelas menos conectadas. Quem se sente mais isolado do que gostaria vê a saúde declinar mais cedo do que quem se sente conectado aos outros. Pessoas solitárias também vivem menos tempo. Infelizmente, essa sensação de isolamento está aumentando em todo o mundo. Praticamente um em cada quatro americanos se diz solitário – o que significa mais de 60 milhões de pessoas. Na China, a solidão entre os idosos aumentou de maneira considerável nos últimos anos,[14] e a Grã-Bretanha nomeou uma "ministra da solidão" para enfrentar o que se tornou um grande desafio de saúde pública.

Estamos falando de nossos vizinhos, de nossos filhos, de nós mesmos. Existem infinitas razões sociais, econômicas e tecnológicas para que esse fenômeno esteja acontecendo, mas, independentemente das causas, os dados não poderiam ser mais claros: a solidão e a desconexão social estão assombrando nosso mundo moderno e "conectado".

Talvez você esteja se perguntando se é possível fazer alguma coisa de concreto em relação à sua vida. Será que simplesmente já nascemos com aquelas qualidades que nos tornam sociáveis ou tímidos? Será que estamos fadados a ser amados ou solitários, felizes ou infelizes? Será que nossas experiências de infância nos definem para sempre? São perguntas que nos fazemos o tempo todo. Na verdade, a maioria dessas perguntas poderia ser resumida em um único receio: *Será que já é tarde demais para mim?*

O Estudo de Harvard fez um grande esforço para encontrar essa resposta. George Vaillant, diretor anterior da pesquisa, passou uma parte considerável de sua carreira estudando se é possível mudar o modo como as pessoas reagem aos desafios da vida – a forma como lidam com os acontecimentos. Graças ao trabalho de George e de outros, podemos dizer que a resposta para aquela insistente pergunta – *Será que já é tarde demais para mim?* – é um NÃO categórico.

Nunca é tarde demais. É verdade que seus genes e suas experiências moldam a maneira como você vê o mundo, a maneira como interage com outras pessoas e a maneira como reage a sentimentos negativos. E é certamente verdade que as oportunidades de avanço econômico e de dignidade humana básica não estão igualmente disponíveis para todos e que alguns nascem em significativa desvantagem. Mas as formas de estar no mundo não são imutáveis, como se estivessem esculpidas em pedra. É mais como se estivessem desenhadas na areia. Sua infância não é seu destino. Sua tendência natural não é seu destino. O bairro em que você cresceu não é seu destino. A pesquisa demonstra isso com clareza. Nada do que aconteceu em sua vida o impede de se conectar com os outros, de prosperar ou de ser feliz. As pessoas em geral pensam que quando se chega à idade adulta nada mais muda – sua história e seu estilo de vida estão definidos. Mas o que descobrimos ao analisar o conjunto de pesquisas sobre o desenvolvimento de adultos é que isso simplesmente não é verdade.[15] Mudanças significativas são possíveis.

Usamos uma expressão específica há pouco. Falamos de pessoas que se sentem mais isoladas *do que gostariam*. Acrescentamos essas palavras por um motivo: a solidão não é apenas o afastamento físico em relação aos outros. O número de conhecidos não determina necessariamente a experiência de conexão ou solidão, tampouco os arranjos de vida ou o estado civil. É possível estar sozinho na multidão ou num casamento.[16] Na verdade, sabemos que casamentos repletos de conflitos e com pouco carinho podem ser piores para a saúde do que um divórcio.

O que importa é a qualidade dos relacionamentos. Simplificando: viver num ambiente de relacionamentos calorosos protege tanto a mente quanto o corpo.

Este é um conceito importante: a *proteção*. A vida é dura e às vezes nos atinge em cheio. Relacionamentos calorosos e próximos oferecem proteção contra as pedradas e flechadas da vida e do envelhecimento.

Quando os participantes do Estudo de Harvard entraram na casa dos 80 anos, quisemos olhar para trás, para a situação deles na meia-idade, e ver se seria possível prever naquela época quem se tornaria um octogenário feliz e saudável e quem não se tornaria. Assim, reunimos tudo que sabíamos sobre eles aos 50 anos e descobrimos que não era o nível de colesterol da meia-idade que previa como eles iriam envelhecer. Na verdade, era o nível de satisfação nos seus relacionamentos. *Aqueles que se mostravam mais satisfeitos com seus relacionamentos aos 50 anos eram os que hoje tinham mais saúde (física e mental) aos 80.*[17]

À medida que investigávamos mais a fundo essa conexão, mais evidências se apresentavam uma após outra. Nossos homens e mulheres com relacionamentos mais felizes relatavam, na casa dos 80 anos, continuar com boa disposição mesmo em dias em que sofriam dores físicas.[18] Por outro lado, quando as pessoas em relacionamentos infelizes relatavam dor física, seu humor piorava, causando-lhes também dor emocional. Outros estudos chegaram a conclusões semelhantes sobre o poderoso papel dos relacionamentos. A seguir apresentamos exemplos de referência de alguns dos estudos longitudinais já mencionados.[19]

Com uma coorte de 3.720 adultos negros e brancos (com idades entre 35 e 64 anos), o estudo Envelhecimento Saudável em Bairros de Diversidade ao Longo da Vida descobriu que os participantes que diziam receber mais apoio social também relatavam menos depressão.

No Estudo de Chicago sobre Saúde, Envelhecimento e Relações Sociais, representativo de residentes de Chicago, os participantes que viviam relacionamentos satisfatórios relataram níveis mais altos de felicidade.

No estudo de coorte de nascimentos realizado em Dunedin, Nova Zelândia, as conexões sociais na adolescência previram o bem-estar na vida adulta melhor do que o desempenho acadêmico.

E a lista continua. Mas é claro que a ciência não é a única área do conhecimento humano que tem algo a dizer sobre a vida boa. Na verdade, a ciência chegou tem pouco tempo.

OS ANTIGOS CHEGARAM PRIMEIRO

A ideia de que relacionamentos saudáveis fazem bem tem sido defendida por filósofos e religiões há milênios. De certa forma, é notável que ao longo da história as pessoas que tentam entender a vida humana tenham chegado a conclusões muito semelhantes. Mas faz sentido. Embora nossas tecnologias e culturas continuem a mudar – agora mais rapidamente do que nunca –, os aspectos fundamentais da experiência humana permanecem os mesmos. Quando Aristóteles desenvolveu a ideia de *eudemonia*, ele se baseava, sim, em suas observações sobre o mundo, mas também em seus próprios sentimentos, os mesmos sentimentos que experimentamos ainda hoje. Quando Lao Tzu disse há mais de 24 séculos "Quanto mais você dá aos outros, maior sua abundância", ele estava observando um paradoxo que persevera entre nós. Viviam em épocas diferentes, mas o mundo deles ainda é o nosso. A sabedoria deles é nossa herança, e devemos aproveitá-la.

Fazemos esse paralelo com a sabedoria antiga para colocar nossa ciência num contexto mais amplo e destacar o significado eterno dessas perguntas e descobertas. Com raras exceções, a ciência não se interessou muito pelos antigos ou pela sabedoria que eles transmitiam. Seguindo seu próprio caminho após o Iluminismo, a ciência tem sido como o jovem herói em busca de conhecimento e verdade. Pode ter levado centenas de anos, mas, na área do bem-estar humano, estamos quase fechando esse círculo. O conhecimento científico está finalmente alcançando a sabedoria antiga que sobreviveu ao teste do tempo.

O CAMINHO PEDREGOSO DA DESCOBERTA

Todos os dias nós dois vamos ao trabalho tentar descobrir o que faz uma vida ser boa. Com o passar dos anos, alguns resultados nos surpreenderam. Coisas que achávamos pertinentes na verdade não eram. Coisas que julgávamos falsas se demonstraram verdadeiras. Nos próximos capítulos compartilharemos tudo – ou muito disso – com você.

Nos cinco capítulos seguintes exploraremos a natureza elementar dos relacionamentos, mostrando como colocar em prática as lições mais poderosas deste livro. Vamos discutir a importância de saber qual é sua posição na vida – o ponto em que você se encontra dentro do escopo da vida humana – e como esse conhecimento pode ajudá-lo a encontrar significado e felicidade no cotidiano. Explicaremos o conceito extremamente importante de *saúde social* e por que ela é tão crucial quanto a saúde física. Veremos como a curiosidade e a atenção podem melhorar os relacionamentos e o bem-estar. E vamos aprender estratégias para lidar com o fato de que os relacionamentos estão entre os nossos maiores desafios.

Em capítulos posteriores vamos nos aprofundar nas questões específicas dos relacionamentos, como o que importa numa intimidade duradoura, o modo como experiências familiares precoces afetam o bem-estar e o que pode ser feito a respeito disso. Examinaremos também um ponto que costuma ser ignorado: oportunidades para a criação de vínculo no ambiente de trabalho e os benefícios surpreendentes de todos os tipos de amizade. Durante essa jornada compartilharemos a ciência que originou todas essas descobertas e também ouviremos os participantes do Estudo de Harvard, que nos contarão como todas essas coisas se desenrolaram para eles na vida real, em tempo real, por quase um século.

Como diretor e diretor associado, o foco da nossa vida está no Estudo de Harvard e no que ele pode nos ensinar sobre a felicidade. Somos abençoados (e afligidos) por um fascínio pela condição humana. Bob é psiquiatra e psicanalista, e todos os dias passa horas conversando com as pessoas sobre as maiores preocupações que elas têm. Além de dirigir o Estudo de Harvard, ele ensina psicoterapia a jovens psiquiatras. Está casado há 35 anos, tem dois filhos crescidos e, nas horas vagas, passa muito tempo numa almofada de meditação praticando e ensinando o zen-budismo. Marc é psicólogo clínico e professor que há trinta anos dá aulas e orienta novos psicólogos e pesquisadores. Também é terapeuta e vive um casamento de longa data criando dois filhos. Ávido fã de esportes, costuma ser encontrado nas horas vagas interagindo com outras pessoas numa quadra de tênis (ou de basquete, como fazia muito na juventude).

Há quase trinta anos começamos nossa colaboração de pesquisa e também nossa amizade. Nos conhecemos no Centro de Saúde Mental de Massachusetts, uma organização comunitária icônica onde trabalhávamos com pacientes que lutavam contra doenças mentais em condições de tremenda desvantagem social e econômica. Nós dois sentíamos que era nossa missão compreender as experiências de pessoas com realidades muito diferentes da nossa, tanto em nosso trabalho clínico quanto em nossa pesquisa sobre a vida ao longo do tempo.

Trinta anos depois, continuamos amigos, colaborando em pesquisas e nos esforçando ao máximo para conduzir o vasto tesouro de histórias de vida do Estudo de Harvard rumo ao seu segundo século. Ao aprender sobre esses indivíduos e suas famílias, também aprendemos e continuamos a aprender lições valiosas sobre nós mesmos e sobre o modo de conduzir nossa própria vida. Este livro é uma tentativa de compartilhar tais lições e o presente inestimável que os participantes do Estudo de Harvard deram ao mundo. Afinal, eles não concordaram em participar apenas por causa de pesquisadores como nós. Fizeram isso por todas as pessoas, de todos os lugares. Suas vidas formam o coração pulsante desta obra.

Já vimos alguns resultados ao levar esses insights para mais pessoas. Ao longo de nossa experiência com o Estudo, demos centenas de palestras sobre nossas descobertas e reunimos tudo que aprendemos em nossa Lifespan Research Foundation, uma organização sem fins lucrativos dedicada a levar os conhecimentos sobre o desenvolvimento da vida para além dos periódicos acadêmicos, transformando-os em ferramentas que podem ser usadas para melhorar vidas. Muitas vezes fomos abordados após palestras e oficinas por pessoas que diziam sentir um grande alívio diante do que tínhamos aprendido, porque aquilo demonstrava com absoluta clareza que uma boa vida, afinal de contas, nem sempre está fora de alcance. Não está à espera num futuro distante, depois de uma carreira de sucesso. Não é algo que vai ser deflagrado quando se acumular uma riqueza enorme. A boa vida está bem na sua frente, às vezes ao alcance das mãos. E ela começa agora.

2
POR QUE OS RELACIONAMENTOS IMPORTAM?

As melhores ideias não estão escondidas em recantos sombrios. Elas estão bem à nossa frente.

Richard Farson e Ralph Keyes[1]

Estudo de Harvard, dia 6 da "Pesquisa de Oito Dias", 2003

> P: Qual é o segredo para envelhecer bem?
> R: Felicidade, carinho. Observar o que se come. Tentar sair e fazer uma breve caminhada ou exercício. Ter amigos. É tão bom ter amigos!

Harriet Vaughn, participante do estudo, 80 anos

Pense no que você sente quando ama alguém ou quando sabe que é correspondido. Pondere sobre a forma como isso se manifesta em seu corpo, com aquela sensação de calor e conforto. Agora considere o sentimento de conexão semelhante, mas distinto, quando um amigo próximo ajuda você num momento difícil. Ou a alegria duradoura que sente quando uma pessoa importante diz que está orgulhosa de você. Pense em como é ser levado às lágrimas. Ou na pequena injeção de energia que você recebe ao compartilhar uma risada com um colega de trabalho. Reflita sobre a dor física de perder alguém querido. Ou mesmo sobre o prazer momentâneo de acenar para o carteiro.

Esses sentimentos, grandes e pequenos, estão ligados a processos biológicos.[2] Assim como nosso cérebro reage à presença de comida em nosso estômago recompensando-nos com sensações de prazer, ele também reage ao contato positivo com outras pessoas. O cérebro realmente nos diz nesses casos: *Sim, quero mais, por favor.* A interação positiva indica ao nosso corpo que estamos em segurança, reduzindo a estimulação física e aumentando a sensação de bem-estar. Por outro lado, experiências e interações negativas criam uma sensação de perigo e nos estimulam a produzir hormônios do estresse, como adrenalina e cortisol. Esses hormônios fazem parte de uma série de reações físicas que nos deixam alertas e nos ajudam a responder a situações urgentes – a chamada reação de "luta ou fuga". Eles são, em grande parte, os responsáveis pela nossa *sensação* de estresse.

Confiamos nos sinais desses hormônios do estresse e das sensações prazerosas pois eles nos guiam pelos desafios e oportunidades da vida: evite o perigo; busque a conexão.

Essas reações a situações compensadoras e ameaçadoras fazem parte de uma longa história evolutiva. O *Homo sapiens* anda pelo planeta há centenas de milhares de anos com esses guias biológicos funcionando dentro de si. Aquela pequena onda de alegria despertada em você quando um bebê ri da sua careta está biologicamente ligada ao que seus ancestrais distantes sentiam quando faziam um bebê rir no ano 100000 a.C.

Os humanos pré-históricos enfrentavam ameaças que dificilmente conseguiríamos conceber nos dias de hoje. Tinham um corpo semelhante ao nosso, mas a tecnologia primitiva lhes fornecia apenas um mínimo de proteção contra o meio ambiente e os predadores. Praticamente não havia cura para ferimentos ou outros problemas de saúde. Uma dor de dente podia acabar em morte. Eles levavam uma vida curta, difícil e provavelmente aterrorizante. E mesmo assim sobreviveram. Por quê?

Uma razão importante se encontra numa característica que os primeiros *Homo sapiens* compartilhavam com muitas outras espécies animais bem-sucedidas: seu corpo e seu cérebro evoluíram para incentivar a cooperação.

Sobreviveram porque eram sociáveis.

O animal humano dos dias atuais não é muito diferente, embora o projeto de sobrevivência tenha assumido novos significados e dificuldades. Em comparação com séculos passados, a vida no século XXI está mudando mais rápido do que nunca, e muitas das ameaças à nossa vida são produzidas por nós mesmos. Junto com os desafios relacionados às mudanças climáticas, à crescente desigualdade social e às vastas complicações das novas tecnologias de comunicação, devemos lidar ainda com novas ameaças ao nosso estado de espírito. A solidão, mais do que nunca, é insidiosa, e nosso cérebro antiquado, projetado para buscar a segurança em grupo, experimenta esse sentimento negativo como uma ameaça à vida, o que nos leva ao estresse e à doença. A cada ano que passa, a civilização se depara com novos desafios que eram inimagináveis há cinquenta anos. Surgem também novas possibilidades, o que significa que os caminhos da vida são mais variados do que jamais foram. Mas, independentemente do ritmo da mudança e das possibilidades que se abrem para muitos de nós, há um fato que permanece o mesmo: o animal humano evoluiu para estabelecer ligações com outros humanos.

Dizer que os seres humanos precisam de relacionamentos calorosos não é sentimentalismo. É simplesmente um fato. Estudos científicos demonstraram repetidas vezes que precisamos de nutrição, de exercícios, de um propósito... *e precisamos uns dos outros*.

Muitas vezes nos pedem que façamos um resumo das descobertas do Estudo de Harvard. As pessoas querem saber qual é a coisa mais importante que aprendemos. Por natureza, nós dois costumamos resistir à tentação de dar respostas simples a esse tipo de pergunta. E é por isso que essas conversas acabam sendo mais longas do que o esperado. Só que, se pararmos para pensar na mensagem que surge o tempo todo após 84 anos de estudo e centenas de trabalhos de pesquisa, essa mensagem seria muito simples:

Bons relacionamentos são essenciais para o bem-estar humano.

Vamos arriscar um palpite e supor que, se você está lendo este livro, é porque está em busca de conhecimento ou pelo menos está curioso para descobrir o que contribui para uma vida boa. Você quer uma vida com significado, propósito e alegria, e quer ser saudável. Se formos um pouco mais longe nesse palpite, podemos até presumir que você já vem *tentando* ser feliz e saudável da melhor forma que sabe. Você tem alguma ideia de quem é, de suas emoções e habilidades sociais, do que gosta e não gosta. Dia após dia você tenta levar a melhor vida possível. E, se for como a maioria de nós, nem sempre consegue.

Ao longo deste livro, abordaremos algumas das razões corriqueiras que levam as pessoas a ter dificuldade para encontrar felicidade e satisfação na vida. Porém há algumas verdades que precisamos reconhecer logo de cara.

A primeira é a seguinte: a qualidade de vida pode ser uma preocupação central para a maioria das pessoas, mas não é a preocupação central da maioria das sociedades modernas. A vida é hoje uma névoa de prioridades sociais, políticas e culturais, e algumas delas pouco têm a ver com melhorar a existência de cada um de nós. O mundo moderno tem muitas prioridades à frente da experiência vivida pelo ser humano.

A segunda razão está relacionada à primeira e é ainda mais fundamental: nosso cérebro, o sistema mais sofisticado e misterioso do universo conhecido, muitas vezes nos engana na nossa busca por prazer e satisfação duradoura. Podemos ser capazes de feitos extraordinários com nosso intelecto e nossa criatividade; podemos ter mapeado o genoma humano e caminhado na Lua; mas, quando se trata de tomar decisões sobre nossa própria vida, nós, humanos, muitas vezes não sabemos distinguir o que é bom para nós. O senso comum nesse aspecto da vida não é tão sensato assim. É muito difícil descobrir o que realmente importa.

Essas duas coisas – a névoa cultural e os erros que cometemos ao decidir o que nos fará felizes – estão entrelaçadas e afetam nossa vida todos os dias. No decorrer de uma existência, elas exercem influência significativa. A cultura em que vivemos nos conduz a certas direções, às vezes sem nos darmos conta, e vamos em frente fingindo saber o que estamos fazendo, mas secretamente num estado de ligeira confusão.

Antes de falarmos um pouco mais sobre os fatores culturais e pessoais que nos afastam de uma vida boa, vamos observar a trajetória de dois participantes do Estudo de Harvard que já passaram por todo o desafio da vida. Vejamos o que suas experiências podem nos ensinar sobre o que importa e sobre o que não tem importância alguma.

BILHETE PREMIADO

Em 1946, John Marsden e Leo DeMarco viviam uma grande encruzilhada. Os dois tinham a sorte de terem concluído recentemente seus estudos em Harvard. Ambos se apresentaram como voluntários às Forças Armadas durante a Segunda Guerra Mundial – John não pôde participar do serviço ativo devido a problemas de saúde e ficou trabalhando nos Estados Unidos mesmo, enquanto Leo serviu à Marinha no Pacífico Sul. Assim que a guerra acabou, os dois estavam prontos para seguir com a própria vida. Tinham algo que a maioria das pessoas consideraria uma mão na roda (ou muitas mãos na roda): a família de John era rica e a de Leo era de classe média alta; ambos haviam se formado numa universidade de elite e eram homens brancos numa sociedade que privilegiava homens brancos. Isso sem falar que, após a guerra, havia muito apoio social e econômico sendo dado aos veteranos nas comunidades locais e também por meio de leis federais. A boa vida, ao que parecia, estava esperando por eles.

Enquanto quase dois terços dos integrantes originais do Estudo de Harvard vieram dos bairros mais pobres e desfavorecidos de Boston, o terço restante frequentou os cursos de graduação de Harvard. Preparados para o sucesso, cada um desses universitários deveria ter sido um garoto-propaganda da boa vida nos Estados Unidos. Como John e Leo, alguns vieram de famílias abastadas, a maioria seguiu carreira profissional e se casou, e muitos alcançaram sucesso econômico e profissional.

Aqui vemos um exemplo de como o senso comum pode nos fazer perder o rumo. Muitos de nós naturalmente supõem que as condições materiais determinam a felicidade de alguém. Presumimos que os menos favorecidos devem ser menos felizes e que os mais ricos devem ser mais contentes. Só que a ciência conta uma história mais complicada do que isso. Quando se estuda a vida de milhares de indivíduos, surgem padrões que nem sempre se encaixam nas concepções populares sobre como as coisas deveriam ser. Vidas individuais como as de John e Leo abrem uma janela para aquilo que realmente importa.

John tinha duas opções: ficar em Cleveland, trabalhar no escritório da rede de lojas de seu pai e acabar assumindo o negócio ou então seguir o sonho de sua vida e cursar uma faculdade de Direito (tinha acabado de ser admitido na Universidade de Chicago). Ele teve a sorte de poder fazer essa escolha. Olhando de fora, muitos pensariam que John estava destinado à felicidade.

Ele decidiu ir para a faculdade de Direito. John sempre tinha sido um aluno dedicado e continuou assim. Segundo o próprio John, seu sucesso se deveu mais ao trabalho duro do que a qualquer inteligência especial.

Ele disse ao Estudo que sua principal motivação era o medo do fracasso. Chegou a evitar namoros, para não se distrair. Quando se formou na Universidade de Chicago, foi um dos primeiros da turma e começou a receber ofertas atraentes de emprego, acabando por se estabelecer numa empresa que incentivava o tipo de serviço público que ele esperava fazer. Começou a dar consultoria sobre administração para o governo federal e também ministrou aulas na Universidade de Chicago. Seu pai, embora desapontado por John ter deixado os negócios da família, também se orgulhava muito. John estava no caminho certo.

Leo, por outro lado, sonhava em se tornar escritor e jornalista. Estudara História em Harvard e durante a guerra manteve diários meticulosos, esperando algum dia poder usá-los como material para um livro. Suas experiências na guerra o convenceram de que estava no caminho certo – queria escrever sobre o modo como a história afeta a vida das pessoas comuns. Mas, enquanto estava no exterior, seu pai morreu e, logo depois que Leo voltou para casa, sua mãe teve o diagnóstico de doença de Parkinson. Como o mais velho de três filhos, ele decidiu voltar para Burlington, Vermont, a fim de cuidar dela e logo se viu dando aulas no ensino médio.

Pouco depois de começar seu primeiro trabalho como professor, Leo conheceu Grace, uma mulher por quem se apaixonou profundamente. Eles logo se casaram e em um ano tiveram a primeira filha. Depois disso, a vida de Leo parecia definida. Ele continuou a lecionar no ensino médio pelos quarenta anos seguintes e nunca perseguiu seu sonho de se tornar escritor.

Saltamos 29 anos, até fevereiro de 1975. Os dois homens estão com 55 anos. John se casou aos 34 e é no momento um advogado de sucesso, ganhando 52 mil dólares por ano. Leo ainda é professor do ensino médio, ganhando um salário anual de 18 mil dólares. Certo dia, ambos recebem o mesmo questionário pelo correio.

Vamos imaginar John Marsden em seu escritório de advocacia, à escrivaninha, entre uma reunião e outra, e Leo DeMarco a sua mesa na Burlington High School, enquanto os alunos do nono ano se debruçam sobre uma prova de história. Os dois homens respondem a perguntas sobre saúde, histórico familiar recente e acabam chegando a um conjunto de 180 perguntas de "verdadeiro ou falso". Entre elas esta aqui:

> Verdadeiro ou falso:
> A vida tem mais dor do que prazer.

John (o advogado) escreve:
Verdadeiro.

Leo (o professor) responde:
Falso.

E esta:

> Verdadeiro ou falso:
> Muitas vezes me sinto carente de afeto.

John responde:
Verdadeiro.

Leo escreve:
Falso.

Eles passam a responder a perguntas sobre consumo de álcool (ambos bebem um drinque por dia), hábitos de sono, posicionamentos políticos, práticas religiosas (os dois vão à igreja todos os domingos), até que encontram a seguinte questão:

> Complete as frases a seguir da maneira que desejar:
> Um homem se sente bem quando...

John:
... é capaz de reagir a seus impulsos.

Leo:
... sente que sua família o ama apesar de tudo.

E mais esta:

> Estar com outras pessoas...

John:
... é agradável.

Leo:
... é bom (até certo ponto!).

John Marsden, um dos integrantes mais bem-sucedidos do Estudo em termos profissionais, também se mostrou um dos menos felizes. Assim como Leo DeMarco, ele queria estar perto das pessoas, como mostra sua última resposta, e amava sua família, mas relatou constantemente sentimentos de desconexão e tristeza ao longo da vida. Ele teve dificuldades no primeiro casamento e se afastou dos filhos. Pouco depois de se casar de novo, aos 62 anos, John começou a se referir a essa nova união como "sem amor", embora a relação tenha durado até o fim de sua vida. Mais tarde discutiremos o que levou John pelo caminho da desesperança e alguns dos fatores que provavelmente moldaram seu sofrimento, mas há uma característica particular da vida dele que nos interessa no momento: embora fizesse um grande esforço para ser feliz, John se preocupava, em todas as fases da vida, consigo mesmo e com aquilo a que ele se referia como seus "impulsos". Começou a carreira esperando melhorar a vida dos outros, mas com o tempo associou suas conquistas menos ao que ele podia fazer pelas pessoas e mais ao seu sucesso profissional. Convencido de que sua carreira e suas realizações lhe trariam felicidade, ele nunca conseguiu encontrar um caminho para a alegria.

Leo DeMarco, por outro lado, pensava em si mesmo principalmente em relação aos outros – a família, a escola e os amigos aparecem com frequência em seus relatórios para o Estudo – e costuma ser considerado um dos homens mais felizes do nosso experimento. Quando, porém, uma das pesquisadoras de Harvard entrevistou Leo na meia-idade, ela escreveu: "Saí da visita com a impressão de que nosso entrevistado era, bem... um tanto comum."

Mas Leo, segundo ele mesmo relata, levou uma vida rica e satisfatória. Ele não aparecia no noticiário da noite e seu nome não era conhecido fora de sua comunidade local, mas tinha quatro filhas e uma esposa que o adoravam, era lembrado com carinho por amigos, colegas e alunos e ao longo da vida se classificou como "muito feliz" ou "extremamente feliz" nos questionários do Estudo. Ao contrário de John, Leo achava seu trabalho significativo especificamente porque tinha prazer em ajudar os outros com seus ensinamentos.

Ao examinar hoje a vida desses dois homens, pode parecer fácil encontrar as ligações entre as crenças de cada um, as decisões que tomaram e o caminho que seguiram. Mas por que é tão difícil tomar decisões que beneficiem nosso bem-estar? Por que tantas vezes ignoramos as fontes de felicidade que estão bem à nossa frente? Um experimento conduzido por pesquisadores da Universidade de Chicago ilumina uma peça central do quebra-cabeça.

DESCONHECIDOS NUM TREM

Imagine que você está num trem. Desconhecidos se sentam à sua volta. Você gostaria de ter a viagem de trem mais agradável possível e tem duas opções: conversar com um desconhecido ou ficar na sua. O que você escolhe?

Sabemos o que a maioria de nós faz: fica quieta. Quem quer lidar com um desconhecido aleatório? E se a pessoa falar pelos cotovelos? Além disso, queremos aproveitar a viagem para fazer algum trabalho ou apenas curtir uma música ou um podcast.

Esse tipo de prognóstico sobre o que nos fará felizes é conhecido na psicologia como "previsão afetiva". Fazemos o tempo todo previsões sobre como nos sentiremos em relação a todo tipo de coisa em nossa vida, sejam elas grandes ou pequenas.

Pesquisadores da Universidade de Chicago transformaram o trem local num experimento de previsão afetiva.[3] Pediram aos passageiros que imaginassem qual dos dois cenários – falar com um desconhecido ou cuidar da própria vida – traria uma experiência mais positiva. Em seguida, instruíram um grupo a puxar assunto com um desconhecido próximo e o outro grupo a permanecer em silêncio. No fim do percurso, perguntaram aos passageiros o que tinham achado da viagem de trem.

Antes da partida, a imensa maioria das pessoas previa que falar com um estranho seria uma experiência ruim e que seria bem melhor ficar sozinha.

Elas tinham antecipado o que as faria felizes ou infelizes. A experiência real, no entanto, foi o oposto do esperado. Dentre os passageiros instruídos a puxar assunto, a maioria teve uma experiência positiva e classificou o trajeto como melhor do que o habitual. Aqueles que normalmente aproveitavam o tempo no trem para trabalhar relataram que a viagem não tinha se tornado menos produtiva só porque conversaram com um desconhecido.

Há muitas pesquisas como essa que sugerem que os seres humanos são ruins em previsões afetivas, não apenas em situações temporárias, como numa viagem de trem, mas também a longo prazo.[4] Parecemos especialmente ruins em prever os benefícios dos relacionamentos. Em grande parte, isso acontece porque os relacionamentos podem ser confusos e imprevisíveis, é claro. E essa confusão é o que leva muitos de nós a preferir ficar sozinhos. Não é que estejamos apenas procurando a solidão; é que queremos evitar a possível confusão de nos conectarmos com os outros. Só que, com isso, superestimamos essa bagunça toda e subestimamos os efeitos benéficos da conexão humana. Essa é uma característica geral na nossa tomada de decisões: prestamos muita atenção nos custos potenciais e minimizamos ou descartamos os possíveis benefícios.[5]

Essa é a situação em que muitos de nós se encontram. Evitamos coisas que *achamos* que nos farão mal e buscamos coisas que *achamos* que nos farão bem. Nossos instintos nem sempre nos enganam, mas há áreas importantes em que isso acontece. Como John Marsden, acabamos tomando grandes decisões (como a escolha de uma carreira) ou repetimos pequenas decisões (como nunca falar com estranhos) com base em pensamentos falhos que parecem perfeitamente lógicos no momento. Raramente temos a oportunidade de perceber nosso erro.

Tudo isso já seria bastante difícil se vivêssemos num vácuo onde nenhuma força externa afetasse nossas decisões. O problema se agrava quando submetemos nossa tomada de decisão às influências culturais que enfrentamos, que contêm, por sua vez, algumas ideias que podem nos fazer perder o rumo. Não somos os únicos a prever o que nos fará felizes; a cultura em que vivemos também está prevendo *por nós*.

SOB O FEITIÇO DA CULTURA

Em seu discurso para uma colação de grau na Kenyon College em 2005,[6] o escritor David Foster Wallace usou uma parábola para apontar uma verdade contundente:

> Dois peixes jovens estão nadando e, vindo da direção oposta, um peixe mais velho acena para eles e diz: "Bom dia, rapazes. Como está a água hoje?" Os dois peixes jovens nadam mais um pouco até que um deles olha para o outro e pergunta: "Que diabos é água?"

Toda cultura – desde a cultura ampla de uma nação até a cultura familiar – é no mínimo parcialmente invisível para seus participantes. Existem pressupostos cruciais, juízos de valor e práticas que criam a água em que nadamos sem que os percebamos ou concordemos com eles. Simplesmente nos encontramos neste mundo e vamos em frente. Essas características culturais afetam quase tudo em nossa vida, muitas vezes de maneira positiva, estabelecendo vínculos, criando identidades e significados. Mas há um outro lado. Às vezes, mensagens e práticas culturais nos encaminham *para longe* do bem-estar e da felicidade.

Paremos então por um segundo, como Wallace sugeriu que os formandos fizessem, e observemos um pouco a nossa água cultural.

Nas décadas de 1940 e 1950, quando John, Leo e os outros participantes originais do Estudo de Harvard se tornaram adultos, a cultura americana estava repleta de pressupostos sobre como seria uma vida boa – e isso acontece ainda hoje e continuará acontecendo amanhã. Essas suposições se infiltraram na vida daqueles homens e, mais importante, em suas escolhas. John, por exemplo, estava convencido de que estudar direito e se tornar advogado – uma profissão respeitada – lançaria as bases para sua felicidade futura. A cultura em que ele havia crescido criou as condições para que essa crença parecesse uma obviedade.

Esse é um terreno complicado porque as coisas que nossa cultura nos encoraja a buscar – dinheiro, realizações, status, etc. – raramente são miragens completas. O dinheiro nos permite adquirir bens importantes e necessários ao nosso bem-estar. As realizações são muitas vezes satisfatórias, e mirá-las pode fornecer objetivos que dão propósito à nossa vida e nos permitem avançar para novos e empolgantes domínios. O status, por sua vez, nos dá certa respeitabilidade social que pode nos permitir efetuar mudanças positivas. Mas dinheiro, realizações e status tendem a suplantar outras prioridades. Isso também é uma função do nosso cérebro antigo: focamos no que é mais visível e imediato. O valor dos relacionamentos é efêmero e difícil de quantificar, mas o dinheiro pode ser contado. As realizações podem ser listadas num currículo e o número de seguidores nas redes sociais aparece no canto superior da tela. Essas vitórias contabilizáveis nos dão pequenos lampejos de sentimentos de que gostamos – sensações agradáveis, resquícios daqueles sinais arcaicos. À medida que passamos pela vida, podemos ver o que acumulamos e continuamos perseguindo essas metas sem saber *por que* fazemos isso. Quando nos damos conta, vemos que essas atividades culturalmente aprovadas não afetam mais nossa vida e a de outras pessoas de maneira positiva, mas se tornaram um fim em si mesmas. A partir daí as metas se tornam abstratas, mais simbólicas do que tangíveis, e a busca por uma vida melhor começa a ficar mais parecida com uma corrida em círculos.

Há muito que dizer sobre todos esses objetos de desejo e seus fundamentos psicológicos, mas, a título de ilustração, vejamos mais de perto um parâmetro emblemático, um pressuposto cultural persistente, compartilhado entre muitas culturas em todo o mundo, que não é apenas antigo, mas arcaico, e não mostra sinais de desaparecer:

A base de uma boa vida é o dinheiro.

É claro que pouquíssimos diriam essas palavras a sério, mas os indícios da força dessa crença são evidentes ao nosso redor. Vemos isso quando chamam um emprego bem remunerado de "bom" emprego. Vemos isso no fascínio pelos bilionários, no sistema educacional cada vez mais pragmático ("Você precisa estudar para conseguir um emprego *melhor*"), nas promessas glamourosas de produtos de consumo e em muitas outras situações parecidas. É uma história que faz parte da nossa água cultural de maneira tão presente que sobrevive apesar de filósofos, escritores e artistas alertarem contra as seduções da riqueza há milhares de anos.

Aristóteles, por exemplo, delineou o problema há 2 mil anos. "A vida consagrada ao ganho de dinheiro é realizada sob compulsão", escreveu ele, "e a riqueza evidentemente não é o bem que estamos buscando, pois é meramente útil e desejada por interesse de outra coisa."[7]

Podemos listar uma centena de sentimentos semelhantes, articulados em todas as épocas da história ("O dinheiro nunca fez o homem feliz, nem fará" – Benjamin Franklin,[8] ou: "Não faça do dinheiro seu objetivo. Em vez disso, persiga as coisas que você ama fazer e faça-as tão bem que ninguém consiga tirar os olhos de você" – Maya Angelou).[9] Todos esses sentimentos acabam sendo resumidos neste velho clichê: dinheiro não compra felicidade.

A ideia é tão comum que já se encaixou em culturas capitalistas em todo o mundo. As pessoas vivem dizendo umas às outras que o dinheiro não é a resposta. Mesmo assim ele continua sendo um objeto central de desejo nas culturas em quase todos os lugares.

A principal razão para isso não é um grande mistério. A noção de que dinheiro compra felicidade mantém seu fascínio porque todos os dias vemos como isso afeta a maneira de viver das pessoas.

Nos Estados Unidos, a desigualdade de renda vem aumentando há décadas e está ligada a todos os outros tipos de desigualdade, desde discrepâncias no acesso aos serviços de saúde até o fato de que as pessoas ricas têm deslocamentos mais curtos para o trabalho. O efeito geral do dinheiro é tão significativo que as pessoas de alta renda têm uma expectativa de vida dez a quinze anos maior em comparação com as pessoas mais pobres. Com os homens do Estudo de Harvard não foi diferente: em média, os universitários conseguiram rendas significativamente mais altas do que os homens das áreas pobres de Boston e viveram 9,1 anos a mais.

Portanto, a ideia de que o dinheiro pode ser um grande promotor de felicidade é, de certa forma, senso comum. Só que isso não reflete toda a verdade. Para entender até que ponto o dinheiro afeta nossa felicidade e nosso bem-estar, temos que ir um pouco mais fundo e nos perguntar, como Aristóteles sugeria:

Para que serve o dinheiro?

DO QUE FALAMOS QUANDO FALAMOS EM DINHEIRO?[10]

Em 2010, Angus Deaton e Daniel Kahneman, da Universidade de Princeton, tentaram quantificar a relação entre dinheiro e felicidade a partir de uma pesquisa realizada durante um ano em parceria com a empresa de consultoria

Gallup. Esse trabalho resultou num enorme conjunto de dados: foram 450 mil respostas diárias, de uma amostra nacionalmente representativa de mil pessoas.[11]

Deaton e Kahneman concluíram que, nos Estados Unidos daquela época, a quantia de 75 mil dólares parecia ser uma espécie de número mágico. Assim que a renda familiar superava os 75 mil dólares anuais (que era mais ou menos a renda familiar média naquele ano), a quantidade de dinheiro que as pessoas ganhavam não parecia ter relação direta com os relatos diários de diversão e risadas, usados como parâmetros de bem-estar emocional.[12]

Essa descoberta parece reforçar a ideia de que dinheiro não compra felicidade, mas também é importante olhar o outro lado da moeda: para quem ganhava menos de 75 mil anuais, qualquer aumento na renda também aumentava discretamente a sensação de felicidade.

Quando nosso dinheiro é escasso e não temos certeza se conseguiremos atender às nossas necessidades mais básicas, a vida pode ser muito estressante e, nessa situação, cada dólar importa. Ter uma determinada quantia em dinheiro permite que as pessoas atendam a essas necessidades, tenham algum controle sobre a própria vida e, em muitos países, possam ter acesso a melhores serviços de saúde e condições de moradia.[13]

O estudo de Deaton e Kahneman é memorável por ter estimado uma quantia em dólares a partir da qual a felicidade se estabiliza – só que ele não foi uma novidade. Seus resultados foram amplamente consistentes com outras pesquisas feitas com diferentes métodos, conduzidas em vários países e culturas com riquezas das mais diversas. Esses estudos não apenas abordaram a maneira como o dinheiro afeta a felicidade individual como também avaliaram se o aumento da riqueza de uma nação inteira afeta a felicidade da população como um todo. Independentemente dos métodos aplicados e dos locais de pesquisa, a conclusão foi sempre semelhante: o dinheiro tem mais relevância entre os mais pobres, para quem um único dólar, euro, yuan ou real é usado para atender às necessidades mais básicas e proporcionar segurança. Uma vez que se ultrapassa esse limiar, o dinheiro parece ter pouco ou nenhum impacto sobre a felicidade. Como Deaton e Kahneman escreveram em seu estudo, "mais dinheiro não compra necessariamente felicidade, embora menos dinheiro esteja associado a sofrimento".[14]

Para os mais pobres, o dinheiro traz benefícios tangíveis, necessários para sua sobrevivência, segurança e independência. Mas, à medida que o nível de renda aumenta (e nem precisa ser de 75 mil dólares anuais), o dinheiro começa a adquirir um significado um pouco mais abstrato e passa a ter relação com outras coisas, como status e orgulho.

Talvez nada disso seja uma grande surpresa para você. Talvez você não relacione dinheiro a bens materiais ou status, e sim a liberdade. Talvez você veja dinheiro como poder e pense que quanto mais riqueza acumular, mais controle terá sobre a própria vida.

É compreensível se sentir assim. O dinheiro está atrelado aos pilares das sociedades modernas. Está ligado à realização, ao status, à autoestima, aos sentimentos de autodeterminação e liberdade, à diversão, à nossa capacidade de cuidar dos nossos familiares e de dar alegria a eles. Está ligado a tudo. É natural que o vejamos como um meio fundamental para tocar a vida e alcançar nossos objetivos.

Mesmo Leo DeMarco, o professor que construiu sua vida em torno de vínculos com a família e os alunos, era muito consciente do papel do dinheiro. Além de suas cuidadosas poupanças para a aposentadoria, ele guardou uma pequena quantia por muitos anos e por fim a empregou na compra de um barco de pesca (que sua filha mais velha chamou de *Dolores*). Esse barco apareceria depois nas lembranças de todas as suas filhas. Leo usava o dinheiro como meio para cumprir algumas metas pessoais satisfatórias – metas que o conectavam às pessoas com quem ele se importava.

No entanto, quando o dinheiro se torna o ponto principal, e não mais uma mera ferramenta, ele se junta a outras ambições que a cultura ao nosso redor insiste em valorizar: coisas como fama e uma carreira de sucesso. Ou, em outras palavras, "medalhas de capacidade", como Richard Sennett e Jonathan Cobb formularam em seu livro *The Hidden Injuries of Class* (Os danos ocultos da classe).[15] Ou seja, méritos pessoais que são reconhecidos publicamente.

Parte da nossa felicidade também depende do que vemos ao olhar nossos vizinhos. É da natureza humana fazer comparações. A vida que vemos ao nosso redor – no mundo real, na televisão e nas redes sociais – parece muito além do nosso alcance? Pesquisas demonstram que quanto mais nos comparamos aos outros – mesmo quando a comparação é a nosso favor –, menos somos felizes.[16] E quanto maiores as disparidades que vemos, maior nossa infelicidade. Como tantas coisas relacionadas à felicidade, o efeito do dinheiro sobre nós é ao mesmo tempo simples e complicado. Talvez nunca encontremos uma resposta para a pergunta *Dinheiro pode comprar felicidade?* porque estamos fazendo a pergunta errada.

Talvez a pergunta certa seja: *O que realmente me faz feliz?*

UM GAROTO DE CHARLESTOWN

Aos 14 anos, Alan Silva era apaixonado por cinema. No verão de 1942, conseguiu um emprego de engraxate numa praça de Charlestown, em Boston, para poder ir ao cinema duas vezes por semana e ver seus ídolos, como James Cagney e Susan Hayward, na telona. Ele ia com amigos ou até mesmo sozinho, se não tivesse companhia. Via todos os filmes duas vezes e, se não gostasse, reclamava com o bilheteiro. No caminho para casa, às vezes passava na marina de Charlestown para ver quem poderia encontrar por lá, pois fazia parte do Clube de Vela Comunitário, uma organização local que ensinava crianças a velejar. Se nada muito interessante estivesse acontecendo na marina, ele ia até a Chelsea Street e esperava o tipo certo de caminhão de entregas passar – qualquer um que tivesse um corrimão na parte de trás –, e então se pendurava na traseira e pegava uma carona de volta para casa. Essa parte ele mantinha em segredo.

– Ele não sai por aí pulando em caminhão – dissera sua mãe ao Estudo de Harvard. – Falei que se ele fizer isso vai acabar perdendo as pernas.

Como a maioria das famílias de Boston que participavam do Estudo, os Silva viviam na pobreza. O pai de Alan era um imigrante português e trabalhava como maquinista no Estaleiro Naval, e sua renda era suficiente apenas para colocar comida na mesa. Alan, um garoto agitado e ocupado, não tinha consciência do estresse financeiro que seus pais enfrentavam.

O pesquisador que o entrevistou aos 14 anos o descreveu como "muito aventureiro".

– Ele vem correndo, todo esbaforido – disse a mãe –, e depois não para de falar.

A mãe estava inclinada a dar ao filho alguma liberdade, mas a avó paterna, que morava com eles no apartamento de três cômodos, não concordava com essa ideia, pois achava que Alan passaria a andar com más companhias, começaria a roubar e jogaria fora sua vida.

— Não sou muito rigorosa — disse a mãe do garoto. — Eu deixo que ele faça coisas de adolescente. É normal. Minha mãe era rígida demais e isso me deixava mal-humorada. Agora leio livros de psicologia infantil.

Além de aventureiro, Alan era ambicioso. Quando não estava no cinema, velejando ou pegando carona na traseira de um caminhão, ele ficava em casa mexendo num brinquedo de construção que ganhara do pai no Natal. Queria aprender tudo que pudesse sobre construir coisas. Acreditava que tinha controle sobre sua vida, o que também o levou a acreditar em algo em que muitos dos outros garotos de Boston não acreditavam: que poderia ir para a faculdade.

Os dois grupos do Estudo de Harvard — os rapazes de Boston e os universitários de Harvard — são diferentes em muitos aspectos. Quando comparados entre si, ambos refletem duras realidades sobre o efeito da pobreza e da desigualdade na vida da classe trabalhadora e dos profissionais qualificados.

Mas certas vantagens interpessoais mantêm seu poder em meio a essa divisão socioeconômica. No caso de Alan Silva, ele tinha uma mãe que o amava; ela o defendia, acreditava nele e apoiava suas aspirações. Em parte graças a seu incentivo e apoio, Alan Silva foi um dos poucos rapazes de Boston a ir para a faculdade. Pouco depois de se formar em Engenharia Elétrica, foi contratado pela companhia telefônica e teve uma longa carreira, aposentando-se aos 56 anos.

Hoje com 95, Alan não liga para as estreias do cinema, mas costuma rever alguns de seus filmes favoritos na TV. Quando perguntamos a ele, em 2006, de que ele mais se orgulhava na vida, ele não falou de sua carreira ou de seu diploma universitário:

— Vamos completar 48 anos de casamento. Temos bons filhos e bons netos também. Sinto orgulho da minha família.

A história de Alan ilustra o que o Estudo de Harvard descobriu sobre o poder dos relacionamentos e nos lembra uma verdade importante: todos nós precisamos lidar com inúmeros fatores que estão fora do nosso controle e com muitos outros que podemos controlar. Devemos saber usar as cartas que a vida nos entrega.

ATÉ QUE PONTO A FELICIDADE ESTÁ SOB NOSSO CONTROLE?

> Felicidade e liberdade começam com a compreensão clara de um princípio: algumas coisas estão sob nosso controle; outras, não.
>
> Epiteto, *Discursos*

Epiteto, outro grande filósofo grego, nasceu escravo. Para ele, portanto, a questão do controle era um assunto pessoal. Nem sequer sabemos o nome que sua mãe lhe deu. Epiteto é uma palavra grega que significa "adquirido".

Nós nos tornamos infelizes quando ficamos obcecados com aquilo que foge ao nosso controle, disse Epiteto. Por isso é tão importante saber distinguir o que podemos ou não controlar.

A "Oração da Serenidade", do teólogo Reinhold Niebuhr, é uma versão moderna dessa ideia.[17] Embora o texto original seja um pouco diferente, costuma ser citado da seguinte maneira:

> *Deus, conceda-me serenidade para aceitar as coisas que não posso mudar, coragem para mudar as que posso*
> *e sabedoria para discernir entre as duas.*

As pessoas muitas vezes pensam, compreensivelmente, que a verdadeira felicidade está além do seu alcance porque há muitas coisas que não se podem evitar, que são definitivas: "Minha genética não me favorece", "Não sou extrovertido", "Sofri traumas no passado que ainda não superei", "Não tenho os mesmos privilégios que os outros neste mundo desigual e injusto".

Muitos fatores importam na loteria da vida. Podemos não gostar de admitir isso, mas há coisas *com as quais* nascemos ou situações *nas quais* nascemos que afetam nosso bem-estar e que também estão fora do nosso controle imediato. A genética importa. O gênero importa. Inteligência. Deficiências. Orientação sexual. Raça. E tudo isso importa, é claro, por causa de nossos preconceitos e práticas culturais. Os afro-americanos, por exemplo, são um dos grupos menos favorecidos – talvez o mais desfavorecido de todos – nos Estados Unidos. Em média, eles têm menos poupança, taxas mais altas de encarceramento e prognósticos de saúde mais negativos do que qualquer outro grupo racial. Tudo isso contribui para uma desvantagem socioeconômica persistente que é difícil de superar. E, como o estudo de Deaton e Kahneman e tantos outros demonstraram, o status socioeconômico pode afetar o bem-estar emocional.

Isso nos leva de volta ao Estudo de Harvard e a uma questão importante sobre a composição étnica da pesquisa: o que a vida de homens brancos como John, Leo e Henry, que cresceram nos Estados Unidos em meados do século XX, teria a acrescentar para as mulheres de hoje ou para pessoas não brancas e de países, culturas e origens totalmente diferentes? As descobertas do Estudo de Harvard não seriam relevantes apenas para o grupo demográfico de seus participantes?

Quando fazem essa pergunta a Marc, ele pensa num artigo estarrecedor, de grande repercussão, publicado na revista *Science*.[18] O artigo procurava determinar se havia uma ligação entre o vínculo social e o risco de morrer em qualquer idade, e analisou mulheres e homens de cinco estudos conduzidos em cinco lugares diferentes ao redor do mundo.

Um desses lugares foi Evans, uma região rural no estado americano da Geórgia; outro, o leste da Finlândia.

É pouco provável que haja contrastes mais gritantes do que aquele entre a vida de uma mulher negra criada no sul dos Estados Unidos nos anos 1960 e a vida de um homem branco habitante das margens geladas de um lago finlandês. Grandes diferenças seriam esperadas em praticamente todos os níveis de experiência.

Todos os cinco estudos eram prospectivos e longitudinais; como o Estudo de Harvard, observavam a vida dos participantes à medida que se desenrolava ao longo do tempo.

Tanto para os homens quanto para as mulheres, a geografia e a raça eram importantes, como acontece em muitos estudos. Habitantes de Evans tiveram, em média, as taxas de mortalidade mais altas no estudo, enquanto os do leste da Finlândia tiveram as mais baixas. Em Evans, negros tinham mais risco de morrer do que as pessoas brancas em qualquer idade, embora essa diferença fosse relativamente pequena quando comparada à discrepância entre Evans e Finlândia.[19] Tomadas em conjunto, essas diferenças são gritantes e significativas. Mas essa é apenas uma parte da história. Recuando um pouco mais, os dados para homens e mulheres em todos os cinco locais exibem um padrão notavelmente semelhante: *pessoas com mais vínculos sociais tinham menos risco de morrer em qualquer idade*. Se você fosse uma mulher negra na Geórgia rural ou um homem branco na Finlândia, quanto mais conectado com os outros estivesse, menor seria seu risco de morrer em determinado ano.

Essa consistência de achados em diferentes locais e grupos demográficos é o que os cientistas chamam de "replicação", o santo graal da pesquisa, algo que não é nada fácil de encontrar. Não é porque um estudo fez uma descoberta interessante sobre determinado assunto que a questão está resolvida. A boa ciência exige que as descobertas sejam replicadas. É crucial que encontremos um sinal consistente em muitas pesquisas, sempre apontando para a mesma direção, especialmente quando se estuda algo tão complexo quanto a vida humana. Só assim podemos crer que não estamos vendo um fruto do acaso.

Mais de vinte anos após a análise desses cinco estudos, outra pesquisa muito maior cimentou a conexão entre relacionamentos e risco de mortalidade.[20] Julianne Holt-Lunstad e seus colegas analisaram 148 estudos realizados em países de todo o mundo (Canadá, Dinamarca, Alemanha, China, Japão, Israel, entre outros), abarcando um total de mais de 300 mil participantes. Essa análise ecoou as descobertas do estudo destacado no artigo da *Science*: em todas as faixas etárias, gêneros e etnias, fortes conexões sociais estavam associadas a maiores chances de uma vida mais longa. Na verdade, Holt-Lunstad e seus colegas quantificaram essa associação: por incrível que pareça, *o vínculo social aumentava a probabilidade de sobrevivência em qualquer ano em mais de 50%*. Em todos esses estudos, a taxa de mortalidade das pessoas com menos vínculos era 2,3 vezes maior (no caso dos homens) e 2,8 vezes maior (no caso das mulheres) em comparação com quem tinha mais vínculos. São associações muito poderosas, comparáveis ao efeito do cigarro ou do câncer. E o tabagismo, nos Estados Unidos, é considerado a principal causa de mortes evitáveis.[21]

O estudo de Holt-Lunstad foi realizado em 2010. Com o passar do tempo, estudo após estudo,[22] incluindo o nosso, as descobertas continuam a reforçar a conexão entre bons relacionamentos e saúde, independentemente de onde a pessoa more ou qual seja sua idade, etnia ou contexto socioeconômico.[23] Embora a vida de um pobre garoto italiano criado durante a Grande Depressão no sul de Boston e a vida de um formando de Harvard em 1940 que se tornou senador sejam bem diferentes uma da outra – e ainda mais diferentes da de uma mulher negra dos dias atuais –, todos compartilhamos uma humanidade comum. Como a revisão de Holt-Lunstad, análises de centenas de estudos nos dizem que os benefícios básicos da conexão humana não mudam muito de um bairro para outro, de uma cidade para outra, de um país para outro ou de uma raça para outra. É indiscutível que muitas sociedades são desiguais; existem práticas culturais e fatores sistêmicos que causam inúmeras injustiças e dores emocionais. No entanto, é universal a capacidade que nossos relacionamentos têm de afetar nosso bem-estar e nossa saúde.

À medida que prosseguirmos, nos concentraremos em identificar o que você pode fazer, não importa a sociedade em que esteja inserido ou qual seja a cor da sua pele. Destacaremos os *fatores maleáveis* que demonstraram afetar a qualidade de vida de uma pessoa nas mais diferentes circunstâncias. Fatores que podem ter impacto na sua vida e que estão sob seu controle.

Mas de que tipo de impacto estamos falando? Qual a importância daquilo que não podemos mudar diante das coisas que podem ser mudadas?

Ouvimos muito essa pergunta, formulada de diferentes maneiras. Seja depois de uma palestra em que discutimos nossa pesquisa, seja numa conversa casual. De repente, alguém fica com um ar preocupado. Quase podemos ouvir a pergunta antes de ela ser feita:

"Se minha principal preocupação é dinheiro e assistência médica, será que alguma parte disso se aplica a mim?"

Ou: "Se sou tímido e tenho dificuldade em fazer amigos, a boa vida está fora do meu alcance?"

Ou como uma mulher perguntou recentemente a Bob: "Se eu tive uma infância ruim, então estou totalmente ferrada?"

Há uma diferença entre dizer que alguma coisa causa impacto na sua vida e dizer que ela sela seu destino. Na ciência, os pesquisadores se concentram em encontrar diferenças entre grupos. Usamos a infeliz expressão "estatisticamente significativo" para destacar quando essas diferenças parecem confiáveis. Diferenças muito pequenas, no entanto, podem ser estatisticamente significativas, mas tão pequenas que são praticamente sem sentido. Portanto, além de dizer que esses fatores são importantes, precisamos pensar em *quanto* eles são importantes.

FATIAS DE FELICIDADE

A psicóloga e pesquisadora Sonja Lyubomirsky argumentou, com evidências convincentes, que existem respostas reais para a pergunta "O que nos traz felicidade?". Numa análise que deixaria Epiteto orgulhoso, ela examinou quão mutável é nosso nível de felicidade.

Com base nas descobertas de um grande conjunto de estudos que examinavam desde a felicidade de gêmeos criados em famílias diferentes até a relação entre os eventos cotidianos e o bem-estar, ela procurou descobrir a mutabilidade da felicidade. Pesquisas anteriores sugerem que os seres humanos têm um "ponto de ajuste de felicidade", um nível básico de felicidade que é influenciado em grande parte pela genética e pelos traços de personalidade. Independentemente de como nos sentimos num momento ou em outro, terminamos sempre atraídos para esse ponto definido. Essa é uma grande descoberta que vem sendo discutida há décadas na área da psicologia. Em geral, depois que um acontecimento nos deixa mais felizes ou mais tristes, esse estado de espírito começa a perder força e voltamos ao nível *geral* de felicidade que sempre costumamos sentir. Por exemplo, um ano depois de ganhar na loteria, um sortudo milionário não é diferente de nós quando o assunto é felicidade.

Embora isso pareça indicar que nosso bem-estar já está definido, vale ressaltar que o copo também está meio cheio – ou pelo menos 40% cheio. Lyubomirsky e seus colegas usaram dados de pesquisa para estimar que nossa intenção conta muito quando se trata de sermos felizes. Nossos atos e escolhas são responsáveis por cerca de 40% da nossa felicidade.[24] É uma fatia considerável que ainda está sob nosso controle.

Essas descobertas revelam uma das verdades mais essenciais e consoladoras sobre os seres humanos: somos adaptáveis. Somos criaturas resilientes, trabalhadoras e criativas que podem sobreviver a dificuldades incríveis, rir em tempos difíceis e ainda sair mais fortes. Mas há também o outro lado, como mostra o conceito de ponto de ajuste da felicidade: também ficamos acostumados com circunstâncias *melhores*. Nosso bem-estar emocional não pode se aprimorar até o infinito. Nós nos acomodamos. Tendemos a não dar mais valor às coisas. Esse é um ponto fundamental na discussão sobre dinheiro. Você talvez acredite que ganhar um salário de seis dígitos, conseguir um novo emprego ou trocar de carro o fará feliz. Porém em pouco tempo você também terá se acostumado a essa nova situação e seu cérebro passará ao próximo desafio, ao próximo desejo. Nem mesmo quem ganha na loteria permanece eufórico para sempre.

Isso não é uma falha de caráter, mas um fato biológico: encontramos todas as experiências, positivas e negativas, no mesmo campo de jogo psicológico e neurológico em nosso cérebro. Aqui a ciência se alinha a um princípio central do estoicismo e do budismo, bem como de muitas outras tradições espirituais: a maneira como nos sentimos na vida é determinada apenas em parte pelo que acontece ao nosso redor e, em grande medida, pelo que acontece dentro de nós.

David Foster Wallace, no seu já citado discurso de colação de grau em Kenyon,[25] observou o que a moderna cultura ocidental (embora não só ela) fez com esses campos de jogo mentais que todos nós temos, fornecendo-nos:

> riqueza extraordinária, conforto e liberdade pessoal. A liberdade de sermos senhores de nosso minúsculo reino do tamanho de um crânio, sozinhos no centro de toda a criação. Esse tipo de liberdade tem seus méritos. Mas é claro que existem muitos tipos de liberdade, e o tipo mais precioso não é muito comentado no grande mundo lá fora onde só se fala em vencer, realizar e exibir. O tipo realmente importante de liberdade envolve atenção, consciência, disciplina e esforço, e a capacidade de realmente se importar com outras pessoas e se sacrificar por elas, repetidamente, de inúmeras maneiras insignificantes e nada atraentes, todos os dias.

O MOTOR DE UMA BOA VIDA

O professor do ensino médio Leo DeMarco teve quatro filhas. Três delas continuam a participar do Estudo. Em 2016, sua filha Katherine visitou nosso escritório para uma entrevista e para fazer uma série de avaliações sobre sua saúde física e sua maneira de enfrentar desafios emocionais. Durante esse tipo de visita, que normalmente dura metade de um dia, pedimos aos participantes que compartilhem lembranças de um momento difícil ou triste de sua vida. Essas experiências são esclarecedoras tanto do ponto de vista humano quanto científico, pois os momentos difíceis são muitas vezes decisivos e nos dão uma ideia de como as pessoas lidam com as dificuldades. Quando pedimos a Katherine que compartilhasse uma experiência delicada, ela escreveu o seguinte:

> Quando meu marido e eu tentávamos ter nosso primeiro filho, tive quatro abortos espontâneos num intervalo relativamente curto. Pela primeira vez na vida, senti que as coisas estavam fora do meu controle. Existe um ditado que diz que se aprende mais com o fracasso do que com o sucesso. Quando olho para trás, chego à conclusão de que foi naquele momento que entendi o que isso queria dizer. Foi um teste para mim e para meu marido. Lembro-me de estar ciente de que precisávamos estar em sintonia, enquanto casal, para que o desejo de começar uma família não se tornasse um fardo. Foi um período de muitas tristezas para nós dois. Mas sei também que foi ali que realmente aprendemos a ser uma equipe nos momentos difíceis. Optamos conscientemente por não deixar que a experiência de tentar engravidar dominasse nossa vida. Tínhamos escolhido um ao outro e precisávamos cuidar um do outro, com ou sem filhos.

Os relacionamentos não servem apenas de trampolim para outras coisas; não são simplesmente um caminho funcional para a saúde e a felicidade. São fins em si mesmos. Katherine queria muito ter um filho, mas ela entendia que era vital e importante cultivar seu casamento, independentemente de alcançarem ou não o objetivo de serem pais. Enquanto tentamos, como cientistas, quantificar o efeito do vínculo sobre nós, os relacionamentos estão cheios de experiências momentâneas e ricas, em constante mudança, e isso é parte do que os torna verdadeiros antídotos contra as repetições do dia a dia. O outro sempre será um tanto evasivo e misterioso, e isso mantém os relacionamentos interessantes e dignos de atenção, a despeito de sua utilidade imediata. "O amor, por sua própria natureza", escreveu a filósofa Hannah Arendt, "não é mundano".[26]

Por causa de sua centralidade em nossa experiência diária, os relacionamentos são uma parte poderosa e pragmática do quebra-cabeça da vida. Esse valor pragmático tem sido subestimado nos tempos modernos. Os relacionamentos são a base da nossa vida, intrínsecos a tudo que fazemos e a tudo que somos. Mesmo coisas como dinheiro e realizações, que à primeira vista parecem desconectadas dos relacionamentos, podem ser difíceis de se dissociar deles. Do que adiantariam as realizações se não houvesse ninguém por perto para apreciá-las? Para que serviria o dinheiro se não houvesse ninguém com quem pudéssemos compartilhá-lo, nenhum ambiente social que lhe desse significado?

O motor de uma boa vida não é o indivíduo, como acreditava John Marsden, mas nossa conexão com os outros, como demonstra a vida de Leo DeMarco. Os movimentos do motor são aqueles sentimentos dentro de nós, transmitidos por nossos ancestrais, desde os maiores desgostos até as sutis sensações de camaradagem; desde a tristeza da perda até as alegrias do amor romântico. Ou como dizia Jon Kabat-Zinn, tomando emprestada uma frase de *Zorba, o grego*, "a catástrofe completa". É lá que a boa vida acontece, na experiência do momento, no tempo real de conexão.

Talvez você esteja pensando: tudo bem, mas como fazer isso? Como melhorar meus relacionamentos? Não posso simplesmente estalar os dedos. Como seria feita essa mudança? Por onde começar?

Mudar sua vida – especialmente os hábitos do cotidiano – pode ser um grande desafio. Às vezes tentamos melhorar de vida com a melhor das intenções, apenas para sermos esmagados pela força de velhos hábitos mentais e pela pressão da cultura em que vivemos. Ao confrontar a complexidade da vida, nossa tentação é dizer: "Eu tentei, mas simplesmente não consigo decifrá-la. Apenas sigo a correnteza."

Vemos isso o tempo todo em nosso consultório. Quando uma pessoa segue numa direção por grande parte de sua vida e esse caminho parece insatisfatório, ela acha difícil sequer considerar que existe a possibilidade de um caminho diferente, mais frutífero.

A situação de Katherine poderia facilmente ter se deteriorado. Ela foi capaz de reconhecer o que estava fora de seu controle – se seria capaz de levar uma gravidez a termo – e o que estava sob seu controle – como poderia cuidar de seu relacionamento com o marido. Os dois foram capazes de manter um relacionamento próximo e tolerante durante esse período de provação. Por sorte, Katherine acabou engravidando e deu à luz um filho, a quem ela passou a chamar de "Bebê Milagroso". Mas, mesmo antes desse desfecho, Katherine havia vencido uma batalha importante. Ela encarou o desafio, teve boas atitudes diante da situação e procurou cuidar do relacionamento com o marido – a relação que mais estava sendo afetada e que mais poderia lhe fornecer apoio emocional.

As histórias do Estudo de Harvard e de muitos outros estudos nos contam que toda existência dá voltas e mais voltas, e que as escolhas que fazemos são importantes. Esses relatos evidenciam que ricas possibilidades estão disponíveis em todas as fases e em todas as situações da vida para melhorar nosso bem-estar.

Os capítulos a seguir apresentam muitas pesquisas e histórias pessoais, e esperamos que você reconheça partes de si mesmo e das pessoas que você ama. Também esperamos que essas narrativas de erro e redenção, de amor e desencontro, façam você refletir sobre sua própria vida, sobre o que está indo bem para você e o que poderia melhorar. Cada um de nós tem um tesouro de experiências que pode nos indicar a direção da felicidade.

Começamos com uma lente grande-angular, uma espécie de visão de satélite de uma vida humana. Localizar-se nesse mapa é de grande ajuda. Porque, antes de chegar a qualquer lugar, é preciso saber onde se está.

3
OS RELACIONAMENTOS NA SINUOSA ESTRADA DA VIDA

Muitas vezes encontramos nosso destino justamente nos caminhos que tomamos para evitá-lo.

Jean de La Fontaine[1]

Questionário do Estudo de Harvard, 1975

> Poderia nos contar as questões da vida que você enfrentou depois dos 50 anos e que não pareciam tão importantes quando você era mais jovem? Como tentou resolver essas questões?

Quando se aproximava dos 60 anos, Wes Travers percebeu que atravessava um momento reflexivo. Ao examinar sua vida, ele tentava conciliar suas experiências passadas com o homem que era naquele momento. Como chegara até ali? Que eventos haviam sido cruciais? Um acontecimento em particular não parava de voltar à sua mente, embora fosse apenas uma vaga lembrança: quando ele tinha 7 anos, seu pai arrumou a mala, saiu do apartamento da família no terceiro andar de um prédio do West End de Boston e nunca mais voltou. Wes, sua mãe e os três irmãos não tinham ideia de como se sustentariam sem ele, mas também sentiram certo alívio.

Quando as crianças eram bem pequenas, o pai era gentil e atencioso. Mas, conforme elas foram crescendo, ele também mudou. Tornou-se violento e mal-humorado, e muitas vezes batia brutalmente nos filhos mais velhos, às vezes até sangrar. Chegava em casa bêbado tarde da noite. Traía a mãe de Wes. Depois que ele partiu, uma nova e bem-vinda paz se instalou no lar. Mas junto com ela veio um novo conjunto de provações e responsabilidades financeiras para os filhos, lançados em preocupações adultas muito cedo. A ausência do pai afetou tudo nos anos de formação de Wes.

– Eu me pergunto como teria sido minha vida se ele tivesse ficado por aqui – disse Wes mais tarde. – Não sei se teria sido melhor ou pior, mas penso no assunto.

Quando o Estudo de Harvard encontrou Wes, aos 14 anos, sua vida já era uma longa sequência de desafios. A postura dele era um pouco curvada e ele sofria de estrabismo, uma condição que fazia um de seus olhos vagar. Por causa da timidez e da dificuldade de verbalizar pensamentos, ele precisou se esforçar muito para dizer ao Estudo de Harvard como era exatamente sua vida, mas conseguiu pintar um quadro geral. Tinha dificuldades na escola. Não conseguia se concentrar. Sonhava acordado e tirava notas ruins em quase todas as matérias. Quando lhe perguntaram qual era sua ambição na vida, Wes respondeu:

– Ser cozinheiro.

Como a maioria de nós naquela idade (ou mesmo em qualquer idade), Wes tinha dificuldade em enxergar além de sua experiência do momento. Oprimido pelos problemas que vivia, ele não fazia planos e tinha pouca esperança no futuro. Mas o caminho que tomaria ainda não estava decidido. Se pudéssemos voltar agora e mostrar ao seu eu adolescente o que estava por vir, ele ficaria muito surpreso com o resultado de sua vida. Como veremos, nada correu como ele esperava.

O MAPA E O TERRITÓRIO

Uma das vantagens de um estudo longitudinal, que perpassa uma vida inteira, é que ele pode ser usado para mapear todo o caminho percorrido durante uma existência. Isso permite que eventos e desafios sejam vistos no fluxo de tudo que veio antes e depois. Podemos traçar as mudanças de direção para a esquerda e para a direita, os becos sem saída, as colinas e os vales, e ter uma noção do conjunto da jornada. Não vemos apenas o que aconteceu, mas como uma coisa pode ter levado a outra e por quê. Há uma qualidade narrativa em registros desse tipo. É difícil lê-los e não sentir algo pelos participantes. E é assim que deveria ser. Em primeiro lugar, são registros de aventuras pessoais na experiência de ser humano. No entanto, quando essas aventuras são combinadas com centenas de outras e traduzidas cuidadosamente em números, elas se tornam a matéria-prima da ciência, revelando não apenas vidas, mas padrões de vida.

Se você colocasse a linha do tempo de sua vida ao lado das linhas do tempo de todos os outros leitores deste livro, surgiria um conjunto de padrões semelhantes aos dos participantes do Estudo de Harvard. Sua vida seria singular em algumas de suas especificidades, como acontece com todo mundo, mas semelhanças marcantes surgiriam independentemente de gênero, cultura, etnia, orientação sexual e origem socioeconômica. Wes teve um pai abusivo. No seu caso, leitor ou leitora, sua profunda ansiedade talvez possa ser atribuída às tensões no casamento dos seus pais. Ou uma dificuldade de aprendizado talvez tenha levado você a sofrer bullying e a ter medo da escola. Essas experiências humanas compartilhadas e esses padrões de vida repetitivos nos lembram que, por mais solitários que sejam nossos desafios e lutas a cada instante, outras pessoas já passaram pelas mesmas situações ou estão passando por elas neste exato momento. É por isso que o material da ciência, aparentemente desprovido de emoção, pode ter um efeito muito tocante: pode nos lembrar que não estamos sozinhos.

E, claro, a outra coisa que todos nós compartilhamos é a mudança constante que acontece na nossa vida e até em nós mesmos. Muitas vezes essas mudanças são tão graduais que nem sequer conseguimos notá-las. Achamos que somos como uma rocha imutável num riacho enquanto o mundo flui ao nosso redor. Mas estamos enganados. Estamos sempre transformando quem somos em quem seremos.

Este capítulo trata de uma visão panorâmica desses padrões e dos caminhos sinuosos da mudança. Dar um passo para trás para observar o quadro geral ilumina aspectos da nossa própria experiência – como estamos mudando e o que podemos esperar – e também nos faz entender o que os outros estão passando. Aos 20 anos, a vida parece diferente do que parecerá aos 50 ou 80. Nossa visão de mundo depende do nosso ponto de vista.

Esse é um primeiro passo básico que usamos como terapeutas e entrevistadores quando estamos conhecendo alguém. Se nos sentamos com uma pessoa de 35 anos, temos uma boa ideia das reviravoltas que ela já viveu e do que ela ainda pode encontrar pela frente. Ninguém se encaixa perfeitamente nesse modelo. A vida é interessante demais para ser tão certinha. Mas, ao considerar o estágio da vida de uma pessoa, podemos iniciar o processo de compreensão da sua experiência. O mesmo esforço é útil para qualquer um que faça parte da sua vida e até para você mesmo. Saber que você não está sozinho, que existem desafios previsíveis que muitos enfrentam, torna tudo um pouco mais fácil.

Quando perguntamos aos participantes o que eles achavam mais valioso em participar de um estudo de oitenta anos, muitos disseram que isso lhes dava a oportunidade de fazer um balanço da vida em intervalos regulares. Wes foi um dos que falaram isso. Ele mencionou mais de uma vez que parar um pouco para refletir sobre sua vida e sobre como se sentia o ajudava a apreciar o que ele já tinha e a entender o que ele *queria*. A boa notícia é que não é preciso participar de um estudo para fazer o mesmo. Basta um pequeno esforço e um pouco de autorreflexão. Esperamos que este capítulo lhe aponte o caminho.

SEU PRÓPRIO MINIESTUDO DE HARVARD

Se você já viu uma foto de seus pais na juventude, sabe como a experiência pode ser surpreendente. Eles parecem pessoas que poderíamos ter encontrado na rua, e não os pais que nos criaram. Geralmente parecem menos sobrecarregados, mais despreocupados e de algum modo... diferentes. Nossas próprias fotos antigas podem ser ainda mais desconcertantes. Podemos olhar para nossa versão mais jovem e sentir uma doce nostalgia, ou talvez uma sensação de melancolia, ao sermos confrontados com nossas mudanças físicas, nossos sonhos abandonados, nossas crenças outrora preciosas. Para outros, como Wes, olhar para fotos da juventude evoca tristezas e desafios difíceis de revisitar.

Essas impressões indicam áreas da nossa vida que consideramos importantes, e elas podem ser transformadas em algo útil com a ajuda de um exercício simples mas poderoso que desenvolvemos para a Lifespan

Research Foundation (www.lifespanresearch.org). Isso envolve um pouco de pesquisa pessoal, mas, se você estiver disposto, venha conosco.

Encontre uma fotografia sua da época em que você estava com a metade da idade atual. Se tem menos de 35 anos, volte ao início da vida adulta. Serve qualquer foto que tenha tirado quando era bem mais jovem. Não se limite a puxar aquela época pela memória, tente encontrar uma foto real. A realidade vibrante de uma fotografia, os detalhes do lugar e do tempo, a expressão do seu rosto, tudo isso ajuda a evocar os sentimentos que fazem valer a pena este exercício.

Agora dê uma olhada atenta em si mesmo nessa fotografia. Depois de parar de se perguntar por que você gostava tanto de roupas marrons, de se maravilhar com seu peso ou com sua então vasta cabeleira, tente se colocar de volta no momento em que a foto foi tirada. Olhe com *muita atenção*: passe vários minutos (muitos mesmo!) apenas matutando e se lembrando daquela época de sua vida. O que você andava pensando? Com que se preocupava? Quais eram suas esperanças? Quais eram seus planos? Com quem você passava o tempo? O que era mais importante para você? E talvez a pergunta mais difícil de enfrentar: quando você pensa em si mesmo naquela época, de que se arrepende?

Será de grande ajuda formular por escrito as respostas a essas perguntas. Faça algumas anotações e seja tão detalhista quanto quiser. Se alguém próximo a você estiver curioso sobre o livro que está lendo, considere pedir a essa pessoa que encontre uma fotografia de si mesma e faça também este exercício. (Como pesquisadores longitudinais, sugerimos que, se você tiver uma foto impressa, use-a como marcador de página e, quando terminar, deixe-a aqui neste livro, junto com suas anotações. Alguém que você conhece pode tirar algum proveito no futuro, quando for fazer o exercício; esses registros de vidas passadas e pensamentos de nossos entes queridos são raros e valiosos.)

NOS PASSOS DA HISTÓRIA (E ALÉM)

O Estudo de Harvard não é de forma alguma a primeira tentativa de extrair dados úteis de relatos de experiências humanas. Há milênios as pessoas tentam desvendar os segredos da vida humana observando seus padrões.

Esses padrões já foram analisados de todas as formas e costumam ser categorizados em estágios.

Os gregos tinham várias versões para os estágios da vida. Aristóteles descreveu três. Hipócrates, sete. Quando Shakespeare escreveu sobre as "sete idades do homem" em seu famoso solilóquio "O mundo é um palco" em *Como gostais*, a ideia da vida acontecendo em etapas era provavelmente familiar para o público. O próprio Shakespeare deve ter aprendido isso na escola primária.[2]

Os ensinamentos islâmicos também mencionam sete estágios da existência.[3] Os ensinamentos budistas ilustram dez etapas ao longo do caminho para a iluminação usando a metáfora do pastoreio de bois.[4] O hinduísmo identifica quatro fases, ou Ashramas, que ecoam muitas teorias psicológicas modernas sobre as etapas da vida:[5] *o estudante*, que aprende sobre o mundo; *o chefe de família*, que encontra uma missão e cuida de seus familiares; *o aposentado*, que se afasta da vida familiar; e *o asceta*, que se compromete com a busca de uma espiritualidade mais elevada.

A ciência tem suas próprias perspectivas sobre o desenvolvimento biológico e psicológico do ser humano. Mas por muito tempo ela se concentrou quase inteiramente no desenvolvimento da primeira infância. Até pouco tempo, os manuais de psicologia tinham apenas seções curtas sobre o desenvolvimento dos adultos. O pensamento era que, assim que atingia a idade adulta, o indivíduo estaria totalmente formado. A única mudança importante seria o declínio, tanto físico quanto mental.

Nas décadas de 1960 e 1970, essa perspectiva começou a mudar. George Vaillant, diretor do Estudo de Harvard entre 1972 e 2004, foi um dos muitos cientistas que começaram a ver a idade adulta como um período de importante fluxo e oportunidade. É difícil olhar para os dados longitudinais do Estudo de Harvard e chegar a qualquer outra conclusão. Também houve novas descobertas sobre a "plasticidade" do cérebro humano, mostrando que a diminuição do volume e o declínio da função cerebral não são as únicas mudanças que os adultos experimentam com a idade; mudanças positivas também se desenrolam ao longo da vida.

Em suma, a ciência mais recente mostra que não importa em que estágio você esteja, você está mudando, e não apenas para pior. A mudança *positiva* é possível.

O TEMPO É (A METADE DE) TUDO

Consideramos que há duas perspectivas particularmente úteis para dar sentido ao ciclo da vida. A primeira, apresentada por Erik e Joan Erikson, enquadra o desenvolvimento adulto como uma série de desafios fundamentais que todos nós enfrentamos à medida que envelhecemos.[6] A segunda é uma teoria de Bernice Neugarten sobre as expectativas sociais e culturais em torno do momento em que ocorrem os eventos da nossa vida.[7]

Os Erikson identificaram estágios de vida baseados em desafios cognitivos, biológicos, sociais e psicológicos, e os enquadraram como crises. Somos ou não somos bem-sucedidos ao enfrentar determinado desafio. E em cada momento da vida encontramos pelo menos um desafio (geralmente mais de um). Por exemplo, no início da idade adulta, enfrentamos o desafio de estabelecer intimidade ou então nos isolarmos. Durante esse período, nos perguntamos: encontrarei alguém para amar ou ficarei sozinho? Na meia-idade, enfrentamos o desafio de ter uma sensação de produtividade ou de estagnação (vou ser criativo e contribuir para o desenvolvimento da próxima geração ou vou ficar preso a uma rotina egocêntrica?). Esses estágios "eriksonianos" têm sido usados por psicólogos e terapeutas por décadas para contextualizar de maneira útil os obstáculos da vida.

Bernice Neugarten, outra pioneira no estudo de como os adultos mudam, tem uma visão diferente. Em vez de definir a vida completamente por um "relógio de desenvolvimento", ela argumenta que esse desenvolvimento é bastante moldado pela sociedade e pela cultura. Nossa educação e nossas influências (amigos, notícias, redes sociais, filmes) criam um "relógio social" informal ou uma agenda de eventos que deveriam ocorrer em momentos específicos da nossa vida. Os relógios sociais diferem de cultura para cultura e de geração para geração. Eventos-chave – como sair da casa dos pais, entrar num relacionamento sério e de longo prazo, ter filhos – têm seu próprio valor cultural e seu lugar na linha do tempo, e vivenciamos esses eventos importantes como "no prazo" ou "fora do prazo" com base no fato de acharmos que estamos atendendo ou não às expectativas da sociedade. Muitos que se identificam como LGBTQIAPN+ se sentem "fora do prazo", porque alguns dos eventos usados como parâmetro refletem estilos de vida tradicionais heteronormativos.[8] Neugarten disse que ela mesma estava consideravelmente "fora do prazo". Casou-se cedo e começou tarde a carreira profissional. De acordo com sua teoria, os eventos "no prazo" nos ajudam a sentir que nossa vida está no caminho certo, enquanto os eventos "fora do prazo" nos causam preocupação a respeito do rumo que estamos seguindo. Não nos preocupamos porque os eventos fora do prazo são inerentemente estressantes, mas porque eles não atendem às expectativas dos outros (e às nossas próprias).

Essas duas ideias – a vida como uma sequência de desafios e a importância cultural dada a certos eventos que deveriam acontecer numa época específica – explicam como nos sentimos em relação a nós mesmos e como nos relacionamos com o mundo em diferentes estágios da vida.

Mas há outra maneira de olhar para a estrada sinuosa da vida: por meio das lentes de nossos relacionamentos. Como a vida humana é essencialmente social, quando grandes mudanças nos afetam de um modo profundo, nossos relacionamentos costumam ser um elemento central do que está em fluxo. Quando um adolescente sai de casa, o que mais afeta os sentimentos dele: morar em outro endereço ou fazer novos amigos e estar *longe* dos pais? Quando duas pessoas se casam, é a cerimônia, o evento ou o *vínculo* que modifica a vida do casal? À medida que nos desenvolvemos e mudamos com a passagem do tempo, são nossos relacionamentos que costumam refletir com mais frequência quem realmente somos e quanto já percorremos na estrada da vida.

Uma boa vida exige crescimento e mudança. Essa mudança não é um processo automático que acontece enquanto envelhecemos. A trajetória de crescimento é afetada pelo que experimentamos, o que suportamos e o que fazemos. *Os relacionamentos são protagonistas nesse processo de crescimento.* Outras pessoas nos desafiam e nos enriquecem. Com novos relacionamentos vêm novas expectativas, novos problemas, novas colinas para escalar e, muitas vezes, não estamos "prontos". Pouquíssimas pessoas, por exemplo, estão perfeitamente prontas para ter um filho. Mas tornar-se responsável por um pequeno ser humano é algo que deixa pronta a maioria de nós. Isso nos impulsiona. De alguma forma, nos mostramos à altura do que precisamos fazer em cada relacionamento, em cada estágio, e nesse processo nós mudamos. Nós crescemos.

O que apresentamos a seguir é um pequeno roteiro dessas etapas da vida, vistas pelas lentes dos relacionamentos. Comparado com a vasta literatura disponível sobre o ciclo da vida humana,[9] esse roteiro é como se fosse um mapa desenhado num guardanapo. Se achar útil, você pode explorar as referências que incluímos no fim do livro e mergulhar ainda mais fundo nesse assunto. Pode ser que você reconheça a si mesmo nos desafios apresentados a seguir, enquanto outros podem não se aplicar à sua realidade. É assim com todo mundo. Mas, mesmo que você não se reconheça em todas as etapas, talvez reconheça pessoas próximas e queridas.

Pequeno roteiro de uma vida inteira de relacionamentos adultos

Adolescência (12-19 anos): Andando na corda bamba

Vamos começar com aquela fase conturbada da vida, a adolescência. É um momento de crescimento rápido, mas também de contradições e confusão. A vida de um adolescente arde com intensidade à medida que ele avança até a idade adulta. Se temos adolescentes em nossa vida, o caminho da infância à vida adulta pode parecer conturbado – para eles e para nós. Richard Bromfield capturou a sensação de amar um adolescente quando descreveu as "cordas bambas" que eles instalam para seus pais e para as pessoas ao seu redor.[10] Um adolescente precisa de nós para:

Ser acolhido, mas não tratado como um bebê;
ser admirado, mas não constrangido;
ser guiado, mas não controlado;
ser deixado livre, mas não abandonado.

Por mais instável que esse estágio possa parecer para as pessoas ao redor, parece ainda mais turbulento para os próprios adolescentes. Eles precisam realizar grandes tarefas à medida que se aproximam da idade adulta. A principal delas é descobrir a própria identidade. Isso envolve experimentar novos tipos de relacionamento e mudar aqueles já existentes, às vezes de forma dramática. Por meio de seus encontros com os outros, os adolescentes desenvolvem novas visões de si mesmos, do mundo e das outras pessoas.

Para quem vê de dentro, a adolescência parece empolgante e assustadora. Possibilidades abundam, assim como as ansiedades do adolescente quando ele se depara com questões profundas como:

- Que tipo de pessoa estou me tornando? Com quem quero me parecer, e com quem não quero?
- O que devo fazer com a minha vida?
- Tenho orgulho de ser quem sou e de quem estou me tornando? Quanto devo me esforçar para ser mais parecido com alguém que eu respeito?
- Serei capaz de trilhar meu próprio caminho no mundo? Ou sempre vou depender do apoio dos outros?
- Como posso saber se meus amigos realmente gostam de mim? Posso contar com eles para me proteger?
- Estou tendo impulsos sexuais e sentimentos românticos muito intensos e eles estão me enlouquecendo. Como posso administrar esse novo turbilhão de intimidade e atração?

Em algum momento da adolescência, as figuras parentais costumam despencar de seus pedestais e se tornam adultos comuns (às vezes chatos). Isso cria um vácuo temporário no departamento de exemplos a seguir. Os responsáveis continuam sendo necessários para o apoio (comida, carona, dinheiro), mas a verdadeira ação acontece junto com as amizades, que são empolgantes, apesar de às vezes voláteis, e podem envolver novos níveis de conexão e intimidade. A pergunta "Quem sou eu?" é central, e os adolescentes muitas vezes descobrem quem são juntos, experimentando novas maneiras de ser que incluem tudo: estilos de roupa, crenças políticas, identidade de gênero... Para muitos, em nenhum outro momento as amizades assumem um papel tão fundamental quanto na adolescência.

Para quem vê de fora, a adolescência pode parecer um feixe de contradições. Para um pai de meia-idade, talvez se pareça com o filme *Vampiros de almas*: aquela criança adorável e adoradora se torna um adolescente temperamental que num momento é infantil e pegajoso e, no momento seguinte, um sabe-tudo cheio de desdém. A perspectiva dos pais poderia muito bem ser resumida pelo título inteligente de um popular livro de Anthony Wolf: *Get Out of My Life, but First Could You Drive Me and Cheryl to the Mall?* (Saia da minha vida, mas primeiro pode me levar com Cheryl ao shopping?).[11] Avós que assistiram a essa transição nos próprios filhos talvez tenham uma perspectiva diferente. Para eles, esse mesmo adolescente representa uma possibilidade de futuro alegre do mundo e o senso de identidade mutável do neto parece uma experimentação necessária.

Todas essas perspectivas fazem sentido. Assim como o cenário muda durante uma longa viagem, quando você olha para o mundo, o que você vê depende do ponto onde se encontra no ciclo da vida. Levar em consideração a perspectiva de vida de outra pessoa, levá-la a sério, é uma habilidade que podemos aprender. Requer alguma imaginação e certo esforço, especialmente diante das frustrações. Mas pode nos ajudar a desperdiçar menos tempo reclamando, criticando e desejando que a outra pessoa fosse diferente, e a investir mais tempo nos conectando e apoiando uns aos outros.

Se você é mãe, pai, avô, mentor, professora, treinadora ou modelo de um adolescente, talvez esteja se perguntando: como posso apoiá-lo melhor, mesmo quando ele parece querer ser independente? O que posso fazer para ajudá-lo a sair desse período mais forte e preparado para a vida adulta? E como posso sobreviver à adolescência dele?

Primeiro, não se deixe enganar por bravatas adolescentes e afirmações sobre autossuficiência. Adolescentes precisam de você. Alguns mostram isso sendo pegajosos, mas outros insistem que não precisam de ninguém. Claro que precisam. Na verdade, o relacionamento de um adolescente com adultos pode ser mais importante do que em qualquer outro momento da vida. Pesquisas nos dizem que há vantagens para aqueles jovens que se tornam mais autônomos enquanto ainda permanecem apegados aos pais.[12]

Uma participante do Estudo do Conselho Estudantil (pesquisa longitudinal vinculada ao Estudo de Harvard realizada com formandos de três faculdades do nordeste dos Estados Unidos) conseguiu olhar para trás quando adulta e ver com mais clareza o quebra-cabeça emocional de sua adolescência.[13] Depois de se tornar mãe de quatro filhos, ela refletiu sobre a mudança de perspectiva em relação à própria mãe e disse aos pesquisadores:

Tem aquela famosa piada de Mark Twain,[14] sobre quanto o pai havia aprendido entre os 15 e 20 anos do próprio filho. Foi assim comigo e com minha mãe. Mas é claro que a mudança aconteceu em mim, e não nela. Por muito tempo, fomos muito agarradas uma à outra. Eu ficava muito ansiosa quando minha mãe estava por perto, principalmente por ter medo de que ela vivesse minha vida por mim em vez de me deixar ser eu mesma. Agora acho que percebo como ela é maravilhosa.

A presença importa. Os adultos com os quais um adolescente interage, bem como as figuras culturais no ambiente midiático saturado de hoje, fornecem modelos para o que a vida é e o que ela *pode ser*. Portanto, a disponibilidade de exemplos pessoais em tempo real é extremamente importante. A vida pode estar acontecendo cada vez mais on-line (leia mais sobre isso no Capítulo 5), mas a presença física ainda importa. O modelo que um adolescente imagina para a própria vida é fortemente influenciado por colegas, professores, treinadores, pais, pais de amigos (um grupo subestimado) e – como no caso de Wes Travers – irmãos mais velhos.

OS IRMÃOS DE WES ENTRAM EM CENA

Sete anos após a partida do pai, Wes Travers, então com 14 anos, passou a integrar o Estudo de Harvard. Quando perguntada sobre a influência que o pai passou a exercer na vida dos filhos depois de sair de casa, a mãe de Wes respondeu que ele não tinha interesse nos filhos e que a recíproca era verdadeira. Embora sua ausência tenha sobrecarregado a família em termos materiais, também criou fortes laços entre os demais integrantes. Em vez de contarem com o pai, os filhos passaram a cuidar uns dos outros, cada um contribuindo um pouco para a renda familiar – em média 13,68 dólares semanais por pessoa – e às vezes contribuindo com um pouco mais para comprar um par de sapatos, um casaco ou uma mochila para um dos irmãos. Caçula e um tanto tímido, Wes foi bastante protegido e não precisou arranjar trabalho tão cedo. Os irmãos preferiam que ele fosse para a escola. Afinal, eles se lembravam das próprias experiências quando tinham a idade de Wes – sabiam como era ser obrigado a trabalhar cedo demais. Tentaram oferecer a Wes a oportunidade de uma infância mais longa. Sua irmã mais velha, Violet, trabalhava como babá e dava dinheiro a Wes para usar como quisesse. Todos os anos ele esperava com ansiedade para ir à colônia de férias, o que era possível graças ao esforço e às economias dos irmãos mais velhos. Foi isso que o manteve longe de encrencas, disse ele ao Estudo, pois, entre seus conhecidos, morar em Boston no verão significava, pura e simplesmente, meter-se em encrencas. Ele admirava o irmão mais velho, um trabalhador que, segundo Wes, "não falava palavrão dentro de casa" e lhe serviu de exemplo. A nota manuscrita pelo entrevistador durante a primeira conversa para o Estudo com a família, em 1945, captura o lugar especial que Wes ocupava na casa dos Travers:

"A irmã Violet disse que, quando Wesley voltou para casa inesperadamente da colônia de férias, certo dia, os olhos dela se encheram de lágrimas de tão feliz que ela ficou."

Mas os irmãos de Wes não tinham condições de protegê-lo para sempre. Aos 15 anos, apenas um ano depois da primeira visita do Estudo de Harvard, ele precisou abandonar o ensino médio para ajudar a família. Nos quatro anos seguintes, trabalhou lavando pratos e ajudando garçons em vários restaurantes. Não tinha amigos de sua idade e passava a maior parte do tempo livre em casa. Sua jornada para ser *alguém*, para ser *alguma coisa*, sofreu um desvio antes mesmo de começar. Mais tarde, ele diria ao Estudo: "Foram anos difíceis. Eu sentia que eu não era nada."

Wes deixou de ser uma criança um tanto protegida e mergulhou de cabeça na responsabilidade adulta, trabalhando muitas horas com pouquíssima recreação. Isso quer dizer que ele foi privado de muitas das experiências-chave de desenvolvimento da adolescência. Teve que ocupar seus dias com um trabalho braçal e, como acontece com muitas crianças em circunstâncias desafiadoras, teve que passar por cima de algumas atividades de desenvolvimento – como fazer amigos próximos, descobrir sua identidade e aprender a se relacionar com os outros com mais intimidade. Ele tinha problemas de autoestima e a vida lhe oferecia poucas oportunidades para explorar quem era.

Então, quando tinha 19 anos, os Estados Unidos entraram na Guerra da Coreia. Sem saber bem o que seria de sua vida, sem enxergar futuro para si mesmo em Boston, Wes fez algo que muitos homens do Estudo de Harvard também fizeram: alistou-se no Exército. Era ao mesmo tempo uma saída da adolescência e uma maneira de fazer amizades com outros jovens de sua idade, de outras esferas da vida – uma nova experiência para Wes. Foi uma oportunidade de explorar novos papéis e refletir sobre o que queria para o futuro. Depois do que pareceu ter sido um período interminável de labuta, Wes estava entrando numa nova era de desenvolvimento como jovem adulto.

Jovens adultos (20-40 anos): Tecendo sua própria rede de segurança

Peggy Keane, participante de segunda geração do Estudo, 53 anos:

> Eu tinha 26 anos e estava noiva de um dos homens mais legais do planeta. Eu me sentia adorada e amada. À medida que a data do casamento se aproximava, entrei em pânico e soube, no fundo do coração, que não deveria me casar. A verdade era que eu sabia que era gay. Os planos e meu medo dessa realidade tinham me impedido de falar. Imediatamente após o casamento, comecei depressa a me fechar. Procurei razões para culpar meu marido, razões pelas quais aquele casamento não daria certo. Em questão de meses, demos entrada nos papéis do divórcio. Toda aquela época foi horrível. Não porque aceitei minha sexualidade, mas porque causei muita dor àquele homem incrível. Causei sofrimento demais à minha família. Fiquei completamente envergonhada. Repito, não por ser gay, mas *por não ter descoberto antes quem eu era* e por ter causado todo aquele sofrimento a duas famílias e a tantos amigos que apoiaram nosso relacionamento e viajaram de tão longe para celebrar nossa união.

Os primeiros anos da vida adulta foram solitários para Peggy. Os pais dela, Henry e Rosa, que conhecemos no Capítulo 1, eram católicos devotos, e esse evento levou o relacionamento deles com a filha ao limite. Ela se sentiu perdida e isolada.

Se é na adolescência que começamos a nos perguntar *Quem sou eu?*, então é no início da idade adulta que as possíveis respostas são realmente postas à prova. Em geral, nos tornamos mais independentes da nossa família de origem, e isso significa criar novos vínculos para preencher o vazio. Profissão e independência financeira tornam-se centrais, e os hábitos que adquirimos para equilibrar trabalho e vida pessoal podem permanecer conosco pelo resto da nossa existência. Para costurar tudo isso, há o desejo e a necessidade de relações íntimas que não se resumem a romance, mas também dizem respeito ao compartilhamento da vida e das responsabilidades com alguém em quem possamos confiar.

Para quem vê de fora, os jovens adultos passam a impressão de que estão se afastando da dinâmica familiar enquanto se concentram na vida profissional, procuram construir intimidade emocional com parceiros românticos e tentam dar início à própria família. Nessa etapa, os pais podem olhar para os filhos e confundir esse novo foco com descaso ou egoísmo. Alguém numa fase posterior da vida pode olhar para um jovem adulto com inveja e talvez até com um pouco de pena, considerando que os jovens andam tão estressados a ponto de não enxergarem a beleza e as possibilidades do tempo e das escolhas de que dispõem. *A juventude é desperdiçada nos jovens*, como diz o ditado.

Para quem vê de dentro, o início da idade adulta pode provocar ansiedade à medida que nos tornamos responsáveis por nós mesmos e o caminho na vida é incerto. Jovens adultos também podem experimentar sentimentos intensos de solidão. Para um jovem adulto com dificuldades para encontrar um trabalho significativo, para fazer amigos, para manter uma conexão com uma comunidade mais abrangente ou para encontrar o amor, pode ser doloroso ver que os outros são mais bem-sucedidos.

Jovens adultos costumam se fazer perguntas como:

- Quem sou eu?
- Sou capaz de fazer o que quero da minha vida?
- Estou no caminho certo?
- O que eu represento?
- Será que algum dia encontrarei a pessoa certa para amar? Serei amado por alguém?

Duas das grandes fontes de empolgação no início da vida adulta – tornar-se mais autossuficiente e progredir no mundo – também podem ser armadilhas. É claro que atingir metas pessoais ou marcos de carreira é algo animador e que dá confiança, mas é fácil se envolver demais na busca de conquistas a ponto de deixar em segundo plano relacionamentos pessoais que deveriam ser igualmente estimulantes.

A busca pela autossuficiência corre o risco de se transformar em isolamento social. As amizades íntimas têm grande importância nesse momento. Mesmo um único bom amigo que entenda o que passamos, que seja de confiança e com quem possamos desabafar já pode fazer uma enorme diferença em nossa vida. As relações familiares ainda importam, embora haja uma grande discrepância em todo o mundo na forma como jovens adultos se relacionam com suas famílias de origem. Em muitos países da Ásia e da

América Latina, os jovens continuam a morar com os pais até o casamento, e mesmo depois. Por outro lado, nos Estados Unidos eles muitas vezes se encontram a centenas ou milhares de quilômetros de distância da casa onde cresceram. A separação física não é necessariamente negativa, mas manter pais e irmãos na nossa vida emocional pode aliviar as provações do início da idade adulta e nos encorajar a correr mais riscos.

Por fim, os relacionamentos sérios e a intimidade romântica nos dão uma nova sensação de lar e proporcionam um importante refúgio onde podemos dar e receber confiança.

WES AVANÇA DE UM JEITO E SE ATRASA DE OUTRO

Um entrevistador do Estudo de Harvard tentou entrar em contato com Wes quando este estava com 20 e poucos anos, mas ele não foi encontrado. Quando o Estudo procurou sua mãe, que ainda morava no mesmo cortiço de Boston, ela disse ao entrevistador do Estudo que, depois de servir na Guerra da Coreia, Wes foi recrutado para trabalhar em algum tipo de organização governamental e estava morando no exterior. A princípio, o entrevistador ficou um tanto desconfiado.

"A mãe afirma que Wes está trabalhando para o governo no exterior", escreveu o entrevistador em suas anotações. "Difícil saber se isso é algo que Wes inventou para justificar sua ausência ou se ele está mesmo trabalhando para o governo. Acho que é o primeiro caso."

Wes foi, de fato, contratado pelo governo dos Estados Unidos para ajudar a treinar exércitos estrangeiros após servir na guerra. Ele trabalhou por todo o mundo, da Europa Ocidental à América Latina. Voltou aos 29 anos com uma perspectiva totalmente diferente sobre a vida, a cultura e o mundo em geral. De acordo com a irmã, Wes "economizou cada centavo" enquanto trabalhava no exterior e teve a sorte de receber alguns benefícios militares e sofrer poucas pressões financeiras ao voltar para os Estados Unidos. Ele conseguiu comprar uma casa para a mãe e a tirou do cortiço onde a família havia morado durante toda a vida.

Wes era habilidoso e competente com consertos domésticos. Assim, começou a ajudar amigos e vizinhos com vários projetos em troca de algum dinheiro extra.

Ele era solteiro na época, não namorava e disse aos entrevistadores do Estudo que não estava inclinado a se casar. Esse é um ponto de inflexão para muitos jovens adultos: *Quero me comprometer com outra pessoa? Estou pronto para isso?* Sabemos por registros posteriores que Wes ficava nervoso com relacionamentos íntimos. Ele tinha em mente o casamento difícil de seus pais. Acompanhara também os sérios desafios enfrentados pelos irmãos em seus casamentos. Por isso, tomou uma decisão consciente de evitar vínculos românticos. Ele passava a maior parte do tempo fazendo consertos na casa que comprara para a mãe.

Wes teve uma adolescência desafiadora, mas agora estava bem encaminhado no mundo. Ainda muito jovem, tinha sido obrigado a encarar responsabilidades adultas. Alistara-se nas Forças Armadas para escapar dessa realidade e passara toda a sua terceira década de vida fora do país. Depois de voltar, de certa forma ele precisou enfrentar desafios adolescentes e adultos que nunca tinha encarado por inteiro. Passou a experimentar coisas para ver se seriam de seu interesse; algumas o interessavam, outras não. Entrou para um time de softball, um clube de marcenaria e fez novos amigos. Para quem via de fora, ele certamente estava "fora do prazo" e parecia não estar certo do caminho que trilhava na vida. Mas, à sua maneira, ele estava assumindo importantes tarefas e desafios de desenvolvimento. Estava levando a vida no seu próprio ritmo.

FALHA DURANTE O LANÇAMENTO

Como mostra o caso de Wes, os desafios da adolescência não terminam necessariamente numa determinada idade. Só porque você completou 18, 25 ou até 30 anos, isso não quer dizer que tenha concluído as tarefas de desenvolvimento associadas à adolescência e completado a transição para a vida adulta. O esforço para seguir seu próprio caminho no mundo continua, e alguns importantes desdobramentos emocionais ou profissionais podem ser adiados enquanto outras coisas assumem prioridade. O timing é um pouco diferente para todo mundo e, à medida que a sociedade muda, tornam-se mais variados os caminhos que atravessam o início da idade adulta – há todo tipo de possibilidade, todo tipo de perigo.

Hoje em dia, em particular nas sociedades relativamente abastadas, há uma espécie de adolescência prolongada que muitas vezes prossegue até quase os 30 anos. Jeffrey Arnett rotulou esse período de "vida adulta emergente",[15] uma fase em que os jovens adultos podem permanecer em grande parte dependentes dos pais, procurando seu lugar no mundo. O desenvolvimento de alguns parece estagnar durante esse período, pois eles nunca se aventuram muito longe das asas dos pais.

O caminho para a vida adulta responsável tornou-se muito complicado, e orientar-se nele não é nada fácil.

Na Espanha, boa parte dos jovens adultos ainda vive na casa dos pais. É a chamada "geração NiNi" (algo como "geração nem-nem": nem estuda, nem trabalha). No Reino Unido e em outros países, existe até mesmo uma designação de política pública para esse subconjunto da população: NEETs (do inglês *not in education, employment, or training*, isto é, aqueles que não estão estudando, nem trabalhando, nem em treinamento).

No Japão, há o fenômeno ainda mais preocupante do *hikikomori*, que significa algo como "retraimento ou isolamento social". É um problema um pouco diferente, mais comum em rapazes do que em moças, que combina a inatividade dos NiNis e dos NEETs com desenvolvimento psicológico e social interrompido, uma intensa aversão social e, às vezes, vício em internet, plataformas de jogos e mídias sociais.

Nos Estados Unidos, o fenômeno não é tão onipresente a ponto de haver um nome popular para ele, mas há um número bem considerável de jovens adultos que continuam a viver com os pais. Muitos têm dificuldades para identificar o caminho que deveriam estar seguindo. Em 2015, um terço dos adultos americanos com idades entre 18 e 34 anos morava com os pais, e cerca de um quarto deles, ou seja, 2,2 milhões de jovens adultos, não estudava nem trabalhava.[16]

Esses homens e mulheres não vivem de forma independente, e isso pode prejudicar sua capacidade de se verem como adultos competentes. Isso costuma provocar um efeito dramático nos relacionamentos íntimos, pois a dependência crescente dos pais sufoca ainda mais o desenvolvimento da autoconfiança. E nem sempre a culpa é deles. A economia contemporânea é implacável. Até os jovens que cursam universidade e se preparam para determinada profissão podem emergir com grandes dívidas e sem ativos numa economia que não precisa deles. Com frequência, são os pais que lhes fornecem uma rede de segurança.

Trata-se principalmente de um fenômeno em nações desenvolvidas e dentro de grupos abastados. Por outro lado, em grupos menos favorecidos e em nações em desenvolvimento, os filhos podem começar a trabalhar e sustentar sua família aos 15 anos ou mesmo antes, assim como aconteceu com Wes Travers.

COMPETÊNCIA E INTIMIDADE

Embora Wes tivesse deixado para depois algumas etapas do seu desenvolvimento adolescente, ele estava muito à frente de seus colegas quando o assunto era competência. Entrara para o Exército aos 19 anos e seguira um treinamento difícil, ganhando promoções e saltando de paraquedas em território inimigo. Aquela criança tímida havia desenvolvido, enquanto jovem adulto, qualidades que reforçavam sua autoconfiança. Normalmente humilde e autodepreciativo, aos 34 anos Wes fez algo que não combinava com ele – gabou-se para o Estudo:
– Se você me largar em qualquer ambiente em qualquer lugar do mundo, acredito que eu poderia sobreviver e prosperar.

Ao voltar para os Estados Unidos, encarava qualquer tarefa braçal. Aprendeu carpintaria sozinho e construiu a própria casa. O imóvel que comprara para a mãe e a irmã com suas economias deu a ele um sentimento de propósito e orgulho; ele estava retribuindo o que recebera delas no passado da maneira que sabia.

Em geral, nos primeiros anos da vida adulta estamos tentando descobrir como nos estabelecer em duas grandes áreas da vida: trabalho e família. Algumas pessoas conseguem desenvolver competência nessas duas esferas simultaneamente; outras desabrocham primeiro em uma ou em outra.

Encontrar esse equilíbrio é um desafio, e as soluções possíveis variam de acordo com o gênero. A família de Wes é um bom exemplo disso. Quando saiu do Exército, Wes entrou na idade adulta com o carinho e o apoio da irmã e da mãe. Com essa base e as circunstâncias propícias, seu senso de competência desabrochou. Porém, nas décadas de 1950 e 1960, o mesmo tipo de apoio e incentivo não estava disponível para sua irmã. Mesmo no século XXI, as normas relativas ao gênero continuam a moldar o desenvolvimento dos jovens, tanto no trabalho quanto na vida familiar. Apesar dos avanços, em muitas culturas as mulheres ainda carregam a maior parte do fardo das obrigações com os filhos e o lar. Essa divisão desequilibrada do trabalho pode retardar ou mesmo dificultar o desenvolvimento e a realização das metas das jovens adultas, ao mesmo tempo que permite aos homens maior liberdade para buscar o desenvolvimento profissional.

Embora contasse com o apoio da irmã e da mãe, Wes não teve relacionamentos íntimos significativos durante a juventude. Tinha feito grandes progressos em relação a seu senso de competência e controle, e desenvolvera muitas amizades casuais e uma vida social ativa. No entanto, os registros demonstram alguma relutância, insegurança e solidão na vida romântica de Wes. Não havia ninguém em quem ele pudesse confiar, ninguém com quem compartilhar seus dias. Embora o romance possa ser supérfluo para muitas pessoas, Wes sentia essa ausência como um grande vazio e não sabia o que fazer a respeito. Era capaz de construir uma casa, mas não sabia ainda construir um lar.

Meia-idade (41-65 anos): Um passo além de si mesmo

Questionário do Estudo de Harvard de 1964 para John Marsden, 43 anos

> P: Por favor, use as últimas páginas para responder a todas as perguntas que deveríamos ter feito, mas não fizemos. Use esse espaço para listar as coisas que mais importam para você.
> R:
> 1. Estou envelhecendo. Percebo pela primeira vez a realidade da morte.
> 2. Sinto que talvez não consiga realizar o que queria.
> 3. Não tenho certeza se sei como criar meus filhos. Pensei que soubesse.
> 4. Trabalhar é muito estressante.

Em algum momento da vida percebemos que não somos mais jovens. A geração anterior está envelhecendo e podemos ver (e sentir) o início desse mesmo processo em nosso corpo. Se temos filhos, nosso papel na vida deles vai mudando à medida que ganham independência, e ficamos preocupados com o que o futuro lhes reserva. As amizades – tão importantes na adolescência e no início da idade adulta – podem ficar em segundo plano em relação às responsabilidades. Talvez tenhamos orgulho de nossas realizações e nos sintamos felizes em ter chegado aonde chegamos sob alguns aspectos. Sob outros, desejaríamos ter feito as coisas de maneira diferente. Parece que muitas possibilidades estão se fechando em nossa vida. Ao mesmo tempo, aprendemos bastante e muitos não se arrependem do caminho trilhado.

Para quem vê de fora, os anos da meia-idade em geral parecem estáveis e previsíveis. Para as gerações mais jovens, talvez pareçam até entediantes. Para os idosos, quando olham para trás, a meia-idade pode lhes parecer o apogeu da vida – a melhor combinação de sabedoria e vitalidade. São dois lados da mesma percepção; quando olhamos para uma pessoa de meia-idade com trabalho estável, uma rotina, um casamento e uma família, muitas vezes pensamos: *Essa pessoa realmente está com tudo resolvido; ela assumiu o controle.* Os adultos de meia-idade muitas vezes olham para seus pares dessa forma. Mas seus conflitos nem sempre são visíveis para os outros.

Para quem vê de dentro, a meia-idade é diferente do que parece. Podemos ter um trabalho estável, uma vida doméstica e ter orgulho dessas coisas, mas também nos sentimos mais estressados do que nunca, sobrecarregados de responsabilidades e preocupações. Ao criar os filhos, cuidar de pais idosos e fazer malabarismos com as tarefas de casa e do trabalho, os adultos de meia-idade muitas vezes não encontram a oportunidade nem a energia para pedir ajuda e compartilhar suas preocupações com os outros. A estabilidade e a rotina que alguns de nós encontram parecerão segurança e tranquilidade para uns – *Eu me estabeleci e construí uma vida* –, mas poderiam ser vistas como estagnação por outros. Podemos olhar como chegamos até aqui e nos perguntar se escolhemos o caminho certo (*O que teria acontecido se eu tivesse...?*). E, como a resposta de John Marsden ao questionário da página 82 deixa claro, em algum momento começamos a entender num nível visceral que a vida é curta. Na verdade, é provável que metade dela já tenha passado. Perceber isso é um choque de realidade, para dizer o mínimo.

No meio da nossa vida é comum fazermos perguntas como:

- Estou me saindo bem em comparação com os outros?
- Estou preso numa rotina?

- Sou um bom marido e um bom pai? Uma boa esposa e uma boa mãe? Tenho um bom relacionamento com meus filhos?
- Quantos anos me restam?
- A vida que estou levando tem um significado mais profundo?
- Com que pessoas e propósitos eu realmente me importo (e como posso investir neles)?
- O que mais eu quero fazer?

Finalmente, ao perceber que boa parte da nossa existência ficou para trás, conseguimos examinar nossa vida, perceber os limites de nossas habilidades, a provável conclusão do caminho que trilhamos e pensar: *Será que é só isso mesmo?*

A resposta simples é "Não". Há mais. A meia-idade é um ponto de inflexão, não apenas da juventude para a velhice, mas também do modo de vida autocentrado e voltado para dentro que muitos de nós desenvolvem no início da idade adulta para um modo de vida mais generoso e voltado para fora. Esta é a tarefa mais importante e estimulante da meia-idade: expandir o foco para o mundo além de si mesmo.

Na psicologia, expandir nossos esforços e preocupações para além da nossa própria vida chama-se "generatividade". É a chave para desbloquear o entusiasmo e a emoção da meia-idade. Entre os participantes do Estudo de Harvard, os adultos mais felizes e satisfeitos foram aqueles que conseguiram transformar a pergunta "O que posso fazer por mim mesmo?" em "O que posso fazer pelo mundo?".

John F. Kennedy – ele próprio um participante do Estudo de Harvard – veio a entender isso na meia-idade. Ele ofereceu não apenas orientação política, mas emocional e de desenvolvimento, quando, como presidente, disse aquela famosa frase: "Não pergunte o que seu país pode fazer por você; pergunte o que você pode fazer por seu país."

Quando perguntados no final da vida "O que você gostaria de ter feito menos? E o que gostaria de ter feito mais?", os participantes do nosso estudo, homens e mulheres, muitas vezes se referiram à meia-idade e lamentaram ter passado muito tempo se preocupando e pouco tempo *agindo* de um modo que os fizesse se sentir vivos:

– Gostaria de não ter perdido tanto tempo.

– Gostaria de ter procrastinado menos.

– Gostaria de não ter me preocupado tanto.
– Gostaria de ter passado mais tempo com minha família.
Um participante até brincou:
– Bem, eu não fiz grande coisa. Se fizesse menos, não teria feito nada!

Muitas dessas respostas foram dadas por participantes com 70 e 80 anos, relembrando a própria vida. Mas não precisamos chegar a essa idade para nos perguntarmos como podemos aproveitar melhor nosso tempo.

Os relacionamentos são o veículo que nos permitirá melhorar nossa vida e construir coisas que sobreviverão a nós. Se conseguirmos fazer isso de maneira significativa, nunca mais nos perguntaremos *Será que é só isso mesmo?* – exceto talvez quando pegarmos um pote de sorvete e ele parecer leve demais.

WES SE ABRE NA MEIA-IDADE

Aos 40 anos, Wes Travers ainda não havia se casado. No fim dos anos 1960, em Boston, isso era incomum ou, como diria Bernice Neugarten, estava "fora do prazo". Aos 36 anos, Wes começou a namorar uma mulher chamada Amy, divorciada e com um filho de 3 anos. Ele ajudou a criar o menino, mas sem se casar com Amy. Eles foram morar juntos num apartamento no South End.

Wes havia se inscrito no Departamento de Polícia de Boston e, depois de vários anos de espera por um cargo, finalmente foi aceito.

Viria a ser uma experiência bastante positiva para ele. Tinha um bom relacionamento com os colegas e se adaptou muitíssimo bem ao ambiente. Tinha passado a conhecer pessoas em toda a cidade de Boston e disse que tinha um dos batimentos cardíacos mais lentos da corporação. Por isso, em qualquer situação tensa, ele adotava o papel de pacificador – e acalmava todo mundo.

Quando tinha 44 anos, pediu Amy em casamento.

Vários anos depois, quando uma entrevistadora do Estudo visitou Wes, ela pediu que ele falasse de Amy e registrou a resposta em suas anotações. Vale a pena citar o texto integral:

Amy, a esposa do Sr. Travers, tem 37 anos. Os dois se casaram em 1971. Ela é batista e tem diploma universitário. O Sr. Travers descreveu sua esposa como "ótima, uma pessoa fantástica" e frisou que ele realmente estava sendo sincero; não era algo que dizia apenas por dizer.

Ele descreveu as características que mais o agradam em sua esposa: "Ela é uma pessoa gentil e compassiva." Disse que gosta de tudo nela; que há algo na personalidade dela que ele apreciou a primeira vez que a viu e que nunca desapareceu. Contou que ela é o tipo de pessoa muito solidária com os menos favorecidos e mencionou que uma das razões pelas quais ela lhe dera um gatinho de aniversário, no ano anterior, foi porque o filhote tinha uma cicatriz na cabeça e lhe faltava uma orelha, em consequência do ataque de um cachorro. Ele disse que, embora ela pudesse ter escolhido um gato de aparência saudável, era próprio dela escolher na ninhada aquele que tivesse cicatrizes. Ele comentou que também é um pouco assim e provavelmente teria feito a mesma coisa.

Ele disse que não conseguia pensar em nada que realmente o incomodasse na esposa. Falou que de vez em quando eles até podem ter alguma discussão – ele não sabe exatamente o motivo –, mas é algo que resolvem em uma ou duas horas e nunca houve nenhum tipo de desentendimento sério entre eles. Nunca chegaram perto de se separar ou se divorciar. Ele afirmou que o casamento "só melhora o tempo todo".

No fim, perguntei por que eles esperaram tanto para se casar. Ele disse: "Eu estava com medo de ser uma pessoa muito cheia de manias... Tinha medo do que poderia causar a ela." Ele revelou que tinha algum receio da intimidade do casamento. No entanto, parece ter amadurecido com o matrimônio e não tem mais medos nem sentimentos desse tipo.

Wes evitara um relacionamento duradouro ao longo de toda a sua vida adulta, talvez em grande parte por causa de sua experiência na infância com o casamento dos pais. Isso não é incomum. Podemos desenvolver ideias falsas sobre nós mesmos e o mundo. Levou boa parte de sua vida, mas, com a ajuda de uma parceira amorosa, ele superou esse medo, surpreendendo a si mesmo, e nunca mais olhou para trás.

Terceira idade (+ 66 anos): Cuidando do que (e de quem) importa

Num estudo feito em 2003, dois grupos de participantes – um mais velho e outro mais jovem – avaliaram dois anúncios de uma nova câmera fotográfica.[17] Ambos os anúncios incluíam a mesma linda imagem de um pássaro, mas os slogans eram diferentes.

> **Um dizia:** *Capture esses momentos especiais.*
> **O outro:** *Capture o mundo inexplorado.*

Os participantes deveriam escolher a propaganda preferida.

O grupo mais velho escolheu o slogan sobre momentos especiais, enquanto o mais jovem escolheu o anúncio sobre o mundo inexplorado.

Mas, quando os pesquisadores prepararam outro grupo de idosos dizendo "Imagine que você viverá vinte anos a mais do que espera e que terá boa saúde", esse grupo mais velho escolheu o anúncio sobre o mundo inexplorado.

Esse estudo mostra uma verdade muito básica sobre o envelhecimento: a quantidade de tempo que achamos que nos resta na Terra molda nossas prioridades. Se achamos que temos muito tempo, pensamos mais no futuro. Se achamos que temos menos tempo, tentamos apreciar o presente.[18]

No fim da vida, de repente o tempo se torna um bem muito precioso. Diante da realidade de nossa mortalidade, começamos a nos fazer perguntas como:

- Quanto tempo ainda me resta?
- Por quanto tempo vou permanecer saudável?
- Estou perdendo a agilidade mental?
- Com quem quero passar esse tempo limitado?
- Tive uma vida suficientemente boa? O que foi significativo? De que eu me arrependo?

Para quem vê de fora, a velhice costuma ser vista principalmente como um período de declínio físico e mental. Para os jovens, a velhice pode parecer uma abstração distante, um estado tão dissociado de sua experiência que eles mal conseguem imaginar. Para alguém na meia-idade, o declínio de uma pessoa mais velha é mais impactante e pode evocar seu próprio processo de envelhecimento. Em contraposição a essas noções de declínio, a sabedoria das pessoas mais velhas costuma ser vista com profundo respeito e honra, particularmente em certas culturas.

Para quem vê de dentro, a velhice não é tão simples. Podemos estar mais preocupados com o tempo à medida que a morte se aproxima, mas as pessoas mais velhas também são mais capazes de apreciar esse tempo. Quanto menos momentos esperamos da vida, mais valiosos eles se tornam. As queixas e preocupações do passado muitas vezes se dissipam e o que resta é o que temos diante de nós: a beleza de um dia de neve; o orgulho que temos de nossos filhos ou do trabalho que realizamos; as relações que prezamos. Apesar da percepção de que os idosos são mal-humorados e rabugentos, pesquisas demonstram que os seres humanos nunca são tão felizes como nos últimos anos de sua vida.[19] Ficamos melhores em valorizar os pontos altos e relevar os baixos. Nos incomodamos menos com as pequenas coisas que dão errado e somos melhores em distinguir quando algo é importante de quando não é. O valor das experiências positivas supera em muito o custo das negativas e priorizamos as coisas que nos trazem alegria. Em suma, somos emocionalmente mais sábios, e essa sabedoria nos ajuda a viver bem.

Mas ainda há coisas a aprender, ainda há algum desenvolvimento pela frente, e nossos relacionamentos são a chave para acentuar ao máximo as alegrias desse período da vida.

Uma das coisas mais difíceis de aprender, para algumas pessoas, é como oferecer ajuda e, para outras, como receber ajuda – em especial quando envelhecem. Mas essa troca é uma das tarefas centrais do desenvolvimento no fim da vida. À medida que envelhecemos, tememos nos tornar muito carentes e também tememos que as pessoas não estejam ao nosso lado quando de fato precisarmos delas. São preocupações válidas. O isolamento social é um perigo. À medida que o trabalho, os cuidados com os filhos e outros investimentos de tempo diminuem, os relacionamentos que normalmente estavam ligados a essas atividades tendem a desaparecer. Bons amigos e importantes vínculos familiares tornam-se mais relevantes e devem ser saboreados. A sensação de tempo limitado torna todos os nossos relacionamentos mais cruciais: temos que aprender a equilibrar a consciência da morte com o envolvimento com a vida.

O CASAL RESOLUTO

Quando Wes Travers tinha 79 anos, uma das entrevistadoras do Estudo fez uma visita a ele e à sua esposa, Amy. A pesquisadora pousou em Phoenix no meio da tarde e ligou para Wes. Ele deu a ela instruções bem específicas para ir do aeroporto até o retiro onde eles viviam e, depois, para seguir do portão de entrada do condomínio até o imóvel do casal. As instruções foram claríssimas, embora um tanto detalhadas demais. Enquanto a entrevistadora se aproximava com o carro, ela percebeu que o casal devia saber exatamente quanto tempo levaria a viagem do aeroporto até lá, pois já a aguardavam na porta. Ela viu os dois esperando na entrada, acenando.

Wes tinha acabado de voltar da sua caminhada matinal. Amy ofereceu café, água e pão de mirtilo recém-saído do forno para a entrevistadora.

Antes de se voltarem para as tarefas da pesquisa – entrevista e coleta de sangue para o banco de DNA –, a pesquisadora perguntou pelo filho dos dois, Ryan.

Amy fez uma pausa e explicou que a família havia passado por uma terrível tragédia recentemente: a esposa de Ryan havia sido diagnosticada com câncer cerebral no ano anterior e morrera em dezembro. Tinha apenas 43 anos. Amy e Wes faziam o que podiam para ajudar, mas Ryan e os filhos dele passavam por dificuldades.

– Não consigo deixar de pensar na minha família quando eu era menino – disse Wes. – Meu pai foi embora quando eu tinha 7 anos. Tudo mudou para a gente. É claro que ele não era nada parecido com Leah, nossa nora... Meu pai era uma pessoa terrível. Mas ele foi embora e tudo mudou. Eu me preocupo com as crianças; não sei como elas vão lidar com isso. É difícil ser um pai solteiro. Para mim, provavelmente foi bom que meu pai tenha ido embora, não sei. Mas para essas crianças... Vai ser difícil para elas.

REVIRAVOLTAS: UMA JORNADA PELO INESPERADO

Façamos uma breve pausa para apreciar o inesperado. As teorias sobre o curso da vida muitas vezes enfatizam a previsibilidade e a lógica de cada etapa. No entanto, a existência de Wes ilustra uma verdade que encontramos repetidamente nas trajetórias dos participantes de muitos estudos, inclusive do Estudo de Harvard: que o inesperado é perfeitamente comum. Encontros casuais e acontecimentos imprevistos são uma grande razão pela qual a vida de um indivíduo nunca pode ser completamente compreendida por qualquer "sistema" de estágios da vida. Uma vida individual é uma improvisação em que as circunstâncias e o acaso ajudam a determinar a trajetória. Embora existam padrões comuns, seria impossível para qualquer pessoa seguir do início ao fim sem ter seu caminho desviado por algum imprevisto. Há até algumas pesquisas que sugerem que são essas reviravoltas inesperadas, e não qualquer plano, que mais definem a vida de uma pessoa e que podem levar a períodos de crescimento.[20] Um infortúnio pode ser mais significativo do que todos os eventos bem-sucedidos juntos.

Muitos desses choques surgem diretamente de nossos relacionamentos. Levamos conosco aqueles a quem amamos. São parte de nós e, quando os perdemos ou quando esses relacionamentos dão errado, o sentimento é tão visceral que é quase como se houvesse um buraco físico no lugar que costumava ser ocupado por aquela pessoa. Mas a mudança intensa, até traumática, apresenta oportunidades de crescimento positivo. Evelyn, atualmente com 49 anos, uma de nossas participantes de segunda geração, teve na meia-idade uma experiência nada incomum para homens e mulheres:

> Meu marido e eu começamos a nos afastar depois de estarmos juntos desde a faculdade até quase os 40 anos. Certa noite ele me disse que tinha algo para me contar: estava apaixonado por uma mulher que conhecera numa viagem de negócios. [...] Foi como se me tirassem o chão, literalmente. [...] A dor emocional que senti durante o ano seguinte foi visceral. Precisei me esforçar ao máximo para levantar todos os dias, trabalhar, etc. [...] Acabamos nos divorciando e ele se casou com essa mulher. Voltei a me casar seis anos depois. Não poderia ter imaginado que o resultado daquela experiência seria positivo, mas foi. Minha carreira deslanchou e conheci um homem com quem levo, hoje, uma vida muito mais plena e satisfatória. Sei que posso me sair bem sozinha e tenho muito mais compaixão e empatia com as pessoas que sofrem perdas e rejeições. Eu não teria escolhido passar por essa experiência, mas fico feliz por ter passado.

Mudanças culturais ou mesmo globais podem provocar impactos semelhantes na nossa vida. A pandemia de Covid-19, que começou em 2020, virou muitas vidas pelo avesso. Os colapsos econômicos e as guerras têm o mesmo potencial. Todos os universitários do Estudo de Harvard tinham planos no início da década de 1940, enquanto contemplavam a conclusão de seus cursos. Aí veio Pearl Harbor, e os planos de todos os alunos foram por água abaixo – 89% dos universitários lutaram na guerra e suas vidas foram profundamente afetadas pelo episódio. No entanto, quase todos relataram sentir orgulho por terem servido e muitos se lembram da ocasião como um dos melhores e mais significativos momentos que já viveram, apesar dos desafios.

Isso corrobora as descobertas do projeto de pesquisa longitudinal conhecido como Estudo Dunedin, iniciado com 1.037 bebês nascidos na Nova Zelândia entre 1972 e 1973 e que continua até hoje.[21] Para vários participantes desse estudo que passaram por dificuldades na adolescência, o serviço militar foi visto como um ponto de virada importante e positivo em suas vidas.

Para algumas gerações foi a guerra, para outras foi a convulsão dos anos 1960, ou o colapso econômico de 2008, ou ainda a pandemia de Covid-19. Para cada indivíduo, pode ser um acidente trágico, um problema de saúde mental, uma doença súbita, a morte de um ente querido. Para Wes, foi o abandono pelo pai, a necessidade de largar os estudos para trabalhar e muitas outras intempéries. A única coisa que podemos esperar é que o inesperado – e o modo como reagimos a ele – mude o curso da nossa vida. Nas palavras de um provérbio iídiche, *Der mentsh trakht, un Got lakht*. O homem planeja e Deus ri.

No entanto, imprevistos nem sempre são desafiadores. Alguns são reviravoltas positivas do destino e quase sempre envolvem os relacionamentos. As pessoas com as quais convivemos têm uma responsabilidade enorme na forma como nossa vida se move. A vida é caótica, e cultivar bons relacionamentos aumenta a positividade desse caos e torna mais prováveis as chances de encontros benéficos (veremos mais sobre isso no Capítulo 10). Talvez aquela foto antiga mostre alguma evidência de acasos felizes. Quase todos os momentos da nossa vida têm algo assim: *Se eu não tivesse feito aquele curso, nunca teria conhecido fulano... Se eu não tivesse perdido o ônibus naquele dia, não teria esbarrado em beltrana...*

É verdade que nunca temos controle total do nosso destino. Não fizemos nada para merecer nossa sorte, assim como não merecemos nosso azar. Não é possível fugir do caos da vida. Mas quanto mais cultivarmos os relacionamentos positivos, maiores serão nossas chances de sobreviver e até de prosperar nessa jornada tão sinuosa.

WES TOMA UM CAFÉ E OLHA PARA TRÁS

Em 2012, aos 81 anos, apenas dois anos após a visita da nossa pesquisadora, Wes sentou-se à mesa da cozinha com uma xícara de café para responder ao nosso questionário bienal (ainda há algumas leves manchas de café visíveis nas páginas). Aqui estão algumas de suas respostas:

P8: Com quem você pode realmente contar quando precisar de ajuda? Liste todas as pessoas que você conhece com quem pode contar dessa maneira.
R: *Gente demais para ser listada.*

P9: Como é seu relacionamento com cada um de seus filhos, numa escala de 1 (hostil e/ou distante) a 7 (amoroso e/ou próximo)?
R: *7*

P10: Circule o ponto na escala que melhor descreve a frequência com que você se sente solitário:

(Nunca)   Algumas vezes   Muitas vezes   O tempo todo

P11:
a. Com que frequência você sente falta de companheirismo?

(Quase Nunca)   Algumas vezes   Muitas vezes

> b. Com que frequência você se sente excluído?
> (Quase Nunca)   Algumas vezes   Muitas vezes
>
> c. Com que frequência você se sente isolado dos outros?
> (Quase Nunca)   Algumas vezes   Muitas vezes

Nesse questionário, perguntaram a ele: *Qual é a atividade mais agradável que você e sua esposa realizam juntos?* Wes Travers – que serviu ao país com bravura durante a guerra, que viajou pelo mundo inteiro, que construiu as próprias casas sem treinamento formal, que criou um enteado feliz e saudável e se voluntariava todos os dias em sua comunidade – escreveu que a coisa que ele e a esposa mais apreciavam era: "Apenas ficar juntos."

CARREGUE A NOÇÃO DE CICLO DA VIDA AONDE QUER QUE VOCÊ VÁ

Então, por que pensar na nossa vida numa perspectiva tão ampla? Refletir sobre o processo de uma vida inteira pode mesmo nos ajudar a viver cada dia?

Pode. Às vezes é difícil entender e se conectar com as pessoas à nossa volta quando só pensamos naquilo que está bem diante dos nossos olhos. Recuar de vez em quando para ter uma visão mais ampla, colocar a nós mesmos e as pessoas com quem nos importamos no contexto de uma vida mais longa é uma ótima maneira de injetar empatia e compreensão em nossos relacionamentos. Algumas frustrações mútuas poderiam ser evitadas, e conexões mais profundas poderiam ser estabelecidas se lembrássemos que nosso ponto de vista depende de onde estamos no ciclo da vida.

No fim das contas, trata-se de ganhar alguma perspectiva sobre os caminhos que percorremos e aqueles que ainda estão por ser trilhados, para que possamos nos antecipar um pouco e nos preparar para as curvas fechadas que estão por vir. E como diz o velho provérbio turco: *Nenhuma estrada é longa com boa companhia.*

4
SAÚDE SOCIAL
Seus relacionamentos em boa forma

Uma alma triste pode matá-lo muito mais depressa do que qualquer germe.

John Steinbeck, Viajando com Charley[1]

Entrevista de segunda geração do Estudo de Harvard, 2016

> P: Seu pai participou do Estudo de Harvard. Ao olhar para trás, há algo que você tenha aprendido com ele?
> R: Meu pai trabalhava muito e era um ótimo engenheiro, mas tinha dificuldade de expressar seus sentimentos ou mesmo de reconhecê-los. Por isso ele trabalhava, porque não sabia o que fazer. Jogava tênis e tinha amigos, mas seu casamento acabou; ele tentou com outra mulher aos 66 anos e também não deu certo. Ele tinha 80 anos e estava sozinho quando morreu. E eu me sinto mal por ele. Imagino que isso tenha sido comum com os outros homens da mesma geração.

Vera Eddings, participante de segunda geração, 55 anos

A psicologia muitas vezes estuda os efeitos das feridas emocionais. Mas queremos falar sobre um estudo em particular que começou *criando* feridas. Feridas físicas.

Não é tão ruim quanto parece. As participantes tiveram um pedaço de pele do tamanho de uma borracha de lápis removido de seu braço logo acima do cotovelo, num procedimento conhecido como biópsia com punção. É um procedimento médico corriqueiro, empregado normalmente para remover e examinar um pequeno pedaço de pele, mas esse estudo não se interessava pelo que era removido, e sim pelo que era deixado para trás – a ferida.

A pesquisadora-chefe, Janice Kiecolt-Glaser, investigava o estresse psicológico.[2] Graças a pesquisas anteriores, ela já sabia que ele afetava o sistema imunológico. O que queria descobrir era se esse estresse afetava outros processos do corpo, como a cicatrização de ferimentos.

Ela trabalhou com dois grupos de mulheres. No primeiro, estavam aquelas que eram as principais cuidadoras de entes queridos com demência. No segundo, outras com aproximadamente a mesma idade (60 e poucos anos) que não eram cuidadoras.

O estudo em si era bem simples. Ela realizava uma biópsia por punção em todas as participantes e depois observava a cicatrização das feridas.

Os resultados foram surpreendentes. As feridas das não cuidadoras levaram cerca de quarenta dias para sarar completamente, enquanto nas cuidadoras esse processo levou nove dias a mais. O estresse psicológico de cuidar de um ente querido, originado pelo lento apagamento de relacionamentos importantes na vida delas, retardava seu processo de cura.

Muitos anos depois, Kiecolt-Glaser se viu na mesma situação quando seu marido e colaborador de pesquisa mais próximo, Ronald Glaser, desenvolveu a doença de Alzheimer de progressão rápida. Quando seu médico perguntou como ela se sentia durante um check-up de rotina, Kiecolt-Glaser disse que se sentia estressada e falou do marido. O médico recomendou a ela que cuidasse de si mesma e mencionou que agora havia pesquisas sobre a relação entre o estresse e a saúde de cuidadores – um campo de pesquisa no qual a própria Kiecolt-Glaser havia sido pioneira. A ciência conseguira chegar à medicina e voltar à fonte.

A MENTE É O CORPO E O CORPO É A MENTE

Não há mais dúvida de que a mente e o corpo estão interligados. Quando recebemos um novo estímulo emocional ou físico, todo o nosso sistema mente-corpo é afetado – às vezes de forma imperceptível, outras vezes de forma notável –, e as mudanças podem ter um efeito cíclico, com a mente afetando o corpo, que então afeta a mente, e assim por diante.

A sociedade moderna, embora mais avançada do que nunca na medicina, incentiva alguns hábitos e rotinas que não são saudáveis para o corpo nem para a mente. Examinemos apenas um desses problemas: a falta de exercícios físicos.

Há 50 mil anos, um *Homo sapiens* vivendo com sua tribo num assentamento ribeirinho praticaria o exercício físico necessário simplesmente pelo esforço de se manter vivo. Agora, muitas pessoas são capazes de providenciar comida, abrigo e segurança para si mesmas com pouco ou nenhum esforço. Nunca se passou tanto tempo na posição sentada e boa parte do trabalho físico que fazemos é repetitivo e potencialmente prejudicial. Nosso corpo não se cuida sozinho nesse ambiente – ele precisa de manutenção. Aqueles de nós que trabalham em empregos sedentários ou repetitivos precisam fazer um esforço consciente para se movimentar, se quiserem manter a forma física. Temos que reservar um tempo para caminhar, cuidar do jardim, fazer ioga, correr ou ir à academia. Temos que superar as correntes da vida moderna.

A mesma coisa acontece com a *saúde social*.

Não é fácil cuidar de nossos relacionamentos nos dias de hoje e, de fato, tendemos a pensar que, uma vez que estabelecemos amizades e relacionamentos íntimos, eles cuidarão de si mesmos. Mas, como os músculos, os relacionamentos negligenciados atrofiam. A vida social é um organismo vivo. E precisa de exercício.

Você não precisa examinar descobertas científicas para reconhecer que os relacionamentos o afetam do ponto de vista físico. Basta notar a sensação revigorante que toma você quando acredita que alguém realmente o entendeu durante uma boa conversa, ou a tensão e a angústia após uma discussão, ou a falta de sono durante um período de conflitos românticos.

Saber como aprimorar a saúde social, no entanto, não é fácil. Ao contrário de subir na balança, dar uma olhada no espelho ou aferir a pressão arterial e fazer exames de colesterol, avaliar a saúde social exige uma autorreflexão um pouco mais complexa. Um olhar muito mais profundo no espelho. É preciso se afastar da pressão da vida moderna, fazer um balanço de nossos relacionamentos e pensar com honestidade sobre o modo como usamos nosso tempo e se estamos mesmo cuidando bem dos vínculos que nos ajudam a prosperar. Pode ser difícil encontrar tempo para esse tipo de reflexão e, às vezes, ela é desconfortável. Mas pode render enormes benefícios.

Muitos dos participantes do Estudo de Harvard nos disseram que preencher questionários a cada dois anos e participar de entrevistas regulares colocava a vida e os relacionamentos deles em perspectiva, e isso era bem-vindo. Pedimos que realmente pensem em si mesmos e em seus entes queridos, e esse processo às vezes lhes é de grande ajuda. Mas, como mencionamos, o benefício para eles é incidental – um efeito colateral. Eles se voluntariaram para pesquisas e nosso foco principal é aprender sobre a vida deles. À medida que avançarmos neste capítulo, ajudaremos você a desenvolver seu próprio Miniestudo de Harvard. Transformamos muitas das perguntas mais úteis feitas aos participantes do Estudo em ferramentas que podem ser usadas para avaliar melhor sua saúde social. Ao contrário do estudo real de Harvard, as perguntas aqui não têm o objetivo de coletar informações para a pesquisa. Nosso propósito principal é dar a você o benefício da autorreflexão que os participantes do Estudo obtiveram por toda a vida. Começamos esse processo no Capítulo 3 e aqui está a chance de irmos um pouco mais longe.

Olhar no espelho e pensar honestamente sobre como anda sua vida é o primeiro passo para tentar levar uma boa vida. Perceber onde você está pode ser útil para descobrir onde gostaria de estar. É compreensível que você tenha algumas reservas sobre esse tipo de autorreflexão. Os participantes do nosso Estudo nem sempre estavam interessados em preencher nossos questionários nem ficavam empolgados por considerar o panorama mais amplo de suas vidas. (Lembre-se da relutância de Henry em responder à pergunta sobre seu maior medo.) Alguns pulavam perguntas difíceis, deixavam páginas inteiras em branco e outros simplesmente não respondiam a certos questionamentos. Alguns chegaram a deixar comentários nas margens dos questionários sobre o que achavam do nosso pedido. "Que tipo de perguntas são essas?!" era uma indagação relativamente comum, muitas vezes de participantes que preferiam não pensar nas dificuldades da própria vida.

Porém as experiências das pessoas que pulavam perguntas ou questionários inteiros também foram importantes, tão cruciais para a compreensão do desenvolvimento adulto quanto as experiências daqueles que ficavam felizes em compartilhar. Muitos dados úteis e experiências preciosas estavam enterrados nos cantos sombrios de suas vidas. Apenas tivemos que fazer um pequeno esforço a mais para desenterrar tudo.

Uma dessas pessoas foi Sterling Ainsley.

NOSSO HOMEM EM MONTANA

Sterling Ainsley era um cara esperançoso. Cientista de materiais, ele se aposentou aos 63 anos e esperava para si um futuro brilhante. Assim que deixou o emprego, começou a perseguir interesses pessoais, fazendo cursos sobre o mercado imobiliário e estudando italiano com fitas cassete. Também tinha ideias de negócios e começou a ler revistas de empreendedorismo em busca de algo que se encaixasse em seus interesses. Quando solicitado a descrever sua filosofia para superar tempos difíceis, ele disse:

– Não podemos deixar que a vida nos derrube. Temos que nos lembrar de nossas vitórias e adotar uma atitude positiva.

O ano era 1986. Nosso predecessor, George Vaillant, fazia uma longa viagem para entrevistas, atravessando as Montanhas Rochosas de carro, visitando os participantes do Estudo que moravam no Colorado, em Utah, em Idaho e em Montana. Sterling não tinha devolvido o questionário mais recente e havia algumas atualizações a fazer. Ele encontrou George num hotel em Butte, Montana, para lhe dar uma carona até o restaurante onde Sterling queria fazer a entrevista agendada (preferia não fazê-la em casa). O cinto de segurança deixou uma faixa de poeira no peito de George assim que ele se prendeu ao banco do carona. "Fiquei imaginando", escreveu ele, "quando alguém o teria usado pela última vez".

Sterling se formara em Harvard em 1944. Depois da faculdade, serviu na Marinha durante a Segunda Guerra Mundial e depois se casou, mudou-se para Montana e teve três filhos. Nos quarenta anos seguintes, trabalhou intermitentemente na fabricação de metais para diversas empresas em todo o Oeste americano. Naquela época, estava com 64 anos e morava num terreno gramado de 450 metros quadrados nos arredores de Butte, num trailer que ele podia rebocar com uma caminhonete. Ele gostava da grama porque cortá-la era sua principal modalidade de exercício. Também cuidava de uma horta com um enorme canteiro de morangos e com "as maiores ervilhas que você já viu", como dizia. Morava num trailer, afirmou, porque custava apenas 35 dólares por mês para estacionar e ele não se sentia comprometido demais com o endereço.

Legalmente, Sterling ainda era casado, mas sua esposa morava a 150 quilômetros de distância, em Bozeman, e fazia quinze anos que eles não dormiam no mesmo quarto. Eles conversavam ocasionalmente, com intervalos de meses.

Quando perguntado por que não haviam se divorciado, ele disse:
– Eu não gostaria de fazer isso com meus filhos.

Seu filho e suas duas filhas, no entanto, já eram adultos e haviam inclusive lhe dado netos. Sterling tinha orgulho dos rebentos e sorria quando falava deles – a mais velha era dona de uma moldurinha, o filho era carpinteiro e a caçula, violoncelista de uma orquestra em Nápoles, na Itália. Ele disse que os três eram a coisa mais importante da sua vida, mas parecia preferir manter seu relacionamento com eles no plano da imaginação. Raramente os encontrava. George notou que Sterling parecia estar usando o otimismo para afastar alguns de seus medos e evitar os desafios da vida. Chamar atenção para um aspecto positivo em cada questão e, em seguida, tirá-la da sua mente lhe permitia acreditar que não havia nada de errado, que ele estava bem, feliz, e que seus filhos não precisavam dele.

No ano anterior, a caçula o havia convidado para visitá-la na Itália. Ele decidiu não ir.

– Não quero ser um fardo – alegou, embora estivesse aprendendo italiano especificamente para esse fim.

Seu filho morava a apenas algumas horas de distância, mas fazia mais de um ano que não se viam.

– Eu não vou lá – disse Sterling. – Eu telefono.

Quando questionado sobre os netos, ele comentou:

– Não me envolvi muito com eles. – Ele disse que as crianças estavam se saindo muito bem sem o avô.

Quem era seu amigo mais antigo?

– Puxa, muitos deles já morreram – respondeu. – Tantos já se foram. Eu odeio me apegar. Dói demais. – Ele disse que tinha um velho amigo no leste do país, mas não falava com ele havia muitos anos.

Algum colega de trabalho?

– Meus colegas de trabalho se aposentaram. Éramos bons amigos, mas eles se mudaram. – Ele falou sobre seu envolvimento na organização dos Veteranos de Guerras Estrangeiras e sobre o fato de ter sido promovido a comandante distrital em determinado momento. Mas havia deixado o cargo em 1968. – Aquilo exige muito de você.

Quando ele falara pela última vez com sua irmã mais velha e como ela estava?

— Minha irmã? — Sterling pareceu surpreso com a pergunta. — Está falando de Rosalie?

Sim, a irmã que ele tanto tinha mencionado no Estudo, quando era mais jovem.

Sterling ficou pensando por muito tempo e depois disse a George que fazia uns vinte anos desde que falara com ela pela última vez. Uma expressão assustada surgiu em seu rosto.

— Será que ela ainda está viva? — perguntou.

Sterling tentava não pensar em seus relacionamentos e estava ainda menos inclinado a falar sobre eles. É uma experiência comum. Nem sempre sabemos por que fazemos ou deixamos de fazer as coisas, e podemos não entender o que nos mantém distantes das pessoas em nossa vida. Tirar um tempo para se olhar no espelho pode ajudar. Às vezes há necessidades dentro de nós que procuram uma voz, um meio de se manifestar. Podem ser coisas que nunca vimos, que nunca articulamos para nós mesmos.

Parecia ser o caso de Sterling. Questionado sobre o modo como passava as noites, ele disse que via televisão com uma senhora de 87 anos que morava num trailer próximo. Todas as noites ele ia até lá, os dois assistiam a algum programa na TV e conversavam. Por fim, ela adormecia e ele a ajudava a ir para a cama, lavava a louça e fechava as persianas antes de voltar para casa. Ela era a coisa mais próxima que ele tinha de uma confidente.

— Não sei o que farei se ela morrer.

A DOR DA SOLIDÃO

A solidão dói.[3] E não só no sentido figurado. Ela tem, de fato, um efeito físico no nosso corpo. Está associada a menor resistência a dor, supressão do sistema imunológico, função cerebral diminuída e sono menos eficaz, e é por isso que uma pessoa solitária fica ainda mais cansada e irritadiça.[4] Pesquisas recentes demonstraram que, para os idosos, a solidão é duas vezes mais prejudicial à saúde do que a obesidade,[5] e a solidão crônica aumenta as chances de morte em 26% em qualquer ano.[6] Um estudo no Reino Unido, o Environmental Risk (E-Risk) Longitudinal Twin Study, relatou recentemente as conexões entre solidão e problemas de saúde e autocuidado em jovens adultos.[7] Esse estudo ainda em andamento inclui mais de 2.200

pessoas nascidas na Inglaterra e no País de Gales em 1994 e 1995. Quando tinham 18 anos, os participantes falaram ao estudo sobre quão solitários se sentiam. Aqueles que relataram ser mais sozinhos eram mais propensos a desenvolver problemas de saúde mental, a ter comportamentos de risco para a saúde física e a lidar pior com o estresse. Acrescente a isso o fato de que uma onda de solidão está inundando as sociedades modernas. É um problema sério, corroborado por estatísticas recentes.

Num estudo realizado on-line com 55 mil entrevistados de todo o mundo, uma em cada três pessoas de qualquer idade relatou que muitas vezes se sentia sozinha.[8] O grupo mais solitário foi aquele formado por jovens de 16 a 24 anos, dos quais 40% relataram se sentir sozinhos "frequentemente ou muito frequentemente" (falaremos mais sobre esse fenômeno em breve). No Reino Unido, o custo econômico dessa solidão – porque as pessoas solitárias são menos produtivas e mais propensas à rotatividade no emprego – é estimado em mais de 2,5 bilhões de libras (cerca de 3,4 bilhões de dólares) por ano e levou à criação de um Ministério da Solidão.[9]

No Japão, 32% dos adultos entrevistados antes de 2020 esperavam se sentir solitários na maior parte do ano seguinte.[10]

Nos Estados Unidos, um estudo de 2018 sugeriu que três em cada quatro adultos sentiam níveis moderados a altos de solidão.[11] Enquanto este livro está sendo escrito, estão sendo estudados os efeitos de longo prazo da pandemia de Covid-19, que nos afastou consideravelmente uns dos outros e fez com que muitos se sentissem mais isolados do que nunca. Em 2020, estimou-se que 162 mil mortes poderiam ser atribuídas a causas decorrentes do isolamento social.[12]

Mitigar essa epidemia de solidão é difícil, porque o que faz uma pessoa se sentir solitária pode não ter o mesmo efeito em todo mundo. Não podemos confiar inteiramente em indicadores fáceis de observar, como morar sozinho ou não, porque se trata de uma experiência subjetiva. Uma pessoa pode ter um parceiro e muitos amigos e ainda se sentir solitária, enquanto alguém que mora sozinho, com poucos contatos próximos, pode se sentir bem conectado. Os fatos objetivos da vida não bastam para explicar por que alguém se sente só. Independentemente de raça, classe ou gênero, o sentimento reside na diferença entre o tipo de contato social desejado e o contato social que de fato se tem. Mas como a solidão pode ser tão fisicamente prejudicial quando se trata de uma experiência subjetiva?

Responder a essa pergunta fica um pouco mais fácil se entendermos as raízes biológicas do problema. Como discutimos no Capítulo 2, o ser humano evoluiu como um ser sociável. Os processos biológicos que estimulam o comportamento social existem para nos proteger, não para nos prejudicar. Quando nos sentimos isolados, nosso corpo e nosso cérebro reagem para nos ajudar a sobreviver ao isolamento.[13] Cinquenta mil anos atrás, ficar sozinho era perigoso. Se o *Homo sapiens* que mencionamos anteriormente fosse deixado sozinho no assentamento de sua tribo, na beira do rio, seu corpo e seu cérebro teriam entrado em modo temporário de sobrevivência. A necessidade de reconhecer ameaças teria recaído sobre essa pessoa, que ficaria mais alerta, com os hormônios do estresse nas alturas. Se a família ou a tribo dessa pessoa passasse a noite fora e ela tivesse que dormir sozinha, seu sono seria mais leve: ela acordaria com facilidade, várias vezes durante a noite, atenta à aproximação de um possível predador.

Se, por algum motivo, essa pessoa se encontrasse sozinha por, digamos, um mês, esses processos físicos continuariam acontecendo e se transformariam numa sensação persistente de mal-estar, começando a afetar a saúde mental e física. Essa pessoa ficaria um tanto estressada, como costumamos dizer. Ela se sentiria só.

Os mesmos efeitos da solidão ainda se manifestam nos dias de hoje. Esse sentimento é uma espécie de alarme soando dentro do nosso corpo. A princípio, esses sinais podem nos ajudar. Eles nos mantêm em estado de alerta para possíveis problemas. Mas imagine morar numa casa com um alarme de incêndio que dispara o dia todo, todos os dias – é mais ou menos isso que a solidão crônica anda fazendo com nossa mente e nosso corpo nos bastidores.

Nos relacionamentos, a solidão é apenas uma parte da equação mente-corpo. É a ponta visível do iceberg social; muito mais se encontra abaixo da superfície. Existe agora um vasto corpo de pesquisas revelando as associações entre saúde e conexão social, associações que remontam às origens da nossa espécie, quando as coisas eram muito mais simples. Nossas necessidades básicas de relacionamento não são complicadas. Precisamos de amor, de laços estreitos e de uma sensação de pertencimento. Mas agora vivemos em ambientes sociais complexos, então o desafio é *como atender* a essas necessidades.

A VIDA EM NÚMEROS

Pense por um instante numa pessoa que você ama mas com quem passa pouco tempo. Não precisa ser seu relacionamento mais significativo. Basta ser alguém que faz você se sentir animado e que você gostaria de encontrar com mais frequência. Examine os possíveis candidatos (pode haver apenas um!) e escolha uma pessoa. Agora pense na última vez que vocês estiveram juntos e tente lembrar como você se sentiu na ocasião. Sentiu-se otimista, quase invencível? Sentiu-se acolhido? Talvez tenha achado mais fácil dar risada e considerado menos assustadores os problemas da vida.

Agora pense na frequência com que encontra essa pessoa. É todos os dias? Uma vez por mês? Uma vez por ano? Faça as contas e avalie quantas horas num único ano você acha que passa com ela. Anote esse número.

Embora nos falemos toda semana por telefone ou videochamada, nós, Bob e Marc, nos vemos pessoalmente por cerca de dois dias (ou 48 horas) a cada ano.

Quanta interação podemos esperar para os próximos anos?[14] Quando este livro for lançado, Bob terá 71 anos. Marc fará 60. Sejamos (muito) generosos e digamos que estaremos aqui para comemorar o centésimo aniversário de Bob. Com dois dias por ano durante 29 anos, temos 58 dias restantes para passar juntos.

Cinquenta e oito de 10.585 dias.

Claro, isso pressupõe um bocado de sorte. É praticamente certo que o número real será menor.

Experimente fazer essa conta com seu ente querido ou apenas considere os números redondos: se você tem 40 anos e vê essa pessoa uma vez por semana para tomar um café, isso equivale a cerca de 87 dias até você completar 80 anos. Vê-la uma vez por mês equivale a uns vinte dias. Uma vez por ano significa cerca de dois dias.

Talvez esses números pareçam bastar. Mas compare-os com o fato de que, em 2018, o americano médio passou incríveis onze horas todos os dias interagindo com mídias em geral, como televisão, rádio e internet.[15] Dos 40 aos 80 anos de idade, isso soma *dezoito anos* de vida, descontando o tempo que se passa dormindo. Para alguém de 18 anos, são 28 anos de vida antes de chegar aos 80.

O objetivo desse exercício mental não é alarmar ninguém. É trazer clareza para algo que costuma passar despercebido: a quantidade de tempo que realmente usufruímos com as pessoas que prezamos e amamos. Não precisamos estar com todos os nossos bons amigos *o tempo todo*. Na verdade, algumas pessoas nos revigoram e melhoram nossa vida justamente porque não as vemos com tanta frequência. Como tudo na vida, há um equilíbrio a ser alcançado. Às vezes somos compatíveis com alguém até certo ponto, e esse ponto já é bom o suficiente.

Mas a maioria de nós tem amigos e familiares que nos animam e que não vemos com a frequência desejada. Você está dedicando tempo às pessoas de quem mais gosta? Existe um relacionamento na sua vida que beneficiaria ambas as partes se vocês pudessem passar mais tempo juntos? Esses recursos inexplorados muitas vezes já se encontram em nossa vida, à espera. Alguns ajustes em nossos relacionamentos mais preciosos podem ter efeitos reais sobre o que sentimos e sobre como enxergamos nossa vida. Podemos estar sentados numa mina de ouro de vitalidade sem saber – porque essa fonte de energia é eclipsada pelo fascínio luminoso de smartphones e TVs ou pelas exigências da vida profissional.

DOIS FATORES CRUCIAIS PARA PREVER A FELICIDADE

Em 2008, telefonamos para os casais participantes do Estudo de Harvard na faixa dos 80 anos por oito noites seguidas.[16] Conversamos com cada parceiro em separado e fizemos uma série de perguntas sobre seu cotidiano. Mencionamos esses questionários no Capítulo 1 (eles levantaram muitos dados úteis!). Queríamos saber como os entrevistados tinham se sentido fisicamente naquele dia, em que tipo de atividade estiveram envolvidos, se precisaram de apoio emocional, se receberam esse apoio e quanto tempo passaram com o cônjuge e com outras pessoas.

O simples cálculo do *tempo gasto com os outros* mostrou-se muito importante, pois no cotidiano esse fator estava claramente ligado à felicidade. Nos dias em que esses homens e mulheres passavam mais tempo na companhia de outras pessoas, eles ficavam mais felizes, sobretudo se a outra pessoa fosse o próprio cônjuge. Isso se refletiu em *todos* os casais, mas especialmente naqueles com relacionamentos satisfatórios.

Como a maioria das pessoas mais velhas, esses homens e mulheres experimentavam flutuações diárias em seus níveis de dor física e de problemas de saúde. Não surpreende que seu estado de espírito estivesse mais abatido nos dias em que sentiam mais dor física. Mas descobrimos que aqueles que viviam relacionamentos mais satisfatórios ficavam um pouco mais protegidos desses altos e baixos – a felicidade não diminuía tanto nos dias de mais dor. Quando se sentiam pior fisicamente, não relatavam tanto abatimento quanto os indivíduos com relacionamentos menos satisfatórios. Os casamentos felizes protegem o ânimo do casal mesmo nos dias de dor mais intensa.

Tudo isso pode parecer bastante intuitivo, mas há uma mensagem muito poderosa, embora simples, contida nessas descobertas: *a frequência e a qualidade do nosso contato com os outros são dois dos principais indicadores de felicidade.*

SEU OBSERVATÓRIO SOCIAL

Sterling Ainsley, que evitava a todo custo pensar em qualquer um de seus relacionamentos, acreditava que estava se saindo muito bem em matéria de saúde social. Pensava que sua relação com os filhos era saudável. Achava um tanto heroica sua recusa em se divorciar da esposa a quem raramente via. E até se orgulhava de sua capacidade de conversar com as pessoas – uma habilidade que desenvolvera em sua vida profissional. Mas, quando solicitado a se olhar no espelho com mais profundidade e considerar seus relacionamentos, ficava claro que no fundo ele se sentia muito sozinho e pouco compreendia a dimensão de seu isolamento.

Então por onde devemos começar? Como ver com mais clareza a realidade do nosso próprio universo social?

É sempre bom começar de um jeito simples. Então primeiro se pergunte: *Quem está na minha vida?*

É uma pergunta que a maioria de nós, surpreendentemente, nunca se preocupa em fazer. Pode ser revelador fazer uma lista básica das dez pessoas que povoam o centro do nosso universo social. Experimente. Talvez você se surpreenda com as presenças e também com as ausências nessa lista.

Quem são meus amigos e familiares mais próximos?

_____   _____
_____   _____
_____   _____
_____   _____
_____   _____

Alguns relacionamentos essenciais – sua família imediata, seu par romântico, seus amigos íntimos – provavelmente lhe venham à mente mais depressa, mas não pense apenas nas suas conexões mais "importantes" ou bem-sucedidas. Liste aquelas que afetam você a cada dia, ano após ano – para o bem ou para o mal. Seu chefe ou determinado colega de trabalho, por exemplo. Mesmo relacionamentos que *parecem* insignificantes podem fazer parte dessa lista. Falaremos muito mais sobre isso num capítulo posterior, mas relacionamentos casuais construídos em torno de atividades como tricô, futebol semanal ou clube de leitura podem ser mais importantes do que você imagina. A lista também pode incluir pessoas de quem você realmente gosta, mas quase nunca vê: por exemplo, um velho amigo em quem pensa com frequência mas com quem perdeu contato. Pode até incluir pessoas com quem só troca gentilezas, como o motorista que alegra o seu dia sempre que você o cumprimenta ao pegar o ônibus para o trabalho de segunda a sexta.

Depois de formar um bom conjunto de pessoas, é hora de se perguntar: *Qual é o caráter desses relacionamentos?*

Fizemos inúmeras perguntas aos participantes do Estudo de Harvard ao longo dos anos para tentar responder a essa questão mais ampla e criar "imagens" (na verdade, conjuntos de dados) que refletissem o caráter de seus universos sociais. Mas obter uma perspectiva sobre nosso próprio universo social não precisa ser tão complexo quanto uma pesquisa desse porte. Pense simplesmente na *qualidade* e na *frequência* do contato que tem com cada uma das pessoas que você listou e use duas dimensões amplas para capturar seu mundo social: (1) como esse relacionamento faz você *se sentir* e (2) com que *frequência* vocês interagem.

A seguir você encontrará um gráfico bidimensional que pode ser usado para dar forma ao seu universo social. O ponto que alguém ocupa nesse gráfico deve depender de quanto esse relacionamento revigora ou esgota você e da frequência dessa interação. Seria algo assim:

Exemplo de um universo social

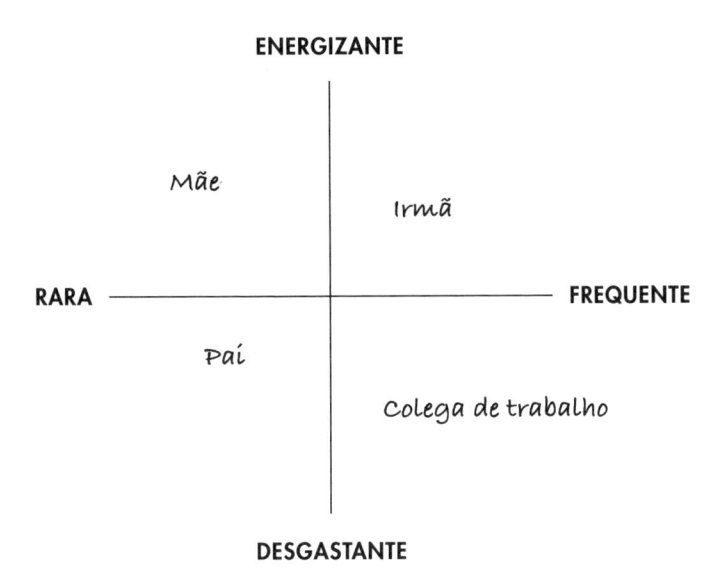

```
                    ENERGIZANTE
                         |
           Mãe           |
                         |    Irmã
                         |
    RARA ────────────────┼──────────────── FREQUENTE
                         |
              Pai        |
                         |   Colega de trabalho
                         |
                    DESGASTANTE
```

Talvez pareça um tanto simplista... e de certa forma é mesmo. Você está pegando algo intensamente pessoal e complicado, achatando-o e dando-lhe um lugar estático nesse universo social. As complexidades serão eliminadas. Faz parte. É um primeiro passo para capturar o caráter dos relacionamentos que fazem da sua vida o que ela é.

O que queremos dizer com *energizante* e *desgastante*?

São termos propositalmente subjetivos. Trata-se de reconhecer como você se sente quando está com essas pessoas. Às vezes, na verdade não sabemos como nos sentimos num relacionamento até que paramos para pensar no assunto.

Em geral, um relacionamento *energizante* anima, revigora e dá uma sensação de conexão e pertencimento que permanece depois que vocês se separam. Faz você se sentir melhor do que se estivesse sozinho.

Um relacionamento *desgastante* induz tensão, frustração ou ansiedade e faz você se sentir preocupado ou até desmoralizado. De certa forma, faz você se sentir pior ou mais desconectado do que se estivesse sozinho.

Não quer dizer que um relacionamento energizante lhe fará bem o tempo todo nem que um relacionamento desgastante lhe fará mal o tempo inteiro. Mesmo os relacionamentos mais vitais têm seus desafios, e muitos, é claro, têm um pouco dos dois lados. A ideia é você captar sua intuição geral sobre cada pessoa da sua lista: quando você passa um tempo com ela, como se sente?

Dê uma olhada no gráfico e pense onde você colocaria cada indivíduo da sua lista. Eles energizam ou desgastam você? Você os vê muito ou pouco?

Seu ponto de partida pode ser aquela pessoa que você não vê com tanta frequência. Coloque-a no mapa com um pontinho – como uma estrela em seu universo social.

Meu universo social

ENERGIZANTE

RARA ──────────┼────────── **FREQUENTE**

DESGASTANTE

Ao definir a posição dos seus relacionamentos, pense em cada um deles. Por que essa pessoa está nesse lugar específico? Que característica do relacionamento determinou essa posição? Esse relacionamento está onde você quer que ele esteja? Se uma relação é particularmente difícil e desgastante, alguma razão para isso lhe vem à mente?

Avaliar desse jeito cada relacionamento nos permite apreciá-los e ter gratidão pelas pessoas que enriquecem nossa vida. Também nos ajuda a ver quais são os vínculos que estamos dispostos a melhorar. As respostas a essas questões vão refletir – e devem refletir mesmo – suas preferências sobre a quantidade e o tipo de conexões sociais que combinam com você. Você pode perceber que gostaria de ver *essa* pessoa com mais frequência, mas *aquela* está no quadrante certo. Talvez aquele *outro* relacionamento seja desgastante, mas tem seu valor e precisa de atenção especial. Se você sabe a direção que determinado relacionamento deveria tomar, desenhe uma seta indicando onde gostaria que a pessoa estivesse.

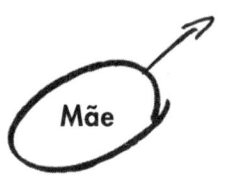

Queremos deixar claro que identificar um relacionamento como desgastante *não* significa eliminar essa pessoa da sua vida (embora, após alguma reflexão, talvez você decida que precisa vê-la com menos frequência). Pode ser um sinal de que há algo importante ali que precisa da sua atenção. E isso quer dizer que o relacionamento contém uma oportunidade.

Na verdade, quase todos os relacionamentos contêm oportunidades. Precisamos apenas identificá-las. Elas podem estar em relacionamentos importantes do passado, em relacionamentos positivos que negligenciamos, em relacionamentos difíceis que podem conter as sementes de uma conexão melhor. Mas essas oportunidades não duram para sempre; temos que aproveitá-las enquanto é possível. Se esperarmos muito, podemos acabar descobrindo que é tarde demais, como aconteceu com Sterling Ainsley.

ROSALIE, HARRIET E STERLING

Sterling Ainsley era um dos alunos da Harvard College acompanhados pelo Estudo, mas não tinha nascido em berço de ouro. Na verdade, ele nasceu diretamente nos braços da irmã mais velha. Isso foi perto de Pittsburgh, Pensilvânia, em 1923, e Rosalie, sua irmã, tinha 12 anos. Ela estava sozinha em casa com a mãe, que lhe ensinava francês à mesa da cozinha quando de repente entrou em trabalho de parto. Não tinham telefone e não houve tempo de chamar os vizinhos ou um médico. Entre ondas de dor, a mãe conseguiu dar instruções a Rosalie passo a passo e a menina ajudou a dar à luz Sterling com segurança. Ela até amarrou e cortou o cordão umbilical.

– Eu era extremamente apegada ao Sterling – disse Rosalie ao Estudo. – Até onde eu sabia, eu era responsável por ele. Tratei meu irmão como se fosse meu filho.

O pai de Sterling era metalúrgico e ganhava apenas o suficiente para sustentar a família de sete pessoas, mas também era um jogador compulsivo. Toda semana ele apostava seu salário, e apenas uma fração do dinheiro chegava em casa. Os filhos mais velhos foram obrigados a trabalhar. Três semanas após o nascimento de Sterling, o pai internou a esposa num sanatório. Durante quatro meses, Rosalie cuidou de Sterling, alimentando-o com uma mamadeira.

– Eu me lembro de caminhar com ele enquanto cantava – disse ela. – Quando minha mãe voltou, ela estava diferente. Meu pai era analfabeto, mas minha mãe era brilhante, falava três idiomas com a gente e nos ensinou a ler e escrever em inglês e francês, mas depois daquele episódio nunca mais foi a mesma. Não conseguia cuidar do Sterling. Não sabia o que fazer, embora já tivesse criado quatro filhos. Então acabei cuidando dele por muitos anos.

Quando Sterling tinha 9 anos, o pai voltou a internar a esposa num sanatório, dessa vez em caráter permanente, e saiu de casa de forma abrupta, deixando os filhos mais novos por conta própria. A essa altura, Rosalie, com 21 anos, era casada e tinha um filho. Ela e o marido abrigaram três de seus irmãos. Ela também queria que Sterling fosse morar com eles, mas uma amiga da família, Harriet Ainsley, acabara de perder o filho num trágico acidente e se ofereceu para levar Sterling e criá-lo como se fosse seu. Vivendo dificuldades financeiras, Rosalie e seu marido concordaram.

Os Ainsleys moravam numa fazenda na zona rural da Pensilvânia e o estilo de vida foi um choque para Sterling, mas os pais adotivos eram gentis, calmos e solidários. Seu pai adotivo era severo, mas justo, e ensinou a Sterling tudo que podia sobre como administrar a fazenda. Quando Sterling tinha 19 anos, ele falou sobre Harriet, sua mãe adotiva:

– Ela é tudo no mundo para mim. Tem sido uma mãe maravilhosa. Acho que foi responsável por todas as minhas aspirações. Foi ela quem despertou meu grande interesse pela literatura inglesa.

Graças em parte ao incentivo de sua mãe adotiva e de sua irmã Rosalie, Sterling se saiu bem no ensino médio, disputou (e perdeu) uma eleição para presidente do grêmio escolar e foi aceito em Harvard com uma bolsa de estudos. Quando Sterling entrou para a pesquisa aos 19 anos, perguntaram a Rosalie o que ela pensava dele, e ela disse:

– É difícil descrevê-lo hoje. Ele tem uma tendência, acho eu, de trazer à tona o melhor das pessoas com quem entra em contato. Ele tem grandes ideais. Um dia com Sterling é como um dia de aula numa universidade.

Essas duas mulheres corajosas e resilientes, Rosalie e Harriet, desempenharam papéis fundamentais na vida de Sterling. A mãe biológica, que não fez parte da vida dele, também desempenhou um papel vital ao cultivar a bondade, o carinho e a determinação em Rosalie, o que permitiu que a jovem cuidasse sozinha do irmão nos primeiros anos. No entanto, o pai era abusivo com Sterling, algo que Rosalie não conseguia controlar, e a dissolução da família foi extremamente difícil para Sterling. Se não fosse pelas mulheres que o amaram, é bem improvável que ele tivesse cursado uma faculdade e seguido uma carreira de sucesso no Oeste americano. Mulheres da classe trabalhadora na primeira metade do século XX, Rosalie e Harriet enfrentaram muitos obstáculos para realizar suas prioridades pessoais. Mas fizeram o melhor possível para ajudar Sterling. Ele disse muitas vezes nas entrevistas como se sentia grato pelo apoio e pelo amor recebidos.

No entanto, ele perdeu o contato com as duas.

AS PEDRAS FUNDAMENTAIS DOS RELACIONAMENTOS

Já dissemos aqui que os seres humanos são criaturas sociais. Isso significa basicamente que cada um de nós, sozinho, não é capaz de obter todo o necessário para si mesmo. Não podemos contar apenas com nós mesmos para fazer confidências, namorar, receber conselhos ou mudar a posição de um sofá. Precisamos que os outros interajam conosco e nos ajudem, e prosperamos quando fornecemos conexão e apoio aos outros. *Esse processo de dar e receber é a base de uma vida significativa.* A maneira como nos sentimos em relação ao nosso universo social está diretamente relacionada ao tipo de troca que temos com os outros. Quando os participantes do Estudo expressavam frustração ou insatisfação com sua vida social, assim como Sterling fez mais tarde em sua vida, muitas vezes isso podia ser atribuído a um tipo específico de apoio que lhes faltava.

Aqui estão algumas perguntas feitas aos participantes do Estudo ao longo dos anos a respeito dos diferentes tipos de apoio:

Segurança e proteção

> Para quem você telefonaria se acordasse assustado no meio da noite?
> A quem você recorreria num momento de crise?

Os relacionamentos que nos transmitem segurança e proteção são os alicerces da nossa vida relacional. Se pode responder às perguntas acima com uma lista de pessoas, você tem muita sorte – é crucial cultivar e apreciar tais relacionamentos. Eles nos ajudam a atravessar momentos de estresse e nos dão coragem para explorar novas experiências. O essencial é a convicção de que essas pessoas estarão ao nosso lado se as coisas derem errado.

Aprendizado e crescimento

> Quem incentiva você a experimentar coisas novas, a arriscar, a perseguir os objetivos da sua vida?

Sentir-se seguro o suficiente para se aventurar em território desconhecido é uma coisa, mas ser encorajado ou inspirado a fazê-lo por alguém em quem você confia é um presente precioso.

Vínculo emocional e confiança

> Quem sabe tudo (ou quase tudo) sobre você?
> Para quem você pode ligar para falar abertamente sobre seus sentimentos?
> Para quem você pode pedir conselhos (e confiar no que é dito)?

Senso de identidade e experiência compartilhada

> Existe alguém na sua vida que tenha compartilhado muitas experiências com você e ajudado a fortalecer a noção de quem você é e de onde veio?

Amigos de infância, irmãos, pessoas com quem você compartilhou grandes experiências de vida – esses relacionamentos costumam ser negligenciados porque estão conosco há muito tempo, mas são especialmente valiosos porque não podem ser substituídos. Como diz a canção, *you can't make old friends* – não dá para fazer velhos amigos.[17]

Intimidade romântica (amor e sexo)

> Você se sente satisfeito com o nível de intimidade romântica na sua vida?
> Está satisfeito com suas relações sexuais?

O romance é algo desejado pela maioria das pessoas, não apenas pela satisfação sexual, mas também pela intimidade do toque, pela partilha das alegrias e tristezas do cotidiano e pelo compartilhamento de experiências. Para alguns de nós, o amor romântico parece uma parte essencial da vida. Para outros, nem tanto. O casamento, é claro, não é necessariamente a referência quando se trata de intimidade romântica. A proporção de pessoas entre 25 e 50 anos que nunca se casaram aumentou drasticamente no último meio século em muitos lugares do mundo.[18] Nos Estados Unidos, essa proporção aumentou de 9% em 1970 para 35% em 2018. Esses números não nos dizem a porcentagem de quem vive uma intimidade romântica, mas indicam que mais pessoas têm permanecido solteiras ao longo da vida adulta, talvez mais do que em qualquer outro momento do passado. Além disso, alguns relacionamentos são "abertos", incluindo mais de duas pessoas nessa dinâmica sexual e emocional.

Ajuda teórica e prática

> A quem você recorre quando precisa de alguma orientação ou ajuda para resolver um problema prático (por exemplo, plantar uma árvore, configurar sua conexão wi-fi, inscrever-se no seguro de saúde)?

Diversão e relaxamento

> Quem faz você rir?
> Com quem você gosta de ver um filme ou fazer uma viagem?
> Quem faz você se sentir relaxado, acolhido, à vontade?

Apresentamos a seguir uma tabela organizada em torno dessas pedras fundamentais. Na primeira coluna, liste as pessoas que parecem ter maior impacto sobre você. Coloque um sinal positivo (+) nas demais colunas se o relacionamento contribuir para cada tipo específico de apoio e um sinal negativo (–) se ele carecer desse suporte. Lembre-se: tudo bem se alguns relacionamentos (ou a maioria deles) não contribuírem em *todas* as categorias.

Fontes de apoio em minha vida

Meu relaciona-mento com	Segurança e proteção	Aprendizado e crescimento	Vínculo emocional e confiança	Senso de identidade e experiência compartilhada	Intimidade romântica (amor e sexo)	Ajuda teórica e prática	Diversão e relaxamento

Pense nesse exercício como se fosse uma radiografia – uma ferramenta para ver o que se encontra sob a superfície de seu universo social. Nem todos esses tipos de apoio parecerão importantes para você, mas pondere sobre aqueles que sejam relevantes e pergunte a si mesmo se está recebendo o suficiente em cada área. Se anda um pouco insatisfeito com a vida, veja se as lacunas do gráfico condizem com esse sentimento. Talvez você perceba que tem muitas pessoas com quem se divertir, mas ninguém a quem recorrer quando precisa desabafar. Ou vice-versa.

Ao preencher e expandir essa tabela, talvez você encontre algumas lacunas e surpresas. Talvez perceba que há apenas uma pessoa a quem pedir ajuda ou que há alguém a quem você não dá grande importância mas que, na verdade, faz você se sentir seguro e protegido ou que reforça seu senso de identidade. Sabemos por experiência pessoal (e por muitas conversas regadas a drinques em conferências) que mesmo profissionais de psicologia e psiquiatria têm dificuldade de enxergar a própria vida sem uma reflexão focada.

AVANTE

Às vezes esse tipo de reflexão por si só nos indica a direção que gostaríamos de seguir. Só que, mesmo depois de vermos o que queremos mudar, ainda pode ser difícil dar o primeiro passo.

Existe toda uma área de pesquisa que estuda a motivação humana – por que tomamos as decisões que tomamos, por que algumas pessoas se esforçam para mudar enquanto outras não conseguem.[19] É uma área muito explorada por anunciantes, que utilizam esse conhecimento para nos encorajar a comprar coisas. Mas também podemos usá-lo para nos encorajar a fazer o que queremos, como melhorar nossos relacionamentos. Na verdade, já o aplicamos um pouco neste capítulo: entre outras coisas, pesquisas demonstraram que a chave para motivar a mudança é reconhecer a diferença entre o ponto onde estamos e aquele onde gostaríamos de estar. Definir esses dois estados cria uma espécie de energia potencial que nos ajuda a dar aquele primeiro passo difícil. É o que você começou a fazer com as ferramentas relacionais. Você mapeou seu universo social e a qualidade de seus relacionamentos e refletiu sobre o que gostaria de mudar. A partir daí, o processo de implementar mudanças pode ser um tanto complicado – em especial com relacionamentos desafiadores –, mas as recompensas são potencialmente maravilhosas. Vamos examinar melhor esse processo nos próximos capítulos, mas há algumas coisas que podem ser feitas desde já e alguns princípios úteis para ter em mente.

UM TRABALHO DE CIMA PARA BAIXO

Concentre-se primeiro no que está funcionando bem. É o lugar mais fácil para começar. Dê uma olhada nos relacionamentos do lado energizante do seu universo social e pense em como você pode solidificar ou incentivar o que eles têm de bom. Diga (e mostre!) a essas pessoas quanto você as aprecia e por quê. Nunca é demais apostar naquilo que fornece energia e vitalidade para sua vida. Esses relacionamentos já estão num bom caminho, mas em geral há um ou dois que desaceleram e precisam de um empurrãozinho para voltar a funcionar a todo vapor. Mesmo bons relacionamentos tendem a repetir as mesmas rotinas indefinidamente. Pode ser hora de experimentar algumas novidades.

Em seguida, dê uma olhada nos relacionamentos que estão quase no limite dessa linha energizante ou que talvez sejam um pouquinho desgastantes no geral. Será que tem como dar um empurrãozinho neles para torná-los mais revigorantes? Mudanças mínimas às vezes são capazes de aliviar pequenos fardos que foram se acumulando pelo caminho.

Os relacionamentos que você identificou como desgastantes podem exigir mais esforço e reflexão. Pode ser necessário arriscar e entrar em contato com alguém que você não costuma procurar. Pode ser preciso enviar mensagens, planejar um encontro ou fazer um convite para um evento. Talvez seja até preciso encarar o climão de falar sobre uma briga recente ou sobre um sarcasmo mal recebido. (Isso às vezes requer uma preparação adicional. Falaremos sobre lidar com desavenças e desafios emocionais como esses nos próximos capítulos.)

Existem aspectos práticos para esse tipo de esforço. Você tem que, de fato, fazer a ligação, pegar sua agenda, deixar uma noite livre e fazer planos. De preferência planos recorrentes!

Mesmo os relacionamentos mais positivos podem recair em velhos hábitos, em velhas formas automáticas de ser e de interagir, o que os torna menos energizantes. A seguir estão alguns princípios gerais cuja eficiência constatamos tanto na pesquisa quanto na terapia e que funcionam para animar e energizar os relacionamentos.

Sugestão nº 1: O poder da generosidade

No mundo ocidental, que enfatiza o individualismo, o mito da pessoa "self-made" recebe muito destaque. Muitos de nós imaginam que nossa identidade é criada por nós mesmos, que somos quem somos porque nos moldamos assim. Na realidade, somos quem somos por causa da posição que ocupamos em relação ao mundo e às outras pessoas. O aro de uma roda, se não estiver preso à roda, é apenas um pedaço de metal. Mesmo um eremita habitando uma caverna só é um eremita graças à maneira como se relaciona (ou deixa de se relacionar) com outras pessoas.

As relações são necessariamente sistemas recíprocos. O amparo é uma via de mão dupla. O apoio que recebemos raramente é uma imagem espelhada daquele que oferecemos, mas o velho ditado "Você colhe o que planta" é uma boa regra geral.

Essa ideia de dar o que você gostaria de receber em troca é uma resposta à impotência e à desesperança que as pessoas às vezes sentem quando pensam em seus relacionamentos. Não podemos controlar diretamente a maneira como os outros se relacionam conosco, mas podemos controlar a maneira como nos relacionamos com eles. Podemos não estar recebendo determinado tipo de apoio, mas isso não significa que não possamos fornecê-lo.

O Dalai Lama nos lembra que tudo que vai volta. "Somos egocêntricos e egoístas, mas precisamos ser egoístas de um jeito sábio, não estúpido", disse ele certa vez.[20] "Se negligenciarmos os outros, também perderemos... Podemos educar as pessoas para que entendam que a melhor maneira de satisfazer seus próprios interesses é preocupar-se com o bem-estar dos outros. Mas isso vai levar tempo."

Pesquisas mostram com clareza que ele tem razão: ajudar os outros beneficia aquele que ajuda. Existe uma ligação neural e prática entre generosidade e felicidade. Ser generoso é um modo de preparar o cérebro para bons sentimentos, e esses bons sentimentos, por sua vez, nos tornam mais propensos a ajudar os outros no futuro.[21] A generosidade é uma espiral ascendente.

Volte às perguntas sobre apoio que já fizemos neste capítulo e, pensando com honestidade sobre si mesmo, responda a cada uma delas no seguinte sentido: você fornece esses tipos de apoio aos outros? Caso forneça, para quem? Existem pessoas em sua vida que você deseja apoiar mais? Lembre-se da pesquisa de Kiecolt-Glaser sobre a relação entre estresse em cuidadoras de enfermos e cicatrização de feridas. Se você tem pessoas na sua vida que cuidam de alguém ou que estão sob grande estresse, será que tem como ajudá-las nessa tarefa e garantir que elas também recebam apoio? Se é você quem cuida de alguém, será que está recebendo o apoio de que precisa? Ao olhar para o seu universo social, como você sente o equilíbrio entre dar e receber?

Pessoas que eu apoio

Meu relaciona-mento com	Segurança e proteção	Aprendizado e crescimento	Vínculo emocional e confiança	Senso de identidade e experiência compartilhada	Intimidade romântica (amor e sexo)	Ajuda teórica e prática	Diversão e relaxamento

Sugestão nº 2: Novos passos de dança

Ficamos melhores naquilo que praticamos e, sem perceber, nos tornamos muito talentosos em fazer coisas que não são do nosso interesse. Sterling Ainsley, por exemplo, aprimorou-se cada vez mais em evitar a proximidade e a conexão. Tinha um bom motivo para isso. Apesar de a irmã Rosalie ter cuidado dele durante os primeiros anos de sua vida, ela não conseguiu impedir os abusos cometidos pelo pai. A família de origem foi desfeita quando o pai internou a esposa no sanatório. Ao se mudar para a fazenda, Sterling parou de ver Rosalie com regularidade, e isso foi doloroso para ele. E assim ele foi carregando consigo seus medos de relacionamentos íntimos até a vida adulta. Com exceção de sua mãe adotiva, ele nunca estabeleceu essa sensação crucial de segurança e proteção com mais ninguém, muito menos com várias pessoas. Sem necessariamente articular isso para si mesmo, ele passou a vida presumindo que seria mais feliz, ou pelo menos se sentiria mais seguro, se não tivesse contatos muito próximos. Acreditava que estar perto dos outros era um risco.

De certo modo, ele tinha razão. Os sentimentos mais fortes emergem de nossas conexões com outras pessoas e, embora o mundo social seja repleto de prazeres e significados, ele também contém doses de decepção e dor. Somos magoados pelas pessoas que amamos. Dói quando elas nos decepcionam ou nos deixam e resta um vazio quando morrem.

O impulso de evitar essas experiências negativas nos relacionamentos faz sentido. Mas, se quisermos os benefícios do envolvimento com os outros, teremos que tolerar algum risco. Também teremos que estar dispostos a ver além de nossas preocupações e de nossos medos.

Isso levanta a importante questão de como alguém com a história traumática de Sterling pode evitar que a dor domine sua vida. Esperamos que uma pessoa assim tenha boas experiências interpessoais à medida que o tempo passe, o que mudaria o paradigma dominante. Isso acontece. Um relacionamento positivo e de confiança com um par romântico pode fazer com que uma pessoa menos segura se sinta mais confiante.[22] Mas muitos com a história de Sterling apenas seguem numa sucessão de profecias autorrealizáveis, sem ter jamais uma experiência diferente no quesito intimidade.

A questão é: como podemos evitar uma batalha incessante com nossos traumas e nos abrir a novas experiências?

Sugestão nº 3: Curiosidade radical

> Todo homem que conheço é meu mestre em algum momento, e nisso aprendo com ele.
>
> Ralph Waldo Emerson[23]

Muitas vezes as dificuldades que enfrentamos nos relacionamentos ocorrem pela mesma razão pela qual enfrentamos dificuldades em outras áreas da vida: ficamos muito autocentrados. Nossa preocupação é saber se estamos nos saindo bem, se somos bons em alguma coisa, se estamos conseguindo o que queremos. Como Sterling ou John Marsden, o infeliz advogado, quando nos concentramos demais em nós mesmos, podemos esquecer as experiências dos outros.

É uma armadilha comum, mas não é inevitável. A mesma curiosidade que nos faz mergulhar num livro ou num filme pode fundamentar a forma como abordamos nossos relacionamentos até nos momentos mais rotineiros da vida.

Pode ser uma verdadeira alegria nos perdermos na experiência de outra pessoa. Também pode parecer estranho no começo e exigir algum esforço, se você não estiver acostumado. *Curiosidade – a curiosidade verdadeira e profunda sobre o que os outros estão experimentando – é fundamental em relacionamentos importantes.* Abre caminhos de conversa e conhecimento que não sabíamos que existiam. Ajuda os outros a se sentirem compreendidos e apreciados. É importante mesmo em relacionamentos menos significativos, pois pode estabelecer um precedente de cuidado e fortalecer laços novos e ainda frágeis.

Talvez você conheça alguém em sua vida que esteja sempre conversando com as pessoas, descobrindo suas histórias e opiniões. Não é por acaso que gente assim costuma ser muito alegre e vibrante. Como demonstrou o experimento com "desconhecidos num trem", mencionado no Capítulo 2, interagir com outras pessoas melhora nosso humor e nos deixa mais felizes do que esperávamos.

Isso faz Bob pensar em seu pai, que puxava assunto com desconhecidos em qualquer lugar. Ele era obsessivamente – radicalmente – curioso sobre todos. A tia e o tio de Bob costumavam contar uma história: certa vez os três pegaram juntos um táxi na capital Washington. O pai de Bob sentou-se no banco da frente, como sempre, para poder conversar com o motorista. Enquanto extraía toda a história de vida daquele homem, ele começou a brincar com o quebra-vento, uma pequena janela triangular que costumava existir nos carros antigos. Ele estava tão absorto na conversa que não percebeu que o quebra-vento havia se soltado em sua mão. Gargalhadas vinham do banco de trás, mas o pai de Bob nem percebia. Ele colocou a janelinha sobre o assento e começou a brincar com a manivela da janela, que também saiu. Ele a guardou e continuou fazendo perguntas. Para sorte do carro, foi uma viagem curta.

Esse comportamento era natural para o pai de Bob. Ele não agia assim para ser gentil com as pessoas, mas porque aquilo o fazia se sentir bem.

Aquilo o revigorava. Alguns de nós estão enferrujados e se esqueceram de como é ter esse tipo de curiosidade, então é preciso um pouco mais de esforço. Temos que adotar uma abordagem quase radical para cultivar as sementes muitas vezes sutis de nosso interesse natural pelas pessoas e dar um passo ousado além de nossa prática habitual de conversação. Precisamos fazer questão de perguntar a nós mesmos: quem é essa pessoa realmente e o que está se passando com ela? A partir daí tudo será mais simples: fazemos uma pergunta, ouvimos a resposta e vemos para onde ela nos conduz.

O ponto crucial é que ser curioso nos ajuda a nos conectar com os outros, e essa conexão nos torna mais engajados com a vida. A curiosidade genuína convida as pessoas a compartilharem mais de si mesmas e isso, por sua vez, nos ajuda a entendê-las melhor. É um processo que anima todos os envolvidos. O experimento com "desconhecidos num trem" aponta para essa cascata de benefícios, que discutiremos com mais detalhes no Capítulo 10. Mesmo um pequeno interesse por outra pessoa, uma palavra breve, pode criar novas emoções, novos caminhos de conexão e novas trilhas para a vida fluir.

Como a generosidade, a curiosidade também é uma espiral ascendente.

DA CURIOSIDADE À COMPREENSÃO

Quando as pessoas descobrem que nós, Bob e Marc, somos terapeutas, muitas vezes reagem dizendo coisas assim: "Como vocês conseguem ouvir os problemas das outras pessoas o tempo todo? Deve ser exaustivo e deprimente." É verdade que ouvir nem sempre é fácil, mas a experiência mais prevalente e poderosa para nós dois é de gratidão às pessoas com quem trabalhamos na terapia. Aprendemos com cada experiência que elas têm e isso aprofunda nossa conexão com elas. Uma de nossas maiores alegrias (e isso não se limita à terapia) ocorre nos momentos em que sentimos que entendemos a experiência de outra pessoa e depois comunicamos essa compreensão de uma forma que parece autêntica para ela. É um alento descobrir-se de repente em sincronia com a experiência de outro ser.

Eis um passo crucial para estabelecer uma ligação com os outros por meio da curiosidade: comunicar a eles essa nova compreensão. É aqui que grande parte da mágica acontece, o momento em que a conexão entre as pessoas se torna concreta, visível e significativa. Ouvir um entendimento exato da nossa própria experiência vindo de outra pessoa, articulado em palavras, pode ser emocionante, especialmente quando nos sentimos isolados num ambiente social. De repente alguém nos enxerga como somos, e, por um momento, essa experiência rompe a barreira que sentimos entre nós e o mundo. Ser visto é uma coisa incrível.

Por outro lado, também é incrível enxergar outra pessoa e comunicar essa nova visão. A emoção do vínculo ocorre tanto para quem vê quanto para quem é visto. Mais uma vez, a ligação e a sensação de vitalidade são vias de mão dupla.

Essa não é uma ideia nova ou pouco convencional. O clássico e influente livro de Dale Carnegie *Como fazer amigos e influenciar pessoas*, escrito em 1936, já enfatizava esse ponto. O livro é baseado em seis princípios, e o primeiro deles é "Desenvolva um interesse genuíno pelos outros". Como em tudo na vida, quanto mais você pratica esse tipo de curiosidade, mais fácil ele se torna. E as condições para praticar estão quase sempre disponíveis. Agora, hoje ou mesmo nos próximos minutos, você pode tomar uma decisão que vai conduzi-lo na direção certa.

HORA DE APLICAR TUDO ISSO NA VIDA

Assim como a saúde social requer exercícios regulares, a reflexão sobre seus relacionamentos se beneficia de exames periódicos. Não hesite em voltar a fazer isso no futuro. Se sua saúde social não anda tão bem quanto você gostaria, talvez seja bom fazer essas reflexões com ainda maior frequência. Nunca é demais tirar um minuto para refletir sobre como vão seus relacionamentos e sobre o que você gostaria que fosse diferente neles, em especial se você estiver se sentindo pra baixo. Se você é do tipo que gosta de anotar tudo na agenda, torne essas reflexões uma atividade regular. Todos os anos, no dia de ano-novo ou na manhã do seu aniversário, reserve alguns momentos para traçar seu universo social e considere o que está recebendo, o que está oferecendo e onde gostaria de estar no ano seguinte. Você pode manter seu gráfico e seu quadro de relacionamentos em algum lugar bem guardado, ou mesmo aqui neste livro, para saber onde procurá-los da próxima vez que quiser ver se houve alguma mudança. Muita coisa pode acontecer em um ano.

No mínimo, essa reflexão nos lembra o que é mais importante, e isso é sempre uma coisa boa. Repetidas vezes, quando os participantes do Estudo de Harvard chegavam aos 70 ou 80 anos, faziam questão de dizer que o que mais valorizavam eram seus relacionamentos com amigos e familiares. O próprio Sterling Ainsley afirmou isso. Ele amava profundamente sua mãe adotiva e sua irmã – mas perdeu contato com as duas. Algumas de suas melhores lembranças eram de seus amigos – a quem ele nunca procurava. Nada lhe importava mais do que seus filhos – a quem ele raramente via. Para quem olha de fora, pode parecer que ele não se importava. Não era o caso. Sterling demonstrava muita emoção ao relatar seus relacionamentos mais queridos, e a relutância em responder a certas perguntas do Estudo estava claramente ligada à dor causada pela distância que ele manteve ao longo dos anos. Sterling nunca parou para avaliar como poderia conduzir seus relacionamentos ou o que poderia fazer para cuidar devidamente das pessoas que ele mais amava.

Se aceitarmos a sabedoria – e as mais recentes evidências científicas – de que nossos relacionamentos estão de fato entre as ferramentas mais valiosas para manter a saúde e a felicidade, investir tempo e energia neles torna-se uma escolha de vital importância. E um investimento em nossa saúde social não é apenas um investimento em nossa vida como ela é agora. É um investimento que afetará tudo na forma como viveremos no futuro.

5
ATENÇÃO AOS RELACIONAMENTOS
O melhor investimento

O único presente é uma porção de ti mesmo.
Ralph Waldo Emerson[1]

Questionário para o Estudo de Harvard, segunda geração, 2015[2]

```
Parece que estou no "piloto automático", sem ter muita
consciência do que estou fazendo.

    Nunca  Ocasionalmente  Às vezes  Frequentemente  Sempre

Faço minhas atividades sem estar realmente atento a elas.

    Nunca  Ocasionalmente  Às vezes  Frequentemente  Sempre

Presto atenção nas sensações físicas, como o vento no meu
cabelo ou o sol no meu rosto.

    Nunca  Ocasionalmente  Às vezes  Frequentemente  Sempre
```

Imagine que, ao nascer, você tenha recebido todo o dinheiro que vai ganhar na vida. Assim que chega ao mundo, você já tem uma conta bancária em seu nome, e sempre que precisa fazer algum pagamento, os recursos saem dessa conta.

Você não precisa trabalhar, mas tudo que faz custa dinheiro. Alimentos, água, moradia e bens de consumo custam o mesmo de sempre, mas agora até enviar um e-mail exige alguns de seus preciosos fundos. Sentar-se tranquilamente numa cadeira sem fazer nada custa dinheiro. Dormir custa dinheiro. Qualquer situação que você encontra exige dinheiro.

Mas o problema é o seguinte: você não sabe quanto tem na conta e, quando ela acabar, sua vida termina.

Se você se encontrasse nessa circunstância, viveria do mesmo jeito? Faria alguma coisa diferente?

Esse é um cenário hipotético, mas basta mudarmos um elemento-chave para que ele não fique muito longe da nossa situação real como seres humanos. Só que, em vez de dinheiro, nossa única conta tem um *tempo* limitado – e não sabemos quanto é.

Como devemos gastar nosso tempo? Essa é uma pergunta prosaica, mas, devido à brevidade e à incerteza da vida, também é uma pergunta profunda e tem grandes implicações para nossa saúde e felicidade.

Existe um mantra budista que os monges aprendem a usar na meditação. É assim: "Se apenas a morte é certa e a hora da morte é incerta, o que devo fazer?"

Quando você se depara com a certeza inevitável da própria mortalidade, isso impregna o mundo com uma nova perspectiva e coisas diferentes começam a ganhar importância.

Quando conduzimos nossa pesquisa de oito dias com casais do Estudo de Harvard na faixa dos 80 anos, no final de cada entrevista diária fizemos uma pergunta diferente sobre suas perspectivas sobre a vida até aquele momento. O valor do tempo apareceu com destaque em muitas respostas:

> Dia 7: Ao olhar para trás, para tudo que viveu, o que você gostaria de ter feito menos? E o que gostaria de ter feito mais?
>
> Edith, 80 anos: *Gostaria de ter me chateado menos com coisas bobas. Quando ponho tudo em perspectiva, elas não parecem tão importantes. Menos preocupação com essas coisinhas. Mais tempo com meus filhos, meu marido, minha mãe, meu pai.*
>
> Neil, 83 anos: *Gostaria de ter passado mais tempo com minha esposa. Ela morreu justamente quando eu diminuí o ritmo de trabalho.*

Essas são apenas duas entre muitas respostas semelhantes. Quase todos os participantes do Estudo se preocupavam com a maneira como empregavam seu tempo e muitos achavam que não haviam pensado direito naquilo que estavam priorizando. É um sentimento extremamente comum. Somos capturados pelo fluxo dos dias e sentimos que a vida está apenas passando por nós, que ficamos sujeitos ao correr das horas em vez de moldá-las intencionalmente. Como acontece a tanta gente, alguns dos participantes do Estudo chegaram ao estágio final da vida, olharam para trás e tiveram pensamentos como: *Não vi meus amigos o bastante... Não depositei atenção suficiente nos meus filhos... Gastei tempo demais fazendo coisas que não eram importantes para mim.*

Observe os verbos inescapáveis: "gastamos" tempo, "depositamos" atenção.

A linguagem – e talvez o inglês em particular – está tão saturada de jargão financeiro que essas palavras parecem naturais, parecem fazer sentido, mas nosso tempo e nossa atenção são muito, muito mais preciosos do que esses termos sugerem. *Tempo e atenção não são uma moeda de troca. São a essência da nossa vida. Quando oferecemos tempo e atenção, não estamos apenas gastando e depositando. Estamos entregando nossa vida.*

Como escreveu certa vez a filósofa Simone Weil: "A atenção é a forma mais rara e pura de generosidade."[3]

Isso porque a atenção – o tempo – é a coisa mais valiosa que possuímos.

Muitas décadas depois, o mestre zen John Tarrant deu ao insight de Weil uma nova dimensão em seu livro *A luz dentro da escuridão*. "A atenção é a forma mais básica de amor", escreveu ele.[4]

Estamos sinalizando uma verdade difícil de colocar em palavras. Como o amor, a atenção é um presente que flui nos dois sentidos. Quando damos atenção, estamos dando vida, mas também nos sentimos mais vivos nesse processo.

Tempo e atenção são as matérias-primas da felicidade. São a represa de onde flui nossa vida. Isso representa melhor a realidade do que qualquer metáfora financeira. Assim como a água de uma represa pode ser canalizada e enriquecer áreas específicas de uma paisagem, o fluxo da nossa atenção pode animar e enriquecer áreas específicas da nossa vida. Portanto, nunca é demais examinar para onde flui nossa atenção e perguntar se ela está indo para lugares que beneficiam tanto aqueles que amamos quanto a nós mesmos (essas duas coisas em geral andam juntas). Estamos prosperando? As atividades e ocupações que nos fazem sentir mais vivos estão sendo priorizadas? Quem são as pessoas mais importantes para nós? Esses relacionamentos, com todos os desafios, estão recebendo a merecida atenção?

HOJE SEM TEMPO, AMANHÃ COM TEMPO DE SOBRA

Usamos a palavra "atenção" de duas maneiras diferentes.

A primeira acepção tem a ver com *prioridade* e *tempo despendido*. Tem a ver com a *frequência* no gráfico do universo social que vimos no Capítulo 4. Será que estamos priorizando as coisas que são mais importantes para nós, colocando-as no topo da lista quando dividimos nosso tempo?

Falar é fácil, você deve estar pensando, *mas obviamente você não sabe como é minha vida. Eu não posso simplesmente, num passe de mágica, colocar mais horas no meu dia. Estou investindo meu tempo no trabalho para que minha família tenha o que comer e meus filhos tenham roupas para usar na escola. Já estou me esforçando ao máximo, então como posso dedicar um tempo que não tenho?*

É uma boa pergunta. Vamos então falar um pouco sobre o tempo.

Muitas vezes temos dois sentimentos contraditórios sobre nosso tempo disponível. Por um lado, sofremos de uma *fome de tempo* e sentimos que simplesmente não há horas suficientes no dia para fazer tudo que precisamos fazer, muito menos aquilo que *queremos* fazer. Por outro lado, tendemos a pensar que em algum futuro inespecífico teremos um *excesso de tempo*, como se fôssemos chegar a um ponto da vida onde aquelas coisas que sequestram nosso tempo deixarão de nos consumir. Aquela visita aos pais tão adiada, aquele telefonema para um velho amigo, qualquer coisa que costumamos imaginar que acontecerá mais tarde... tudo isso em geral recebe o mesmo tratamento. "Mais tarde haverá muito tempo para isso", pensamos.

É verdade que muita gente relata se sentir muito ocupada e sobrecarregada com responsabilidades e obrigações. À medida que o século XXI avança, parece que temos cada vez menos tempo disponível, e aqueles de nós que se sentem sem tempo são mais estressados e menos saudáveis.[5] Em todas as sociedades as pessoas com menos tempo disponível devem ser aquelas que trabalham mais e mais, correto?

Não é bem assim. Em todo o mundo, a média de horas trabalhadas diminuiu significativamente desde a metade do século passado.[6] Os americanos estão trabalhando, em média, 10% menos do que seus conterrâneos na década de 1950, e em outras nações, como Países Baixos e Alemanha, as horas trabalhadas foram reduzidas em até 40%.

Estamos falando de médias, e existem algumas ressalvas a fazer sobre quem está trabalhando mais e quem está trabalhando menos.[7] Por exemplo, as mães que trabalham fora têm menos tempo de lazer; as pessoas com mais escolaridade tendem a trabalhar mais e a se divertir menos; e aquelas com menos anos de educação formal tendem a ter mais tempo de descanso. Portanto, não é fácil traçar um retrato. Mas os dados são claros: mesmo considerando as ressalvas, as pessoas estão menos ocupadas com o trabalho do que as últimas gerações. Mesmo assim, ainda sentimos que nosso tempo está esticado ao máximo.[8] Por quê?

A resposta a essa pergunta talvez se encontre na segunda acepção da palavra "atenção", que tem a ver com o *modo* como despendemos nosso tempo e, mais especificamente, com *o que nossa mente está fazendo* a cada instante.

PENSANDO NA MORTE DA BEZERRA

Nós dois, Bob e Marc, vivemos a centenas de quilômetros um do outro há mais de duas décadas. Para trabalharmos juntos nos projetos, temos que nos comunicar por telefone ou videochamada. Somos velhos amigos, mas temos que marcar compromissos na agenda, do contrário esses encontros jamais se concretizariam. Quando finalmente chega a hora da reunião, pelo menos uma vez por semana, ambos vemos a ocasião como uma pausa programada numa semana frenética de trabalho. Relaxamos um pouco e baixamos a guarda. E às vezes, após um dia ou uma semana inteira de total concentração, quando finalmente conversamos, nossa mente vagueia um pouco.

Você sabe como é isso. A vida é uma loucura e sempre há um milhão de coisas a fazer. Quando você se senta por um instante com um amigo ou com seus filhos, o conforto e a confiança que existem nesse relacionamento indicam que você não *precisa* prestar atenção total. Afinal, está com pessoas conhecidas. Vocês têm uma rotina juntos, uma interação familiar, e talvez não haja nada particularmente novo a ser dito. Daí sua mente começa a vagar. E, mesmo quando nossa vida não está inundada de preocupações e afazeres, há sempre um vasto fluxo de informações na internet nos chamando. Momentos de ócio no nosso dia são interrompidos pelo toque do celular.

Mesmo enquanto trabalhávamos neste capítulo, discutindo literalmente o ato de prestar atenção, Marc começou a perceber um silêncio familiar do outro lado da linha. Bob havia se distraído.

– Bob... – chamou Marc.
– Pois não?
– Acho que você não estava me ouvindo.

Acontece com todo mundo. Num estudo de 2010, Matthew Killingsworth e Daniel Gilbert usaram a seu favor um dos maiores culpados modernos pela distração – o smartphone – para realizar um imenso estudo sobre o modo como passamos nosso tempo, tanto física quanto mentalmente.[9] Primeiro, eles projetaram um aplicativo que contatava os participantes em horários aleatórios ao longo do dia com perguntas sobre o que eles estavam fazendo, pensando e sentindo, e registrava as respostas. O banco de dados coletou milhões de amostras de mais de 5 mil pessoas de todas as idades e de 86 profissões diferentes em 83 países. As descobertas mostraram que uma pessoa acordada gasta quase a metade do tempo pensando em algo diferente daquilo que está fazendo. Quase a metade! Como apontam os autores do estudo, isso não é apenas uma mania infeliz, mas uma adaptação evolutiva distintamente humana.

Pensar no passado e no futuro nos permite planejar, antecipar e fazer conexões criativas entre diferentes ideias e experiências. Mas o ambiente moderno, com todos os seus estímulos, pode manter nossa mente nesse estado de distração muito além do necessário. Nossa mente não está antecipando, nem fazendo conexões criativas, mas vagando pelo espaço. E o estudo de Killingsworth e Gilbert mostrou claramente o que todos nós meio que já sabíamos – que *uma mente errante está ligada à infelicidade*.

"A capacidade de pensar sobre o que não está acontecendo", escreveram eles, "é uma conquista cognitiva que cobra um preço emocional."

A CORUJA E O BEIJA-FLOR

Essa capacidade cognitiva de lembrar o passado e antecipar o futuro é uma das razões pelas quais alguns de nós se sentem tão ocupados: não é por causa do número de tarefas que devemos concluir durante o dia, mas pelo número de assuntos que competem por nossa atenção. O que conhecemos por "distração" poderia ser mais bem compreendido se fosse chamado de superestimulação.

Descobertas recentes em neurociência mostraram que nossa mente consciente não consegue fazer mais de uma coisa por vez. Você talvez tenha a impressão de ser capaz de realizar várias tarefas simultâneas e pensar em dois (ou mais) assuntos ao mesmo tempo, mas o que acontece na verdade é que sua mente fica se alternando entre as ocupações. É um processo custoso, do ponto de vista neurológico. Passar de uma tarefa a outra exige energia e tempo consideráveis.[10] Depois, quando retornamos à tarefa original, levamos mais um tempinho para que nossa mente se volte para o objeto de atenção. E não se trata apenas do tempo gasto, mas também da qualidade dessa atenção. Se estivermos sempre mudando de um assunto para outro, nunca seremos capazes de realmente focar e experimentar o prazer e a eficácia de uma mente concentrada. Em vez disso, viveremos num estado de reajustes constantes, o que a escritora Linda Stone chama de "atenção parcial contínua".[11]

A consciência humana não é a criatura rápida e ágil que alguns de nós imaginam. Nosso cérebro evoluiu para se parecer mais com uma coruja do que com um beija-flor: notamos algo, voltamos nossa atenção para isso e nos concentramos. É nesse estado de foco intenso e solitário que estamos de posse de nossas faculdades mentais poderosas e exclusivamente humanas. Quando nos concentramos em uma só coisa, ficamos mais reflexivos, criativos e produtivos.

Mas, no ambiente multitelas do século XXI, nossa mente-coruja, grande e desajeitada, é tratada como um beija-flor e acaba pulando de uma coisa para outra de modo pouco eficaz. Fazer isso dia após dia nos acomoda ao que é, na verdade, um modo antinatural, gerador de ansiedade, no qual a mente luta para encontrar alimento.

Qual das corujas se sentiria mais ocupada: aquela que se concentra no som de um rato na neve ou aquela que tenta extrair pedacinhos de néctar de mil flores? E qual das corujas vai ficar mais bem nutrida no fim das contas?

ATENÇÃO EM FAMÍLIA

Uma coisa é saber que nossa atenção vale muito; outra é saber avaliar a atenção que damos aos nossos relacionamentos ao longo da vida.

A título de exemplo, vamos dar uma olhada em Leo DeMarco, o professor do ensino médio que conhecemos no Capítulo 2 e que costuma ser considerado um dos homens mais felizes do Estudo de Harvard. Vejamos como ele administrou seu tempo e sua atenção.

Como todo professor, Leo era ocupadíssimo e vivia com a agenda lotada. Envolvia-se profundamente com seus alunos, mais do que a maioria dos professores, segundo aqueles que o conheciam. Sempre sentia que havia mais a fazer e nunca hesitava em ajudar um aluno em dificuldade. Jamais se esquivava de conversar com um pai preocupado. Envolvia-se também em atividades extracurriculares. Portanto nem sempre se encontrava disponível para seus filhos depois das aulas ou nos fins de semana. A família apreciava sua companhia – ele era um bom ouvinte, sempre com uma piada divertida na ponta da língua –, por isso sua ausência era sentida, e às vezes se perguntavam se Leo valorizava mais o trabalho do que a família.

É verdade que a vida profissional era importante para Leo. As aulas davam sentido à sua vida, e ele disse ao Estudo mais de uma vez que o trabalho o fazia se sentir um membro valioso da comunidade, como se ele significasse algo para aqueles com quem trabalhava e especialmente para seus alunos. Esse tipo de propósito é importante para a felicidade e o bem-estar (veremos mais sobre isso no Capítulo 9) e não é incomum que entre em conflito com outras prioridades, como o tempo em família. Essa disputa por atenção é um desafio complicado que muitos de nós enfrentamos, mas não é intransponível.

A família de Leo não tinha medo de compartilhar seus sentimentos. A esposa, Grace, tocava nesse assunto com ele, assim como as duas filhas e o filho.

Em 1986, sua filha mais velha, Katherine, foi questionada sobre as lembranças mais marcantes que ela guardava do pai e ela falou com grande emoção sobre as viagens de pescaria. Todo verão, quando não estava dando aulas, Leo levava cada criança, uma de cada vez, para uma semana de acampamento e pescaria. Katherine se lembrava do modo como ele era atencioso, não apenas durante a pesca, mas também ao fazer perguntas sobre a vida dela e sobre suas opiniões. Incapaz de dar férias ao professor que existia dentro dele, Leo mostrava como amarrar os anzóis e as boias, falava dos lugares onde os peixes gostavam de se esconder, como fazer uma fogueira e como identificar as constelações no céu noturno. Ele garantiu que todos fossem capazes de acampar e pescar por conta própria, para que pudessem se virar no mato e continuar a tradição com os próprios filhos, caso os tivessem.

Leo deu aos filhos atenção concentrada e também a ofereceu à sua esposa, Grace. Com 80 e poucos anos, Leo falou sobre as atividades que ele e Grace faziam:

Cuidamos do nosso jardim ou apenas caminhamos juntos e conversamos sobre a paisagem. Ontem mesmo fizemos uma caminhada de uns cinco ou seis quilômetros. Estávamos bem agasalhados, no meio da floresta, e parávamos o tempo todo para ver os patos do riacho alçando voo. Tem muito disso na minha vida. São coisas que compartilhamos. Ou às vezes estou lendo um livro, vejo algo que interessa a Grace e sugiro que ela dê uma olhada. E ela faz o mesmo por mim.

Pequenas coisas, pequenos momentos nos dias de Leo e Grace, foram se somando ao longo da vida. "A atenção é a forma mais básica de amor." Não é coincidência que Leo seja um dos membros mais atentos e presentes do Estudo, e um dos mais felizes.

OS MEIOS MODERNOS DE CONEXÃO

Para Leo e outros participantes de primeira geração do Estudo de Harvard que tiveram filhos nas décadas de 1940, 1950 e 1960, a vida on-line que conhecemos no século XXI teria soado como ficção científica. Naquela época eles não precisavam lidar com a onipresença dos smartphones, a natureza insidiosa das redes sociais nem com o excesso opressivo de informações e estímulos. Mas as dificuldades com relacionamentos podiam ser mais parecidas com as que enfrentamos hoje do que pensaríamos a princípio.

Em 1946, um jovem Stanley Kubrick publicou na revista *Look* uma foto que seria muito familiar hoje: um vagão do metrô de Nova York cheio de passageiros com a cabeça baixa, quase todos absortos em... seus jornais. E muitos participantes do Estudo de Harvard original falaram sobre os mesmos sentimentos que costumamos descrever hoje – pelejavam para dar à família a atenção merecida, sentiam-se sobrecarregados pelo trabalho, o mundo parecia estar enlouquecendo e eles se preocupavam com o futuro dos filhos. Lembre-se: 89% dos universitários do Estudo serviram na Segunda Guerra Mundial – um conflito catastrófico cujo resultado, na época, era totalmente incerto – e depois criaram os filhos em meio à Guerra Fria e ao medo generalizado de um desastre nuclear. Dentro de casa, em vez da internet, os pais se preocupavam com o que a televisão estava fazendo com as crianças e com a sociedade em geral. Portanto, embora seus desafios tenham sido diferentes em natureza e escala, e embora a velocidade da mudança cultural tenha sido de certa forma menos frenética do que a que experimentamos hoje, as *soluções* eficazes para nutrir relacionamentos – dedicar tempo e atenção ao momento presente – eram as mesmas. A atenção é a essência da vida e tem imenso valor, não importa a época em que a gente viva.[12]

NOSSA ATENÇÃO ON-LINE

Tecnologias como o smartphone e as mídias sociais desempenham agora um importante papel na nossa vida mais íntima. Muitas vezes, quando nos conectamos com outra pessoa, há um dispositivo e um software entre nós.

Essa é uma situação de vulnerabilidade. Uma incrível quantidade de emoção e de vida está fluindo por essas mídias. O início de um romance, um rompimento, notícias de nascimento e morte, interações comuns de amizade e de qualquer outro tipo de relacionamento são agora filtrados por dispositivos e softwares cujo design sutilmente – e às vezes nem tão sutilmente assim – molda cada movimento. Como isso afeta nossas relações? Nossa felicidade? Essas novas formas de comunicação estão *aprofundando* ou *inibindo* nossa capacidade de nos conectar de maneira significativa?

Respostas definitivas para essas perguntas não são fáceis de encontrar. Cada indivíduo usa essas tecnologias de um jeito diferente e, como em qualquer período de transformação social, é difícil ver a verdadeira natureza da mudança até que tenhamos distância suficiente para olhar para trás. Mas uma coisa é certa: as redes sociais e a vida on-line são complicadas. Há motivos para ter esperança e motivos para preocupação.

O TOMA LÁ DÁ CÁ DAS REDES SOCIAIS

Do lado positivo, quando a mídia social é utilizada para manter relacionamentos com amigos e familiares, ela pode acentuar os sentimentos de conexão e pertencimento.[13] Velhos amigos e colegas com quem perdemos contato no passado estão agora a apenas alguns cliques de distância e novas comunidades surgem todos os dias em torno de interesses e desafios. Alguém com uma doença rara como fibrose cística pode encontrar apoio e conforto na internet e um indivíduo marginalizado por causa de sua orientação sexual, identidade de gênero ou aparência tem a possibilidade de descobrir uma comunidade fora dos confins de sua localização física. Para quem está isolado e numa situação incomum, a internet é uma verdadeira bênção.

Mas há perguntas importantes a fazer, e as respostas têm implicações para o nosso bem-estar pessoal e para a sociedade como um todo. Entre as mais urgentes está a forma como esses espaços virtuais afetam o desenvolvimento de crianças e adolescentes. Como os dados do nosso próprio Estudo de Harvard (e de muitos outros) demonstraram, as primeiras experiências sociais são importantes.[14] O estilo de relacionamento que uma pessoa terá com os outros está ligado ao modo como ela se desenvolveu quando criança. Chamamos esse período inicial de *anos formativos* por um bom motivo (discutiremos mais sobre esse tema no Capítulo 8). Essa interação cada vez mais virtual terá que tipo de impacto na capacidade de os jovens entenderem normas sociais e reconhecerem emoções na vida real? Ou na sua capacidade de conduzir uma conversa com certo tato e expressar emoções adequadamente? Grande parte da comunicação pessoal não tem relação com a linguagem. Será que essas habilidades não verbais estão se atrofiando em contextos virtuais e afetando nossas interações?

Essa é uma rica área de pesquisa em desenvolvimento, e nós mesmos estamos conduzindo alguns projetos sobre o assunto. Os resultados até agora não são conclusivos. É preciso pesquisar muito mais. Mas o que está claro por enquanto é que não podemos presumir que os espaços on-line sejam iguais aos espaços físicos e, especialmente, não podemos presumir que as habilidades sociais que as crianças desenvolvem quando estão juntas, em carne e osso, possam ser desenvolvidas também durante os contatos virtuais.[15]

ISOLAMENTO E CONEXÃO

Em 2020, o mundo foi abalado pela pandemia de Covid-19. A rápida disseminação de um vírus microscópico mudou drasticamente grande parte do modo de vida mundial, separando-nos de nossos amigos, vizinhos e familiares, e testando ao extremo nossas forças psicológicas individuais. As quarentenas levaram as pessoas para dentro de casa e as regras de distanciamento social impediram a maioria das formas de socialização. Restaurantes foram interditados. Locais de trabalho foram fechados. Quase da noite para o dia, videochamadas e mídias sociais se tornaram a única conexão de muitos com o mundo exterior. Foi como um grande experimento global sobre isolamento social e também sobre a natureza da vida on-line.

À medida que as semanas de lockdown se transformavam em meses, as ferramentas on-line começaram a preencher o vazio deixado pela falta de interação no mundo real. Reuniões remotas garantiram a sobrevivência de muitos negócios e permitiram que escolas e universidades mantivessem suas portas (virtuais) abertas. Os serviços religiosos foram realizados on-line. Até casamentos e funerais foram sacramentados virtualmente.

Mas, para aqueles sem acesso à internet, a situação foi mais dura. Diante do isolamento total ou do risco de contágio, muitos optaram pelo risco. Em lares de idosos, onde as redes sociais e as videochamadas eram raras, o isolamento social foi pior do que o vírus, tão prejudicial à saúde dos moradores que se tornou uma causa oficial de morte.[16]

Sem as mídias sociais e as videochamadas, é provável que os efeitos do lockdown na saúde tivessem sido ainda mais graves.

Mas logo ficou claro que essas ferramentas virtuais estavam longe de bastar. Faltava algo no sentimento, na experiência sensorial e no conteúdo emocional daqueles encontros on-line.

A comunicação não é apenas uma troca de informações. O toque humano e a proximidade física têm efeitos emocionais, psicológicos e até biológicos sobre nós. Emoldurada pelas capacidades do software, a experiência de interação social on-line é diferente e muitas vezes mais limitada. Enquanto em tempos normais as limitações da conexão on-line são compensadas por interações presenciais regulares, durante a pandemia essas limitações foram colocadas em duro destaque. Apesar da nossa conexão virtual, transtornos como desespero, depressão e ansiedade aumentaram no primeiro ano da pandemia e os sentimentos de solidão pioraram em algumas comunidades.[17] Mesmo entre os mais bem conectados, muitos começaram a sentir "fome de pele", uma saudade impulsionada pela privação do toque humano. Diante do intenso isolamento, as redes sociais nos ofereceram *alguma coisa*. Mas isso não bastou.

Esse enorme experimento global sobre o isolamento deixou uma coisa bem clara: a presença física de outro ser humano não pode ser simulada por uma máquina. Não há substituto para o contato presencial.

NÃO ROLE A TELA, INTERAJA

As mídias sociais e a interação virtual estão aqui para ficar, e é provável que evoluam de maneiras imprevisíveis. Enquanto observamos como as sociedades em todo o mundo lidam com as mudanças tecnológicas, há algo que possamos fazer na nossa própria vida para acentuar o bem e mitigar o mal?

Felizmente, temos alguns dados sobre isso. A forma como um indivíduo usa essas plataformas importa,[18] e temos algumas recomendações básicas que você pode implementar ainda hoje.

Em primeiro lugar, *interaja com os outros*.

Um estudo importante demonstrou que aqueles que usam o Facebook de forma passiva, apenas lendo e rolando a tela, sentem-se pior do que aqueles que se envolvem ativamente entrando em contato com outras pessoas e comentando postagens.[19] Uma conclusão semelhante foi apresentada por um estudo na Noruega, um dos países "mais felizes" do planeta.[20] Os noruegueses usam muito o Facebook, especialmente as crianças, e um estudo descobriu que aquelas que usavam o Facebook principalmente para se comunicar tinham sentimentos mais positivos. Aquelas que usavam principalmente para observar experimentavam sentimentos mais negativos. Essas descobertas não são tão surpreendentes: agora sabemos que aqueles que se comparam com os outros com mais frequência são menos felizes.[21]

Como já dissemos aqui, estamos sempre comparando nosso interior com o exterior de outras pessoas, sempre comparando nossas próprias experiências de altos e baixos, dias bons e ruins, sentimentos de confiança e insegurança, com a versão bem editada da vida que os outros nos mostram. Isso se torna mais evidente nas redes sociais, onde somos rápidos em postar fotos alegres num restaurante ou na praia, mas raramente fazemos um contraponto com a realidade de discussões à mesa de jantar ou de ressacas cruéis. Esse desequilíbrio significa que, quando comparamos nossa vida com as fotos que os outros exibem nas redes sociais, tendemos a sentir que somente os outros estão desfrutando de uma vida boa.

Em segundo lugar, *observe-se ao usar as mídias sociais.*

Quando se trata de mídia social, não existe um tamanho único. O que serve a outra pessoa pode não servir a você. Por isso é importante saber como você se sente com seus hábitos on-line. Fica revigorado depois de passar meia hora navegando pelo Facebook? Tem a sensação de estar esgotado depois de uma longa jornada pela internet? Reservar um momento para observar suas mudanças de humor e de perspectivas depois de um período no Facebook ou no Twitter pode lhe indicar a direção certa. Da próxima vez que você se encontrar preso à sua cadeira por uma tela, pare um segundo e verifique como está se sentindo.

Em terceiro lugar, *verifique como sua relação com as mídias sociais está sendo vista por aqueles que são importantes para você.* Pergunte à pessoa amada como ela se sente quando você está mexendo no celular. Seus hábitos on-line estão afetando seu relacionamento?[22] Há certos momentos ou certas atividades – no café da manhã, depois do jantar, no carro – em que seu cônjuge sente falta da sua presença e da sua atenção total? E seus filhos? As pessoas mais velhas tendem a presumir que é principalmente a garotada que fica grudada nas telas, mas não é incomum que as crianças se queixem da obsessão dos pais pelos smartphones. É algo que nem sempre se percebe com facilidade. Talvez você tenha que fazer algumas perguntas.

Por fim, *tire férias da tecnologia*. Isso vai variar dependendo do seu estilo de vida, mas fazer questão de eliminar a tecnologia por curtos períodos pode revelar como ela afeta você. Na ciência, para que qualquer efeito possa ser visto claramente, usamos um grupo de controle que será comparado ao grupo de tratamento. Na sua vida, um período de controle talvez seja necessário. Qual é a sensação de não entrar numa rede social por quatro horas seguidas? Quando fica mais distante do celular, você dá mais atenção às pessoas que ama? Depois de um dia longe das redes sociais, você se sente menos sobrecarregado e menos disperso?

Sempre que pegamos um smartphone ou acessamos a internet, aumentamos nosso alcance potencial e nos expomos a vulnerabilidades. O melhor que cada um de nós pode fazer é tentar entender como os dois lados dessa equação funcionam na sua própria vida e se esforçar para maximizar o bem e mitigar o mal.

Para tanto, temos uma vantagem crucial sobre todos os gigantes da tecnologia: a guerra por nossa atenção está sendo travada em nosso próprio território; literalmente, em nossa mente. E é aí que essa guerra pode ser vencida.

ESTAR (E PERMANECER) ALERTA

> O momento presente é o único tempo sobre o qual temos domínio.
>
> Thich Nhat Hanh[23]

Esses dilemas de atenção podem parecer exclusivos da modernidade, mas em sua essência são antigos, apareceram milênios antes da internet e têm soluções também de longa data.

Em 1979, Jon Kabat-Zinn adaptou antigas práticas de meditação budista para um curso de oito sessões com o objetivo de reduzir os sentimentos de estresse de pacientes terminais e daqueles que sofriam com dor crônica. Ele chamou o curso de "Redução do Estresse Baseada em Mindfulness", e seu sucesso terapêutico levou a palavra *mindfulness* (ou atenção plena) a se tornar o termo quase onipresente da atualidade. Muitas pesquisas apoiam sua eficiência e muitas faculdades de medicina oferecem hoje em dia treinamento em mindfulness.[24]

Em sua essência, a prática da atenção plena consiste em estar alerta e compenetrado. Kabat-Zinn frequentemente define mindfulness da seguinte forma: "A consciência que surge ao prestar atenção intencionalmente no agora, sem julgar as coisas como elas são."[25] Quando fazemos um esforço consciente para prestar atenção nas sensações do nosso corpo e no que está acontecendo ao nosso redor, e ao fazê-lo sem a abstração e o filtro do julgamento, nosso pensamento e nossa experiência entram em sincronia com a circunstância que estamos vivendo agora. A mente humana tem tendência a escapulir. O objetivo da atenção plena é trazê-la de volta para casa, para o momento presente.

Ao longo dos anos, aspectos do mindfulness foram permeando a cultura e sua comercialização massiva levou alguns a desconfiarem dessas práticas. Mas os conceitos centrais existem há séculos e fazem parte de muitas tradições culturais. O objetivo é simplesmente manter um grau de atenção cotidiana. Até as Forças Armadas dos Estados Unidos se interessam por mindfulness e por aprender a manter o foco, porque estar alerta ao momento é uma questão de vida ou morte para um soldado.[26]

O mesmo pode ser dito para o restante de nós. Estar alerta é a sensação de estar realmente vivendo. Momentos acumulados no piloto automático (por exemplo, horas no deslocamento diário, mais outras tantas navegando na internet, e as rotinas automáticas de acordar e dormir) contribuem para a sensação de que a vida está passando e não estamos vendo.

Quando aprendemos a prestar atenção no que acontece à nossa frente, ganhamos mais do que as sensações da vida. Aumentamos nossa capacidade de agir. Paramos de pensar no que já aconteceu, no que pode acontecer, no que temos que fazer depois, e passamos a ficar atentos ao momento atual, que é quando qualquer ação deve ocorrer. Se nossa intenção é a conexão com os outros, estar presente é o que torna isso possível.

Um momento de mindfulness não precisa ser um ato extenuante de meditação. Precisamos apenas parar, prestar atenção e perceber as coisas como elas são. Uma quantidade incrível de informações está disponível em cada momento fugaz da nossa vida. Você pode sentir isso agora mesmo, no lugar onde está. Pode perceber o peso deste livro na sua mão, a sensação da página (ou do dispositivo que está usando para lê-lo ou ouvi-lo), o movimento do ar na sua pele ou o jogo de luz no chão do cômodo. Ou pode tentar fazer a si mesmo esta adorável pergunta, que é útil em qualquer situação, a qualquer momento: *O que há aqui que eu nunca havia notado antes?*

A expressão "atenção plena" é infeliz de certa forma, porque seu significado pode não ser evidente para algumas pessoas. Parece sugerir que se trata de pensar nas coisas certas; parece dizer que, se estivermos atentos, nossa mente estará "plena" dos pensamentos corretos.

É mais simples do que isso.

Como demonstrou o estudo de Gilbert e Killingsworth, na maioria das vezes nossa mente já está cheia de pensamentos – sobre nós mesmos, o futuro e o passado. Esse tipo de raciocínio empurra nossa mente para um túnel estreito feito de pensamentos e preocupações, isolado da experiência imediata; um lugar um tanto escuro e claustrofóbico.

O momento presente é grande e espaçoso, se assim permitirmos. Mesmo quando contém experiências tristes ou assustadoras, esse momento inclui bem mais do que o conteúdo da nossa mente. O sentimento de estar verdadeiramente vivo vem da atenção dedicada apenas ao que está acontecendo bem diante de nós. Tem a ver com perceber as sensações – o nosso corpo, as coisas que vemos e ouvimos, a presença das pessoas que estão conosco – e usá-las para deixar de pensar em outras coisas e lugares. Significa emergir do túnel da nossa mente, desembocando na vastidão do agora, o único lugar onde existe alguém ou alguma coisa.

Como o espiritualista Ram Dass explicou com simplicidade, a ideia é "estar aqui agora".

ESFORÇO NOTA 10

Aquela mesma pergunta – *O que há aqui que eu nunca havia notado?* – pode ser extraordinariamente poderosa quando aplicada a alguém. *O que eu não tinha reparado antes nessa pessoa?* Ou: *O que essa pessoa está sentindo que eu ainda não tinha percebido?* Isso faz parte daquela curiosidade radical sobre a qual falamos no Capítulo 4.

Na maioria das vezes, deixamos de perceber *um bocado* da experiência do nosso interlocutor. Em qualquer interação e em qualquer relacionamento (por mais próximo que seja), há uma enorme quantidade de sentimentos e informações que não captamos. Mas, no fim das contas, o que seria mais importante: saber até que ponto estamos certos sobre o que o outro está sentindo ou o grau de curiosidade que temos em torno de sua experiência?

Em 2012, nós dois conduzimos um estudo para resolver essa questão.[27] Se você já teve uma conversa difícil com a pessoa amada, sabe como isso pode ser complicado e quantos mal-entendidos podem acontecer. Assim, recrutamos 156 casais de diversas origens e pedimos a cada parceiro que resumisse em uma ou duas frases algo sobre o relacionamento que os tivesse frustrado, irritado ou decepcionado no mês anterior (por exemplo, o par não tinha cumprido determinada promessa, não tinha compartilhado informações sobre um evento importante, não tinha feito uma tarefa doméstica que lhe coubesse). Em seguida, reproduzimos a gravação de cada parceiro para que o casal iniciasse uma discussão e tentasse entender melhor o ocorrido.

Os participantes não sabiam, mas estávamos rastreando a importância da empatia. O que queríamos saber era o seguinte: é mais importante compreender *precisamente* os sentimentos da outra pessoa ou é mais importante que ela perceba que estamos nos *esforçando para entender*?

Após essa dinâmica, questionamos os participantes sobre os sentimentos que haviam emergido durante a conversa. Também fizemos uma série de perguntas sobre as intenções e motivações da outra pessoa, inclusive até que ponto eles achavam que seu par se esforçava para compreendê-los.

Imaginávamos que a *precisão empática* – a capacidade de entender exatamente os sentimentos do outro – estaria associada a maior satisfação no relacionamento. Essa correlação certamente existia; é muito bom ser capaz de compreender o que o outro sente.

Só que mais importante do que isso, especialmente para as mulheres, era o *esforço empático* envolvido. Quando achamos que o outro está se esforçando de verdade para nos compreender, vemos de maneira mais positiva as discussões e o relacionamento, independentemente de nossos sentimentos serem decifrados com precisão.

Simplificando: entender outra pessoa é ótimo, mas *tentar entender* já ajuda muito a construir um vínculo.

Algumas pessoas fazem isso de maneira automática, mas também podemos fazer um esforço intencional para entender os outros. É uma atitude que não precisa ser natural logo no início, mas que vai ficando mais fácil à medida que praticamos. A próxima vez que tiver oportunidade, tente fazer a si mesmo as seguintes perguntas:

Como essa pessoa está se sentindo?
O que essa pessoa está pensando?
Estou deixando de perceber algo aqui?
Como eu me sentiria no lugar dessa pessoa?

E, sempre que possível, deixe que saibam que você está interessado em ouvir e tentando entender – um pequeno esforço que pode ter um impacto enorme.

LEO TIRA 8,5 NO QUESITO ESFORÇO

Leo talvez não tenha sido o participante do Estudo a passar *mais tempo* com seus familiares, mas ao longo dos anos ele se esforçou para melhorar nesse aspecto. Queria que cada segundo em família valesse a pena. Isso não significava sair em aventuras espetaculares ou em viagens internacionais. Também não significava que cada momento em família era incrivelmente empolgante. Não. Ele dava atenção aos filhos e à esposa, e fazia isso com certa regularidade. Estava disponível para eles. Ouvia, fazia perguntas e procurava ajudar sempre que possível.

Perguntamos a ele o que o havia atraído em sua esposa quando se conheceram, no ensino médio, e ele listou uma série de qualidades: inteligência, leveza e algo misterioso que ele não conseguia identificar muito bem:

– Tinha alguma coisa que simplesmente me agradava nela. Gostei dela desde o começo.

Mas, quando perguntamos o que ele achava que *ela* apreciava *nele*, a pergunta o surpreendeu.

– Bem, nunca pensei sobre isso, para ser honesto – respondeu. Ele estava tão interessado em Grace que não tinha pensado em como era visto por ela.

Esse foco no mundo exterior é um tema recorrente na vida de Leo. Quando toda a família se reunia, ele gostava de ser um espectador. Divertia-se ao observar os relacionamentos em seu estado natural e a forma como cada um interagia com ele e com os outros. Esses relacionamentos infundiam energia em sua casa.

– Isso torna a vida maravilhosa – disse ele.

Leo teve sorte. A curiosidade, a atenção aos outros e a autoconfiança eram naturais para ele. São qualidades que não vêm tão naturalmente para todo mundo. Alguns de nós precisam fazer um esforço mais deliberado para isso. Mesmo Leo, que permaneceu atento à esposa ao longo da vida, não mostrou a mesma proatividade para manter o vínculo com os filhos. Ele começou a falar cada vez menos com eles e a lhes dedicar menos atenção depois que saíram de casa. Quando Rachel, sua caçula, estava na casa dos 30 anos, ela escreveu uma mensagem espontânea no questionário de segunda geração:

> Adoro meus pais. Este ano percebi que eu precisava arranjar tempo para estar com eles, especialmente para trocar ideias com meu pai. Ele sempre deixou as conversas a cargo da minha mãe. Mas hoje em dia fico conversando com ele até tarde da noite. Estamos muito mais próximos.

Esse comentário é muito revelador. A família DeMarco era unida, é verdade, mas às vezes isso não bastava. Depois de adulta, Rachel perdeu um pouco dessa proximidade com os pais e não gostou nada disso. Precisou tomar a iniciativa de arranjar tempo para eles e para alimentar o relacionamento com o pai. Eles já tinham a capacidade de se comunicar e de estar próximos em família, mas ainda assim era preciso esforço e planejamento. A proximidade não acontecia sozinha. A vida é agitada. Muitas coisas atrapalham e é fácil se tornar passivo e se deixar levar pelo fluxo dos dias. Rachel tomou a decisão de nadar contra a correnteza da vida e se reconectar com o pai.

A escolha de Rachel não surgiu do nada. Leo não deve ter se dado conta disso quando era um jovem pai, mas estava plantando as sementes da conexão que mais tarde alimentariam a ele e seus filhos. Rachel e os outros irmãos aprenderam que essa ligação com o pai era uma coisa boa e lhes despertava um sentimento especial que não obteriam com facilidade de mais ninguém. Sabiam disso por causa dos esforços anteriores de Leo.

Bem no final de seu questionário, Rachel fez uma última observação para os pesquisadores do Estudo:

> P.S.: Desculpem a demora, mas eu moro na montanha, no meio do mato, sem água encanada, sem eletricidade... Um pouco isolada!

Ao que parecia, aqueles acampamentos com o pai tinham surtido um efeito duradouro...

A pesquisa e a família DeMarco nos revelam algumas consequências naturais da atenção bem direcionada: amor e consideração recíprocos, noção de pertencimento e satisfação geral com os relacionamentos humanos – o que, por sua vez, leva a relacionamentos mais positivos e saúde melhor. No caso de Leo e da família DeMarco, a atenção que dedicavam uns aos outros parece ter tido um grande impacto sobre a vida de todos eles.

UM POUCO MAIS DE ATENÇÃO A CADA DIA

Você já identificou as pessoas com quem gostaria de passar mais tempo. Agora considere uma questão mais profunda: das pessoas que você vê com mais frequência, quem recebe sua total *atenção*?

Essa pergunta pode ser mais capciosa do que parece. Muitas vezes acreditamos que estamos dedicando a alguém nossa atenção integral, mas com todas as nossas ações e reações automáticas fica difícil saber ao certo. Talvez seja necessário um autoexame minucioso para avaliar se nossa atenção está sendo direcionada às pessoas mais importantes.

Há muitas maneiras de fazer isso, dependendo das circunstâncias, mas apresentamos a seguir um passo a passo bem simples.

Primeiro pense em um ou dois relacionamentos que enriqueçam sua vida e que talvez careçam de uma atenção extra. Se você preencheu o gráfico do universo social no Capítulo 4, dê mais uma olhada nele e se pergunte: *Que atitude eu poderia tomar hoje para dar atenção e carinho a quem merece?*

Em segundo lugar, considere realizar algumas mudanças no seu dia a dia. É possível abrir espaço na agenda ou se livrar de distrações para passar mais tempo com as pessoas que você mais ama? Por exemplo, que tal manter os aparelhos eletrônicos longe da mesa de jantar? Existem horários específicos que você poderia dedicar a determinada pessoa a cada semana ou mês? É possível reservar um horário para tomar um café ou passear com um ente querido ou um novo amigo? Os móveis da sua casa podem ser organizados de modo a favorecer a conversa em detrimento do tempo de tela?

Por fim, aprofunde o que você já aprendeu no Capítulo 4 e demonstre mais curiosidade quando estiver com pessoas queridas, em especial com aquelas que você talvez não valorize tanto justamente por estarem sempre ao seu lado. Isso requer prática, mas não é difícil. *"Como foi seu dia?"* – *"Foi bom."* Suas conversas não precisam se limitar a isso. O que motivará as pessoas a responder com mais profundidade será seu interesse sincero em ouvir a resposta. Puxe assunto com mais descontração: *"O que aconteceu hoje de mais divertido?"* Ou: *"Quais foram as surpresas que você teve hoje?"* E, quando alguém der uma resposta superficial, vá mais fundo: *"Será que você poderia me falar mais sobre isso? Achei muito interessante e queria entender melhor..."* Tente se colocar no lugar da pessoa e imaginar o que ela viveu. Conversas envolventes costumam começar com uma simples mudança de perspectiva, e a curiosidade pode ser contagiante. Talvez você descubra que quanto mais interessado estiver nos outros, mais eles se interessarão por você. É um processo mais divertido do que você imagina.

A vida corre sempre o risco de passar despercebida. Se os dias, meses e anos parecem estar passando rápido demais, a solução pode estar na atenção que você dedica a eles. Dar sua atenção total a cada instante é um jeito de aproveitar a vida sem usar o piloto automático. Reparar em alguém é uma forma de respeito à pessoa à sua frente. E observar a si mesmo, seu movimento pelo mundo, onde você está agora e onde gostaria de estar amanhã pode ajudá-lo a identificar quem são as pessoas e atividades que mais precisam da sua atenção. A atenção é o seu bem mais precioso, e escolher como investi-lo é uma das decisões mais importantes a se tomar. A boa notícia é que essa decisão pode ser tomada agora mesmo, neste exato momento e em cada instante da sua vida.

6
SEGURANDO O ROJÃO
Como se adaptar aos desafios interpessoais

> Há uma fenda, uma fenda em tudo.
> É assim que a luz penetra.
>
> Leonard Cohen[1]

Questionário do Estudo de Harvard, 1985, seção VI

> P8: Qual é a sua filosofia para superar os momentos de dificuldade?

Todos que conheciam Peggy Keane aos 26 anos achavam que ela estava bem encaminhada na vida. Tinha uma carreira promissora e uma família amorosa. Lemos sobre ela no Capítulo 3, quando escreveu sobre seu casamento com "um dos homens mais legais do planeta". Mas essa imagem que ela tinha da própria vida não correspondia à realidade mais profunda. Poucos meses depois de casada, a vida de Peggy virou de cabeça para baixo quando ela reconheceu para si mesma, para seu marido e para sua família que era homossexual. Peggy escondeu essa verdade sobre si mesma durante anos e, quando finalmente decidiu encará-la, seu mundo inteiro pareceu desabar. Ela se sentiu sozinha, sem energia, sem recursos. Foi o momento mais difícil de sua vida. Quando voltou a si depois daquele período de confusão e desespero, ela olhou em volta e pensou: *E agora? A quem posso recorrer?*

Ao longo de todo este livro enfatizamos que os relacionamentos são fundamentais não apenas para enfrentar dificuldades grandes e pequenas, mas para superá-las e prosperar diante delas. George Vaillant resumiu bem esse ponto quando escreveu: "Existem dois pilares da felicidade revelados [pelo Estudo de Harvard]... Um é o amor. O outro é encontrar uma forma de lidar com a vida sem afastar o amor."[2]

É nos relacionamentos – especialmente nos mais íntimos – que encontramos os ingredientes de uma boa vida. Mas chegar lá não é tão simples. Quando examinamos os 84 anos do Estudo de Harvard, vemos que os participantes mais felizes e saudáveis têm sido aqueles com os melhores relacionamentos. Mas, quando examinamos seus piores momentos, percebemos que muitos envolvem os relacionamentos *também*. Divórcios, morte de entes queridos, problemas com drogas e álcool pondo à prova relacionamentos importantes... muitos dos momentos mais difíceis na vida dos participantes resultaram do amor e da proximidade com outras pessoas.

Esta é uma das grandes ironias da vida: as pessoas que nos fazem sentir mais vivos e que nos conhecem melhor são justamente aquelas capazes de nos infligir as feridas mais profundas – e milhões de canções, filmes e obras literárias estão aí para provar isso. Mas isso não quer dizer que as pessoas que nos magoam sejam más nem que, quando magoamos alguém, fazemos isso de propósito. Às vezes não há culpa. À medida que trilhamos nosso caminho, podemos ferir uns aos outros sem querer.

Esse é o dilema que enfrentamos como seres humanos, e o modo como lidamos com as dificuldades muitas vezes define o curso da nossa vida. Devemos segurar o rojão? Ou enterrar a cabeça na areia?

E Peggy, o que fez?

Avancemos até março de 2016, pouco depois de Peggy completar 50 anos. Vejamos como as coisas funcionaram para ela.

Peggy tinha passado toda a década de 1990 concentrada em sua carreira. Concluíra um mestrado e começara a lecionar. Depois de um curto relacionamento e um período solteira, Peggy finalmente se apaixonou por uma mulher em 2001 e manteve com ela um relacionamento duradouro. Nas palavras de Peggy, era uma relação "muito feliz, calorosa e confortável".

Mas em 2016 ela vinha enfrentando alguns problemas no trabalho, e o estresse estava afetando sua vida pessoal:

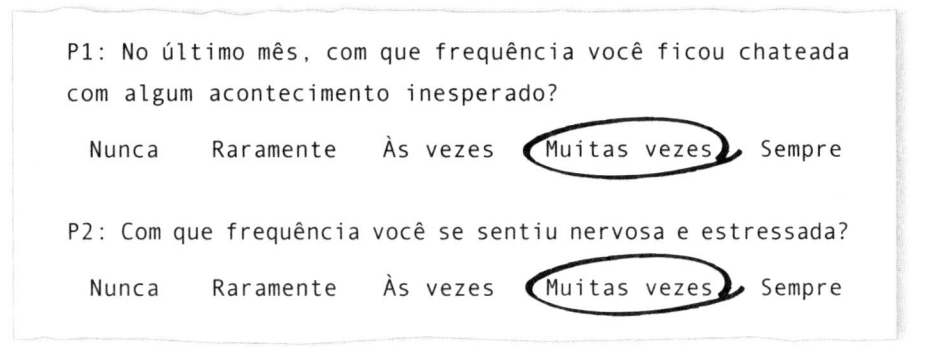

P1: No último mês, com que frequência você ficou chateada com algum acontecimento inesperado?

Nunca   Raramente   Às vezes   **(Muitas vezes)**   Sempre

P2: Com que frequência você se sentiu nervosa e estressada?

Nunca   Raramente   Às vezes   **(Muitas vezes)**   Sempre

Embora estivesse sob pressão, Peggy não estava particularmente preocupada:

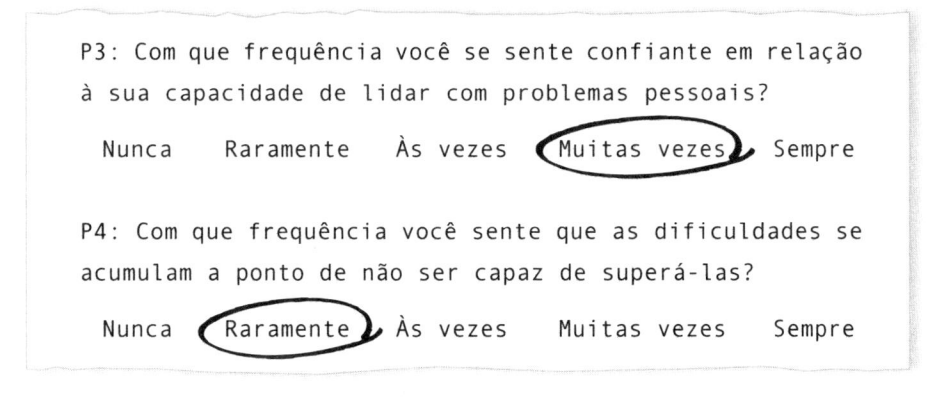

P3: Com que frequência você se sente confiante em relação à sua capacidade de lidar com problemas pessoais?

Nunca   Raramente   Às vezes   **(Muitas vezes)**   Sempre

P4: Com que frequência você sente que as dificuldades se acumulam a ponto de não ser capaz de superá-las?

Nunca   **(Raramente)**   Às vezes   Muitas vezes   Sempre

O que levava Peggy a lidar tão bem com os problemas? Grande parte dessa confiança vinha de seus amigos e familiares:

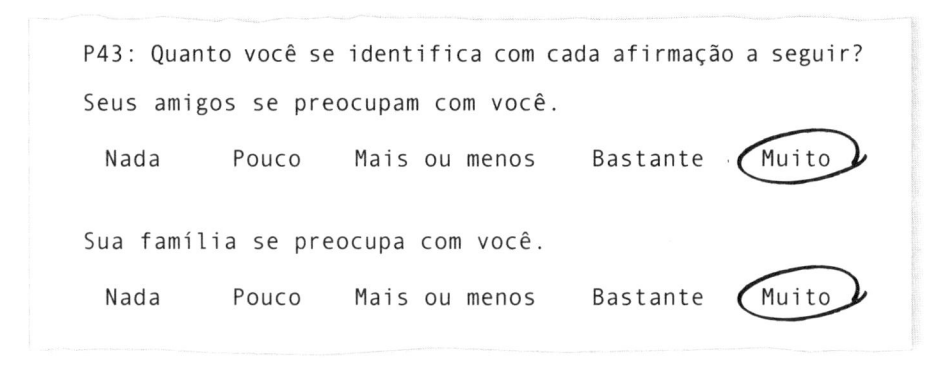

P43: Quanto você se identifica com cada afirmação a seguir?

Seus amigos se preocupam com você.

Nada   Pouco   Mais ou menos   Bastante   **(Muito)**

Sua família se preocupa com você.

Nada   Pouco   Mais ou menos   Bastante   **(Muito)**

> Seus amigos ajudam você com problemas sérios.
>
> Nada   Pouco   Mais ou menos   Bastante   (Muito)
>
> Sua família ajuda você com problemas sérios.
>
> Nada   Pouco   Mais ou menos   Bastante   (Muito)

Peggy passou por maus bocados e conseguiu superá-los graças à ajuda de seus relacionamentos. Por causa de seu envolvimento total com as pessoas próximas, ela viveu, como dizem os zen-budistas, "as dez mil alegrias e as dez mil tristezas".

À medida que trilhamos nosso caminho, uma das poucas coisas de que podemos ter absoluta certeza é que enfrentaremos dificuldades na vida e nos relacionamentos, desafios para os quais nem sempre nos sentiremos preparados. Duas gerações de participantes do Estudo de Harvard demonstram isso muito bem. Não importa quão sábios, experientes ou capazes somos, às vezes nos sentiremos em desvantagem. No entanto, se estivermos dispostos a encarar os problemas, poderemos realizar muita coisa. "Não dá para interromper o movimento das ondas", escreveu Jon Kabat-Zinn, "mas podemos aprender a surfar."

No Capítulo 5 falamos sobre a importância de se concentrar no momento presente e sobre o incrível valor da atenção. A questão agora é a seguinte: o que acontece quando estamos totalmente presentes, envolvidos com as pessoas à nossa volta e enfrentando grandes desafios? A vida acontece momento a momento. É preciso segurar o rojão a cada instante, a cada interação, a cada sentimento.

Este capítulo é sobre escolhas e interações momentâneas. É sobre enfrentar os desafios e se adaptar a eles. É sobre usar todos os recursos à nossa disposição para encarar as ondas que se levantam sobre nós e aprender a surfar.

REFLEXOS E REFLEXÕES

Muitas dificuldades interpessoais decorrem de velhos hábitos. Ao longo da nossa vida, desenvolvemos comportamentos tão automáticos que nem percebemos mais. São meros reflexos. Ora evitamos determinados sentimentos, ora somos tão sobrepujados pela emoção que agimos irrefletidamente.

Quando um médico bate em nosso joelho no ponto certo, nossos nervos reagem e o pé se levanta. É um reflexo que não depende de qualquer tipo de pensamento ou esforço consciente. As emoções muitas vezes parecem nos afetar da mesma maneira. Muitas pesquisas já demonstraram que, assim que uma emoção é provocada, nossas reações a ela são quase automáticas. As reações emocionais são complexas, mas incluem o que os pesquisadores chamam de "tendência de ação" – o impulso de se comportar de determinada maneira. O medo, por exemplo, inclui o impulso de fugir. As emoções evoluíram para permitir respostas rápidas, principalmente quando nos sentimos ameaçados. Quando os seres humanos viviam na natureza selvagem, as tendências de ação estavam fortemente ligadas à sobrevivência. Hoje em dia as coisas não são tão óbvias assim.

Na faculdade de medicina, Bob acompanhou dois casos que evidenciaram uma diferença crucial na maneira de lidar com o estresse. Cada caso envolvia uma mulher com mais de 40 anos que tinha encontrado um nódulo no seio. Vamos chamá-las de Abigail e Lucia. A reação inicial de Abigail ao nódulo foi não lhe dar importância e não contar a ninguém. Não devia ser nada, decidiu ela. Era pequeno e, fosse o que fosse, não era grave. Ela não queria incomodar o marido ou seus dois filhos, que estavam na faculdade e se ocupavam com a própria vida. Afinal, ela se sentia bem e tinha outras coisas com que se preocupar.

A reação inicial de Lucia foi de alarme. Ela contou ao marido e, depois de uma rápida conversa, os dois concordaram que ela deveria ligar para a médica e marcar uma consulta imediatamente. Em seguida, Lucia ligou para a filha e contou o que estava acontecendo. Enquanto esperava os resultados da biópsia, ela fez o possível para tirar o problema da cabeça. Tinha uma carreira e outras coisas para resolver. Mas a filha ligava todos os dias e seu marido a cercava de tanta atenção que ela chegou a se sentir sufocada.

Abigail e Lucia estavam reagindo a um incrível fator de estresse da maneira que era mais natural para elas. É o que todos nós fazemos. As reações habituais, os padrões de pensamento e de comportamento que surgem quando ocorrem eventos estressantes, são o que os psicólogos chamam de *estilos de enfrentamento*.

Nossos estilos de enfrentamento afetam o modo como lidamos com todos os desafios que surgem em nosso caminho, desde um pequeno desentendimento até uma grande catástrofe, e boa parte disso tem a ver com nossa relação com os outros. Procuramos ajuda? Aceitamos ajuda? Decidimos nos fechar e sofrer em silêncio? Qualquer que seja nosso estilo de enfrentamento, ele tem impacto sobre as pessoas ao nosso redor.

Os estilos de enfrentamento das duas mulheres que Bob observou em sua formação clínica não poderiam ser mais diferentes. Abigail administrou o medo entrando em negação e *evitando* a dificuldade. Não envolveu seus entes queridos e não tomou nenhuma atitude. Considerou que a situação tinha o potencial de se tornar um fardo para os outros. Lucia também sentiu medo, mas o usou para *encarar* a dificuldade e tomar as medidas necessárias para preservar sua saúde. Considerou a situação como algo maior do que ela mesma, algo que a família deveria enfrentar unida. Ela se *debruçou* sobre a situação, lidou com ela diretamente, mas também permaneceu flexível, gerenciando o fluxo e refluxo das outras demandas de sua vida.

No fim das contas, as duas mulheres tinham câncer. Abigail nunca contou à família ou à sua médica o que havia encontrado e ignorou o caroço até começar a se sentir mal. Só que já era tarde demais, e o câncer acabou tirando sua vida. Lucia descobriu o câncer cedo, passou por um longo tratamento e sobreviveu.

São exemplos extremos, mas essa discrepância marcou Bob pela clareza da mensagem: as consequências podem ser enormes diante da incapacidade ou da recusa de encarar os desafios da vida e buscar apoio em outras pessoas.

SEGURAR O ROJÃO OU ENTERRAR A CABEÇA NA AREIA

O caso de Abigail não é nada incomum. Marc ajudou a conduzir dois estudos diferentes projetados para ajudar mulheres com câncer de mama a lidar mais diretamente com seus medos e obter apoio de pessoas importantes em suas vidas. Entre essas mulheres, era comum a reação inicial de Abigail – a *evitação*.

Muitas vezes é mais fácil fechar os olhos e não enfrentar o que nos incomoda. Mas fazer isso pode ter consequências imprevistas, principalmente onde a evitação mais costuma acontecer: em nossos relacionamentos pessoais.

Muitos estudos mostraram que, quando evitamos os desafios num relacionamento, o problema não desaparece; costuma piorar.[3] O problema original continua se infiltrando na relação e pode se desdobrar em inúmeras outras questões.

Isso está claro para os psicólogos há muito tempo, mas o que ficou menos claro é como esse tipo de evitação nos afeta ao longo da vida. A tendência de evitar os desafios nos afeta apenas a curto prazo ou há consequências mais duradouras?

Para entendermos melhor essa questão, observamos os dados do Estudo de Harvard e nos perguntamos: *O que acontece ao longo da vida quando um participante tende a encarar as dificuldades e quando tende a evitar os problemas?* Descobrimos que a evitação na meia-idade estava associada a consequências negativas mais de trinta anos depois. Pessoas cuja reação natural era evitar ou ignorar as dificuldades tinham memória pior e estavam menos satisfeitas com a vida na velhice do que aquelas que tendiam a enfrentar os problemas diretamente.[4]

Claro, a vida está sempre nos trazendo novos e diferentes desafios. O que deu certo ontem pode não funcionar hoje. Diferentes tipos de relacionamento exigem diferentes habilidades. A piada que serviu para fazer as pazes com seu filho provavelmente não vai funcionar com o vizinho que pede para você conter seu cachorro. Você pode apaziguar uma discussão acalorada em casa apenas segurando a mão do seu cônjuge, mas no trabalho o mesmo gesto talvez não agrade seu chefe. Precisamos desenvolver uma variedade de ferramentas e escolher a ideal para cada desafio.

As pesquisas nos ensinam que há vantagens na flexibilidade.[5] No Estudo de Harvard, vemos homens e mulheres incrivelmente obstinados. Eles estabeleceram maneiras de reagir às dificuldades e se apegaram a elas. Em algumas situações, mantêm o controle, mas em outras talvez fiquem perdidos.

Não era incomum na década de 1960, por exemplo, que os participantes da primeira geração do Estudo tivessem dificuldades em encontrar pontos em comum com seus filhos baby boomers. Essa incapacidade de adaptação lhes causava estresse.

– Não gosto desse movimento hippie – disse Sterling Ainsley ao Estudo em 1967. – Isso me tira do sério. – Ele acabou se distanciando dos filhos, incapaz de sentir curiosidade por suas diferentes visões de mundo.

Cada um de nós cultivou determinadas estratégias de enfrentamento ao longo da vida e elas podem se tornar extremamente rígidas. Esse tipo de "força" pode, na verdade, nos tornar mais frágeis. Num terremoto, as estruturas mais resistentes e rígidas não são as que permanecem de pé. Na verdade, costumam ser as primeiras a desmoronar. A engenharia descobriu isso, e as normas de construção agora exigem flexibilidade em grandes estruturas, de modo que os edifícios sejam literalmente capazes de balançar com o movimento da Terra. O mesmo acontece com os seres humanos. Ser capaz de se movimentar com a mudança das circunstâncias é uma habilidade importantíssima a ser aprendida. Isso pode determinar se atravessaremos uma intempérie com pequenos danos ou se vamos desmoronar.

Não é fácil mudar nossa maneira automática de reagir. Existem pessoas brilhantes no Estudo de Harvard – verdadeiros cientistas – que nunca conseguiram reconhecer, muito menos controlar, suas estratégias de enfrentamento, e isso empobreceu suas vidas. Ao mesmo tempo, participantes como Peggy Keane e seus pais, Henry e Rosa, foram capazes de crescer enfrentando as provações da vida da maneira mais direta possível, recorrendo ao apoio de amigos e familiares.

Então como podemos superar nossas reações iniciais quando confrontados por desafios?

Quando estamos vivendo uma forte carga emocional, seja ela positiva ou negativa, importante ou trivial, nossas reações costumam se desenrolar tão depressa que somos tomados pela emoção e ficamos à sua mercê. Na verdade, as emoções são muito mais afetadas por nossos pensamentos do que imaginamos.

Atualmente, existe um grande número de pesquisas demonstrando a ligação entre o modo como percebemos os eventos e o modo como nos sentimos em relação a eles.[6] A humanidade entendeu isso muito antes de a ciência desenvolver uma evidência objetiva.

"O coração bem-disposto é remédio eficiente", diz a Bíblia, "mas o espírito oprimido resseca os ossos" (Provérbios 17:22).

O filósofo estoico Epiteto observou que "os homens são perturbados não pelos eventos, mas pelas opiniões que têm deles".[7]

"Monges", disse o Buda, "nós, que olhamos para o todo e não apenas para a parte, sabemos que também somos sistemas de interdependência, de sentimentos, percepções, pensamentos e consciência, todos interconectados."[8]

Nossas emoções não precisam nos dominar. Aquilo que pensamos e a forma como abordamos cada evento em nossa vida também fazem diferença.

UM MOMENTO DE CADA VEZ

Se pegarmos qualquer sequência emocional – um fator de *estresse* que evoca um *sentimento* que provoca uma *reação* e suas consequências –, dermos um zoom e colocarmos em câmera lenta, descobriremos um novo nível oculto de processamento. Assim como médicos pesquisadores desenvolvem tratamento para doenças observando os menores processos do corpo, algumas possibilidades surpreendentes se revelam quando examinamos nossa experiência emocional num nível mais microscópico.

Esse processo – do estresse à reação – ocorre em etapas. Cada uma nos oferece uma gama de opções que podem nos impulsionar para uma direção mais positiva ou mais negativa e cada estágio pode ser alterado por nosso pensamento ou comportamento.

Os cientistas mapearam esses estágios e usaram esses mapas para ajudar no controle da agressividade em crianças, na redução da depressão em adultos e no aprimoramento do desempenho em atletas. Mas esses mapas são úteis para qualquer um em qualquer tipo de situação emocional. Ao entender como atravessamos esses estágios e ao desacelerá-los, podemos esclarecer alguns dos mistérios que explicam por que nos sentimos de tal maneira e agimos de tal modo.

O modelo a seguir ajuda a desacelerar suas reações e colocá-las sob um microscópio. É algo para ter sempre na manga (metaforicamente) e usar a qualquer momento, em qualquer situação de forte carga emocional. Neste livro, nosso foco está nos relacionamentos. Por isso damos exemplos de como utilizar esse modelo para reagir a experiências desafiadoras com outras pessoas. Mas é possível aplicá-lo a desafios de todo tipo – desde pequenas irritações, como um pneu furado, até problemas crônicos de saúde, como diabetes ou artrite. Um momento de cada vez.

Modelo W.I.S.E.R. de reação a circunstâncias e interações desafiadoras[9]

Esse modelo reduz a marcha de nossas reações típicas e nos dá a chance de examinar mais de perto as ricas particularidades das situações, as experiências das outras pessoas e nossas próprias reações que podemos não estar percebendo.

W	I	S	E	R
Observação (watching)	Interpretação	Seleção	Empenho	Reflexão

Para mostrar como esse modelo pode ser usado no cotidiano, vamos usar um cenário que costumamos encontrar com frequência, tanto no consultório quanto entre os participantes do Estudo de Harvard: um parente que oferece conselhos indesejados.

Imagine uma mãe. Vamos chamá-la de Clara. Ela anda com dificuldade de se relacionar com a filha adolescente, Angela. Angela tem 15 anos e, como a maioria dos jovens dessa idade, está se esforçando para se tornar mais independente. Ela se sente sufocada pelos pais e só quer ficar com os amigos. Angela foi uma boa aluna durante a maior parte da vida, mas no último ano suas notas caíram, ela foi pega bebendo várias vezes e tem matado aulas, o que causou brigas em casa.

Os avós de Angela são compreensivos – Clara também era rebelde nessa idade – e tentam apoiá-la e deixar a criação a cargo de Clara. Mas a irmã mais velha de Clara, Frances, também tem filhos adolescentes e acha que os pais de Angela estão falhando. Tia Frances se preocupa com o destino da sobrinha e sente que talvez seja seu papel intervir.

Num churrasco em família, Frances vê a sobrinha Angela na ponta da mesa, descontraída, trocando mensagens de texto com amigos.

– Sabia que os smartphones matam o cérebro? – diz a tia em tom de brincadeira. – Meio que já provaram isso em laboratório. – Então se vira para a irmã Clara, ainda em tom bem-humorado, mas com uma pitada de seriedade: – Depois você se pergunta por que as notas dela estão caindo... Talvez ela precise de disciplina, ficar sem usar o telefone. É o que eu faço com meus filhos. Talvez assim ela encontre tempo para estudar.

Muito bem. Como Clara poderia usar o modelo W.I.S.E.R. para encontrar a melhor maneira de reagir ao comentário da irmã?

Etapa 1: Observação (a curiosidade cura o gato)

Em vez de "Levanta daí e faz alguma coisa", em psiquiatria nosso lema é "Antes de qualquer coisa, senta aí".

Nossas impressões iniciais de uma situação são fortes, mas raramente são completas. Tendemos a nos concentrar no que nos é familiar e essa visão estreita corre o risco de excluir informações potencialmente importantes. Não importa quanto você conseguiu observar num primeiro momento; quase sempre há mais para se ver. Em todas as situações em que você esbarrar num fator de estresse e sentir a emoção fervilhar, um pouco de curiosidade proposital será de grande ajuda. A observação cuidadosa complementa nossas impressões iniciais, expande o entendimento de uma situação e pressiona o botão de pausa, o que evita uma resposta automática potencialmente prejudicial.

No caso de Clara, parar um pouco para *observar* não é tarefa fácil. Ela tem uma longa história de interações tensas com a irmã e sua primeira reação é se sentir insultada. O comentário de Frances dói porque Clara sente um pouco de vergonha por sua incapacidade de se envolver com Angela, de se conectar com a filha. Sua reação instintiva pode ser a rispidez, dizendo sarcasticamente algo como: "Obrigada pelo conselho incrível. Agora vá cuidar da sua vida!" Isso abriria as portas para uma discussão. Outra reação seria ficar em silêncio, engolir os sentimentos, ruminar o comentário dentro da cabeça, alimentar o rancor e a vergonha e já chegar furiosa na reunião familiar seguinte.

A *observação* envolve a situação como um todo: o ambiente, a outra pessoa e você. Essa situação é incomum ou frequente? O que costuma acontecer em seguida? Que importante fator talvez esteja passando despercebido?

No caso de Clara, seria interessante pensar em como a irmã experimenta essas reuniões em família. Talvez Frances não se sinta à vontade quando está com Clara porque Clara sempre foi "a tia legal". Ou talvez haja algum estresse na vida de Frances, como a preocupação com a saúde da mãe, coisas que não têm qualquer relação com o que está acontecendo agora. Essa fase de *observação* pode levar algum tempo e talvez se estenda pela hora seguinte. Em vez de reagir imediatamente ao comentário de Frances, Clara poderia perguntar à mãe o que ela acha disso tudo. Se fizesse isso, descobriria que Frances anda brigando com o marido ou se sentindo pressionada no trabalho. Esse tipo de informação não pretende abonar um mau comportamento, mas apenas fornecer um contexto. E o contexto tem imenso valor. Nunca é demais absorver o máximo de informação possível além daquilo que se percebe de imediato.

E essa curiosidade também deve ser dirigida às nossas próprias reações emergentes – como estamos nos sentindo e por quê. Repare no que está acontecendo com seu corpo, note seus batimentos cardíacos acelerados, perceba se está franzindo os lábios ou rangendo os dentes (sinais de raiva). Note quais são seus impulsos a cada momento: dar uma resposta atravessada ou fugir de vergonha. Ter mais consciência das suas reações e do que você está prestes a fazer ajuda a surfar a onda da emoção em vez de deixar que ela arrebente sobre a sua cabeça.

Isso nos leva à segunda etapa, que é o momento decisivo na reação ao estresse: *interpretar* o que a situação significa para você.

Etapa 2: Interpretação (dê nome aos bois)

É nesta etapa que as coisas costumam desandar.

Interpretação é algo que todos fazemos o tempo inteiro, de forma consciente ou não. Olhamos o mundo, o que está acontecendo conosco e avaliamos *por que* essas coisas acontecem e o que *significam* para nós. Claro, fazemos essa avaliação com base na realidade, mas a realidade nem sempre é tão nítida assim. Cada um de nós percebe e interpreta uma situação do seu próprio jeito. Ou melhor, o que nós consideramos "realidade" talvez não seja percebido da mesma forma por outras pessoas. Uma das maiores armadilhas é pensar que uma situação é sobre a gente. Raramente é o caso.

Se quiser compreender uma situação com o máximo de clareza, é preciso primeiro entender o que está em jogo. A emoção costuma ser um sinal de que está acontecendo algo importante para você.[10] Do contrário, você não sentiria nada. Uma emoção pode estar relacionada a um grande objetivo na sua vida, a uma insegurança específica ou a um relacionamento que você aprecia. Fazer a pergunta *Por que estou saindo do sério?* é uma boa maneira de descobrir o que está em jogo. Interpretamos melhor uma situação quando conseguimos dar nome aos bois.

Bob se refere a esse estágio como a fase de "preencher lacunas". Como nossa observação raramente é completa, muitas vezes tiramos conclusões precipitadas sobre o que não sabemos. Muitas situações são ambíguas e obscuras, e é nessa tela de ambiguidade que podemos projetar todo tipo de ideia. Se não fizermos uma boa observação no estágio anterior, é provável que não tenhamos todas as informações relevantes sobre o que realmente está acontecendo, o que nos leva a conclusões precipitadas.

No caso de Clara, ela poderia se perguntar: *Por que esse comentário me deixou tão brava? É algo em relação à minha irmã, sobre as minhas dificuldades com Angela ou apenas sobre Angela? Eu fiquei incrivelmente transtornada – por que isso é tão importante para mim?*

Ao pensar na irmã, outras ideias podem ir surgindo: *Frances está fazendo isso de propósito para me magoar ou porque ela realmente acha que vai ajudar Angela? É porque ela se ressente por não ser tão próxima da sobrinha? Será que ela quer se sentir valorizada na família como a irmã mais velha que dá conselhos úteis?*

Quando preenchemos as lacunas, às vezes transformamos montinhos de terra em verdadeiras montanhas. Muitas vezes nos prendemos aos aspectos negativos de um fator de estresse e deixamos que algo pequeno e administrável pareça enorme e avassalador.

Uma simples pergunta – *O que estou presumindo aqui?* – pode fazer a suposta montanha se parecer mais com o montinho que ela realmente é. Suposições são a fonte de uma quantidade incrível de mal-entendidos.

Mas também é possível errar na direção oposta e transformar verdadeiras montanhas em montículos, como no exemplo de Abigail, que descobriu um caroço no seio e não contou a ninguém. Quando tentamos minimizar um grande problema ou evitá-lo, corremos o risco de ignorá-lo por completo.

O importante ao *interpretar* é expandir nossa compreensão além da nossa primeira impressão automática. É levar em conta outras perspectivas, mesmo que sejam desconfortáveis. É perguntar a si mesmo: *O que posso não estar enxergando aqui?*

Mais uma vez, pode ser útil dar alguma atenção às nossas emoções.

Quando você sentir uma pontada de medo ou de raiva, um nó no estômago, pense nisso como um sinal para explorar uma curiosidade saudável, para ponderar não apenas sobre o fator de estresse em si, mas também sobre sua realidade emocional: *Por que estou me sentindo assim? De onde vêm essas emoções? O que realmente está em jogo? Por que essa situação me afeta tanto?*

Etapa 3: Seleção (escolha a alternativa correta)

Você fez questão de *observar* e de *interpretar* (e depois reinterpretar) a situação e ampliou seu ponto de vista. A pergunta agora é: *O que devo fazer?*

Quando estamos sob estresse, às vezes nos pegamos reagindo antes de considerar nossas opções ou mesmo antes de perceber que *existem* opções. Ao diminuir o ritmo, conseguimos examinar melhor as alternativas e as chances de sucesso de cada uma: *Considerando o que está em jogo e os recursos à minha disposição, o que posso fazer agora? O que seria um bom resultado? Qual é a probabilidade de que as coisas corram bem se eu responder dessa maneira em vez daquela?*

É na etapa de *seleção* que esclarecemos quais são nossos objetivos e recursos. *O que eu quero realizar? Qual a melhor maneira de atingir esse objetivo? Tenho pontos fortes que podem me ajudar (por exemplo, bom humor e capacidade de acalmar os ânimos) ou pontos fracos que podem me prejudicar (por exemplo, tendência a explodir quando criticado)?*

Digamos que Clara tenha conversado com a mãe e visto a coisa de outro ângulo. Ela percebe que a irmã está realmente preocupada com Angela, embora Frances não entenda que a situação é diferente daquela que ela vive com os próprios filhos. Clara tem mais de um objetivo aqui: quer manter um relacionamento positivo com a irmã, proteger a filha das críticas e sentir-se bem no seu papel de mãe.

Clara pensa no que deve fazer e avalia as opções e as chances de sucesso de cada uma. Ela teme que, se não fizer nada, Frances continue criticando a sobrinha e culpando Clara por ser uma mãe relapsa. Ela decide dizer algo. Mas como? E quando? Elas costumam implicar uma com a outra, mas Clara não gosta de fazer brincadeiras quando está magoada e sabe que qualquer piada vai soar como uma indireta e piorar as coisas. Decide então esperar até que ela e Frances estejam sozinhas para falar com ela. Ao pensar nessa conversa, ela percebe que Frances poderia realmente ser um ombro amigo. Clara poderia desabafar com a irmã suas dificuldades com Angela, mas definitivamente não quer que Frances lhe dê conselhos.

Clara precisa escolher entre as opções. Uma resposta pode não ser (e provavelmente não será) o fim de tudo. Nenhuma abordagem única será eficaz para enfrentar todos os desafios numa situação complicada ou num relacionamento ao longo do tempo. Clara pode tentar várias estratégias com a irmã nos meses seguintes. E, claro, as circunstâncias mudam. Frances pode começar a ter problemas muito evidentes com os próprios filhos, o que mudaria a maneira de Clara reagir à irmã.

Selecionar uma estratégia é uma questão altamente pessoal. As normas culturais e nossos valores individuais desempenham papéis importantes nessa decisão. Confrontar alguém diretamente é considerado falta de educação em algumas culturas, enquanto em outras é visto como um gesto maduro e autêntico. Tudo costuma se resumir à intuição aguçada pela experiência – o que parece ser a melhor maneira de reagir em determinada situação, em dado momento.

Nem sempre será fácil aplicar o modelo W.I.S.E.R. numa situação de estresse. O aborrecimento pode se intensificar rapidamente sem que haja tempo para desacelerar a reação. Ou a mesma fonte de estresse pode evoluir com o passar do tempo e exigir que você reveja as etapas e se adapte caso a caso. O fundamental é tentar desacelerar as coisas sempre que possível, dar um zoom no problema e substituir uma reação totalmente automática por uma mais ponderada e intencional, que tenha mais a ver com quem você é e com o que está procurando realizar.

Etapa 4: Empenho (implemente com cuidado)

Agora é hora de reagir com a maior habilidade possível e *empenhar-se* na estratégia selecionada. Se você dedicou algum tempo a observar e interpretar a situação, e se fez algum esforço para considerar suas alternativas e a probabilidade de sucesso de cada uma, há mais chances de que sua reação seja bem-sucedida. Mas só a experiência comprova. Mesmo a reação mais lógica pode falhar na hora da execução. Para evitar que isso aconteça, pode ser útil praticar primeiro – seja em pensamento ou com alguém de confiança. As chances de sucesso também aumentam se primeiro refletirmos sobre o que fazemos bem e sobre o que não fazemos tão bem assim. Há quem seja engraçado e saiba usar o senso de humor para cativar os outros. Há quem fale mansamente e saiba conduzir melhor uma discussão em ambientes mais reservados.

Clara toma coragem e resolve dizer alguma coisa enquanto ela e Frances lavam a louça sozinhas na cozinha. Ela é direta e calma; suas emoções ainda estão lá, mas ficam em segundo plano. No começo tudo corre bem: Frances pede desculpas por oferecer conselhos não solicitados (ela também andou pensando sobre o comentário e se sentiu mal por tê-lo feito daquela maneira). As duas concordam que querem o melhor para Angela, e Clara compartilha alguns problemas recentes, que Frances compreende. Então Clara diz algo sobre Angela ser muito independente e não ser parecida com os filhos de Frances (algo que soou bem melhor na sua cabeça!) e a situação degringola de repente. Frances vinha mesmo passando por um período de muito estresse no trabalho e andava discutindo com o marido mais do que o normal, por isso o comentário de Clara acaba atingindo um ponto fraco. As duas voltam a discutir até serem interrompidas pela mãe.

– Acho que eu gosto quando vocês brigam desse jeito – diz a matriarca.

– Como assim? Por quê?

– Por que vocês viviam brigando quando eram mais novas e eu me sinto de volta aos meus 35 anos.

Elas riem. Mas o alívio logo passa e as duas irmãs deixam o churrasco com grandes ressentimentos e muito ainda por resolver.

Etapa 5: Reflexão (engenharia de obras prontas)

Minha estratégia funcionou? Melhorou ou piorou a situação? Aprendi algo novo sobre o desafio que estou enfrentando e sobre a melhor maneira de reagir a ele?

Refletir sobre nossa reação a um desafio pode gerar dividendos para o futuro. É com o que aprendemos na prática que nos tornamos mais sábios. Podemos refletir não apenas sobre algo que acabou de acontecer, mas também sobre grandes e pequenos eventos que aconteceram no passado e ainda permanecem na nossa memória. Dê uma olhada na planilha a seguir e experimente usá-la para *refletir* sobre um incidente ou uma situação que o esteja incomodando.

OBSERVAÇÃO

Enfrentei o problema diretamente ou tentei evitá-lo?

Dediquei tempo a avaliar bem a situação?

Conversei com os envolvidos?

Consultei outras pessoas para entender o que aconteceu?

INTERPRETAÇÃO

Reconheci meus sentimentos e o que estava em jogo para mim?

Eu me dispus a reconhecer meu papel na situação?

Eu me concentrei demais no que estava passando na minha cabeça e não o suficiente no que acontecia ao meu redor?

É possível adotar outro ponto de vista para entender o que aconteceu?

SELEÇÃO

Especifiquei bem o que eu queria?

Considerei todas as reações possíveis?

Fiz um bom trabalho identificando que recursos eu poderia usar?

Pesei os prós e contras de diferentes estratégias para alcançar meus objetivos?

Escolhi as ferramentas que funcionariam melhor para enfrentar esse desafio específico?

Refleti se deveria mesmo fazer alguma coisa a respeito e qual seria o melhor momento para isso?

Considerei quem mais poderia me ajudar a resolver o problema ou a superar o desafio?

EMPENHO

Pratiquei minha reação com antecedência ou conversei com alguém de confiança para aumentar minhas chances de sucesso?

Tomei medidas que eram realistas para mim?

Avaliei meu progresso e estive disposto a fazer os ajustes necessários?

Quais foram as etapas que eu apressei ou pulei? Onde eu me atrapalhei? O que fiz direito?

REFLEXÃO

Considerando tudo isso, o que eu faria diferente da próxima vez?

O que aprendi?

Não se preocupe se essa lista de perguntas ou se o modelo W.I.S.E.R. parecerem informações demais para a sua cabeça. Talvez você já siga muitas etapas desse modelo sem perceber. Além do mais, 90% da vida cotidiana não exige esse tipo de reflexão. Pense no modelo e nessa lista de perguntas como uma espécie de ferramenta de treinamento para os outros 10%, quando você se sentir encurralado ou perceber que está se portando de um jeito pouco eficaz.

No fim das contas, pensar no que aconteceu – e por que aconteceu – nos ajuda a ver o que passou despercebido; nos ajuda a compreender as causas e os efeitos dessas camadas de emoções que podem ter escapado aos nossos olhos. Se queremos aprender com a experiência e fazer melhor da próxima vez, temos que fazer mais do que apenas viver o processo. Temos que refletir. Assim, da próxima vez que enfrentarmos um conflito, poderemos usar uma fração de segundo a mais para pensar na situação, esclarecer nossos objetivos, considerar as opções e apontar a bússola da nossa vida para a direção certa.

SAINDO DO ATOLEIRO

O modelo W.I.S.E.R. é mais simples de usar quando aplicado a desafios pontuais num relacionamento. Mas o estresse aparece das mais variadas formas, e muitas envolvem padrões mais crônicos. Às vezes encontramos problemas que se repetem indefinidamente numa relação: as mesmas discussões, os mesmos aborrecimentos, a mesma sequência de respostas inúteis. Sentimos que não estamos avançando e não conseguimos imaginar uma saída para o impasse. Nós dois, Bob e Marc, usamos um termo altamente científico para nos referirmos a esse tipo de situação: *atolamento*.

Vemos isso tanto em nossos participantes do Estudo de Harvard quanto naqueles que chegam em busca de psicoterapia. Muita gente se sente empacada mesmo sem conseguir articular com clareza as razões para se sentir assim. Há quem se pegue tendo os mesmos desentendimentos com um parceiro repetidamente, incapaz de manter uma conversa simples sem que ela vire uma discussão. No trabalho, há quem se sinta perseguido pelo chefe controlador, que vê defeito em tudo, e isso gera uma sensação de inutilidade difícil de superar. (Na verdade, as relações de trabalho que nos levam para o atoleiro estão entre as mais irritantes que existem. Falaremos mais sobre isso no Capítulo 9.)

Por exemplo, John Marsden, do Capítulo 2, sentiu-se profundamente solitário quando chegou aos 80 anos, em parte porque ele e a esposa estavam presos a um ciclo repetitivo em que negavam um ao outro aquilo de que mais precisavam: afeto e apoio.

> P: Você costuma recorrer à sua esposa quando está chateado?
> R: Não. Não mesmo. Eu não receberia nenhuma empatia da parte dela. Ouviria que isso é sinal de fraqueza. Sério, se eu te contasse todos os sinais negativos que recebo o dia inteiro... É destrutivo demais.

John estava refletindo sobre a realidade da vida dele – sobre as conversas reais que tinha com a esposa. Mas, sem perceber, também estava construindo essa realidade. O isolamento tinha se tornado uma profecia autorrealizável. Ele via cada novo incidente com a esposa como mais uma prova de sua teoria: *Ela não quer ficar perto de mim; não posso confiar meus sentimentos a ela.*

Como escreveu recentemente o professor budista Shohaku Okumura: "O mundo em que vivemos é o mundo que criamos."[11]

Como em muitos ensinamentos budistas, há um duplo sentido nessa frase. Nós, seres humanos, criamos fisicamente o mundo em que vivemos, mas a cada momento também criamos uma imagem do mundo em nossa mente, contando histórias para nós mesmos e para os outros. E essas histórias podem ou não ser verdadeiras.

Não há dois relacionamentos iguais, mas uma pessoa costuma se atolar em lugares semelhantes em relacionamentos diferentes. "Estamos sempre lutando a última batalha" é um ditado bem verdadeiro. Tendemos a pensar que o que nos aconteceu antes está prestes a acontecer de novo, seja ou não o caso.

Em sua essência, os sentimentos de estagnação derivam dos padrões que seguimos. Alguns padrões nos ajudam a transitar pela vida com eficiência e rapidez, mas outros podem nos levar a reagir de maneira inapropriada. Podemos, por exemplo, nos cercar sempre de pessoas erradas –

amigos e até cônjuges errados. Longe de qualquer aleatoriedade, esses padrões geralmente refletem áreas de preocupação e dificuldades em nosso passado, o que de certa forma nos deixa à vontade. São como passos de dança bem conhecidos que executamos. Uma sensação familiar, mesmo negativa, é ativada em uma conversa com alguém e há uma espécie de conforto nessa familiaridade. *Ah, lá vamos nós de novo... Conheço muito bem essa dança.*

A maioria de nós está em algum tipo de atoleiro. A questão, portanto, é quão atolados nos sentimos. É uma sensação que prejudica consideravelmente nossa qualidade de vida? É algo que influencia boa parte, ou a maior parte, da nossa experiência diária?

O próprio Bob já ficou preso a um padrão durante a juventude. Seus amigos sempre se surpreendiam com as mulheres que ele escolhia namorar. Os relacionamentos sempre azedavam. Sentindo-se empacado, ele buscou a psicoterapia e, ao descrever cada um desses relacionamentos fracassados para seu terapeuta, ele percebeu que os fracassos não eram coincidências nem simples obras do azar. O terapeuta o ajudou a perceber que ele vinha escolhendo o mesmo tipo de parceira repetidas vezes – alguém com quem ele não era compatível. Obter perspectivas honestas e confiáveis sobre sua vida pode ser de grande ajuda para sair do atoleiro. Quem está de fora quase certamente verá coisas que você não consegue enxergar.

Outra maneira de fazer isso é perguntar a si mesmo: *Se outra pessoa estivesse me contando essa mesma história, o que eu pensaria? O que eu diria?* Esse autodistanciamento é um tipo de reflexão que pode lançar nova luz sobre velhas histórias.[12]

Perceber que você talvez não esteja vendo o panorama completo é um primeiro passo importante para se libertar dos padrões mentais. O mestre zen Shunryu Suzuki nos ensinou a abordar certas situações da vida como se estivessem acontecendo pela primeira vez. "Na mente do iniciante existem muitas possibilidades", escreveu ele, "mas na mente do especialista existem poucas."[13] Todos nós nos sentimos especialistas quando se trata da nossa própria vida, e o desafio é permanecermos abertos à possibilidade de que há mais a aprender sobre nós mesmos – o desafio é nos permitirmos ser iniciantes.

RELACIONAMENTOS, ADAPTAÇÃO E O FIM DO MUNDO

Quando a pandemia de Covid-19 afligiu o mundo em 2020, o isolamento social, a tensão financeira e a preocupação constante abalaram enormemente as sociedades em todo o planeta. À medida que a pandemia e os lockdowns se intensificavam, o mundo se viu imerso em isolamento e ansiedade. Os níveis de estresse dispararam. Em muitos aspectos, ainda não tínhamos enfrentado um desafio tão grande como esse desde a Segunda Guerra Mundial.

Logo no início da pandemia, revisitamos os registros do Estudo para ler mais uma vez o que os participantes originais nos contaram sobre as grandes crises que haviam superado na vida. Eles tinham sido criados durante a Grande Depressão e a maioria dos universitários servira na Segunda Guerra Mundial. Muitos disseram ter se apoiado nos relacionamentos mais importantes para sobreviver a essas crises. Os homens que lutaram na guerra falavam dos laços que tinham formado com outros soldados; diziam que essa proximidade tinha sido importante não apenas para a segurança, mas também para manter a sanidade.[14] Depois do fim do conflito, muitos falaram da importância de compartilhar com a esposa pelo menos parte de suas experiências na guerra. Na verdade, quem compartilhava tinha mais chances de permanecer casado.[15] O apoio que receberam de outras pessoas foi crucial durante os tempos difíceis e também depois, para lidar com as lembranças. E hoje nossa situação não é muito diferente.

A pandemia paralisou nossa vida, nos trancou em casa e nos afastou de amigos e colegas de trabalho que costumávamos ver todos os dias. Nunca tinha sido nossa intenção passar 24 horas por dia, sete dias por semana, com nossos cônjuges e filhos, mas fomos obrigados a isso. Muitos idosos jamais tinham imaginado ficar longe dos netos queridos por mais de um ano.

A flexibilidade se tornou mais importante do que nunca. Para o bem da nossa sobrevivência, foi preciso aprender a dar espaço ao outro e a ser tolerante. Há quem tenha sentido necessidade de se afastar um pouco do marido ou da esposa, não porque houvesse algo errado no relacionamento, mas porque eram tempos anormais.

Infelizmente, a Covid-19 não será a última catástrofe global nem a última pandemia. Colapsos assim continuarão surgindo... e passando. Essa é a natureza da vida.

O Estudo de Harvard nos ensina que é crucial buscarmos apoio nos relacionamentos que podem nos manter inteiros quando as coisas desandam, assim como fizeram as famílias do Estudo durante a Grande Depressão, a Segunda Guerra Mundial e a Grande Recessão de 2008. Na pandemia de Covid-19, isso significava manter contato com pessoas que ficaram repentinamente distantes de nós, mesmo que fosse por uma mensagem de texto, um bate-papo por vídeo, uma ligação. Não bastava pensar num amigo distante; era preciso procurá-lo. Era preciso ser paciente com as pessoas que amávamos e também saber pedir ajuda. É isso que vai nos manter de pé nas próximas crises que virão, uma após outra.

Os relacionamentos nos ajudam a enfrentar grandes desafios, e para Marc essa é uma questão extremamente pessoal.

Em dezembro de 1939, na mesma época em que Arlie Bock entrevistava alunos do segundo ano da Harvard College tentando descobrir o que tornava as pessoas mais saudáveis, o pai de Marc, Robert Schulz, então um menino de 10 anos, atravessava o Atlântico num navio com a irmã mais velha. Nascidos numa família judia de Hamburgo, eles fugiram da Alemanha nazista e chegaram aos Estados Unidos apenas com a roupa do corpo, duas malas pequenas e nenhum plano específico.

Mas estavam vivos. E por um motivo importante: as conexões profundas que a avó de Marc estabelecia naturalmente com as pessoas.

O pai de Marc teve uma infância idílica em Hamburgo. Apesar de ter enfrentado a morte precoce do pai, ele vivia cercado por parentes e amigos. A vida era boa. O negócio têxtil da família prosperava e ele praticava ginástica e tocava piano. Marc o ouvia falar com frequência sobre a beleza de Hamburgo, o lago no centro da cidade e, especialmente, o maçapão, um doce alemão com sabor de amêndoa, alimento que lembrava sua infância.

A vida era dourada naqueles tempos, costumava dizer.

Mas as coisas começaram a mudar quando os nazistas consolidaram o poder e passaram a fazer campanhas contra os judeus. Ficaram gravados em sua memória um dia e uma noite particularmente assustadores, em novembro de 1938, quando ele tinha 9 anos. Durante o período de terror que viria a ser conhecido como *Kristallnacht*, ou "noite dos cristais", muitas sinagogas e vários lares e empresas de judeus da vizinhança foram destruídos ou totalmente queimados. No dia seguinte, a Gestapo passou na escola de Robert e prendeu muitos dos professores e alunos judeus.

Enquanto deportações e detenções aconteciam por toda a cidade, a avó de Marc recorreu a seus grandes amigos: uma família alemã que administrava uma leiteria no bairro. Eles concordaram em esconder o pai de Marc e sua família no porão. Sem essa combinação de gentileza e muita sorte, a família Schulz não teria sobrevivido.

Até hoje Marc mantém contato com os descendentes daquela família na Alemanha, que contam a mesma história, mas pela perspectiva dos pais e avós que decidiram proteger os amigos em grave perigo, mesmo correndo sério risco. Foi um ato de bondade que poderia ter lhes custado a própria vida. Não fosse por eles, Marc não existiria.

ACEITAR O GRANDE RISCO

No nosso dia a dia, a questão é a seguinte: quando enfrentamos desafios pessoais ou globais, quando as pessoas nos magoam ou quando descobrimos que magoamos alguém... o que *fazemos*?

Os seres humanos são criaturas misteriosas, maravilhosas e perigosas. Somos ao mesmo tempo vulneráveis e incrivelmente resilientes. Temos a capacidade tanto de criar uma beleza magnífica quanto de promover uma vasta destruição.

Esse é o panorama geral. Mas se dermos um zoom e focalizarmos os pequenos eventos e tensões da vida de uma única pessoa... da sua, digamos... a complexidade humana continuará evidente.

Se você é como a maioria, às vezes tem dificuldade de entender as pessoas em sua vida – mesmo aquelas que você mais ama. É realmente difícil estabelecer uma relação com os outros e conhecê-los a fundo. É difícil amar e ser amado. É difícil não afastar o amor.

Mas esse esforço pode trazer alegria, novidade, segurança – e às vezes até sobrevivência. Desacelerar, tentar ver com clareza as situações difíceis e cultivar relacionamentos positivos nos ajudam a surfar as ondas, tenham elas sido causadas por um conflito político, um vírus estranho que percorre o mundo, uma crise de identidade ou um acesso de raiva num churrasco em família. Nossos primeiros reflexos não são a única maneira de reagir. E saber disso pode ser um alento em meio às dificuldades, em meio ao nosso azar, aos nossos problemas recorrentes e até diante dos nossos erros. É algo que nos permite escolher um caminho.

Nos próximos capítulos, aprenderemos a aplicar nos nossos relacionamentos as ideias que discutimos até aqui. E cada relacionamento tem suas peculiaridades. As relações familiares são diferentes das profissionais, que são diferentes dos casamentos, que são diferentes das amizades. Claro, às vezes essas categorias se sobrepõem. Nossos familiares também podem ser nossos colegas de trabalho e nossos irmãos também podem ser nossos melhores amigos. Mesmo assim, é útil considerar categorias amplas, lembrando que cada relacionamento é singular e requer seu próprio tipo de atenção e adaptação. O próximo capítulo começa bem perto do coração: com a pessoa ao seu lado.

7

A PESSOA AO SEU LADO
Como as relações amorosas moldam nossa vida

> Quando criança, costumávamos pensar que não seríamos mais vulneráveis na vida adulta. Mas crescer é aceitar a vulnerabilidade. [...] Estar vivo é ser vulnerável.
>
> Madeleine L'Engle[1]

Questionário do Estudo de Harvard, 1979

5. Estamos muito interessados em conhecer os altos e baixos da harmonia conjugal. Por favor, faça um gráfico do seu casamento mais duradouro (ou do seu único casamento, se for o caso):

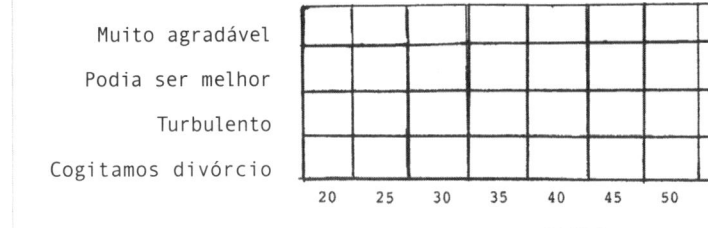

Muito agradável
Podia ser melhor
Turbulento
Cogitamos divórcio

20 25 30 35 40 45 50 55 60
IDADE

Em *O banquete*, de Platão, Aristófanes faz um discurso sobre a origem dos seres humanos.[2] No começo, diz ele, todos os humanos tinham quatro pernas, quatro braços e duas cabeças. Eram criaturas fortes e ambiciosas. Para diminuir seus poderes assustadores, Zeus as partiu ao meio. "O amor", diz Platão, "é o nome de nossa busca pela integridade, pelo nosso desejo de sermos completos."

Depois de milhares de anos, essa ideia ainda ecoa.

— Jean é minha cara-metade — contou Dill Carson, um dos participantes do Estudo de Harvard que morava na periferia de Boston, quando lhe perguntaram sobre sua esposa. — Toda noite tomamos uma taça de vinho. É uma espécie de ritual nosso. Meu dia não está completo sem esse momento. Conversamos sobre a gente, sobre os últimos acontecimentos, sobre as últimas brigas. Falamos dos nossos planos e dos nossos filhos. É um jeito de terminar o dia aparando as arestas. Seu eu tivesse que fazer tudo de novo, me casaria com a mesma mulher, sem sombra de dúvida.

Minha cara-metade... Essa é uma expressão muito usada pelos participantes do Estudo de Harvard quando falam sobre seus parceiros e parceiras. As conexões íntimas mais profundas e saudáveis costumam dar a eles uma sensação de equilíbrio, de completude, como sugeria Platão.

Infelizmente não existe uma fórmula universal para relacionamentos felizes, romances felizes, casamentos felizes. Não há nenhuma chave mágica para abrir as alegrias do companheirismo íntimo para todos. O encaixe dessas duas "metades" varia de cultura para cultura e, claro, de um relacionamento específico para outro. As formas de relacionamento mudam até mesmo de uma época para outra, a cada geração. A maioria dos participantes originais do Estudo de Harvard, por exemplo, casou-se em algum momento da vida, em parte porque essa era a demonstração de compromisso mais aceitável na época. Hoje há cada vez mais tipos de "relacionamentos sérios" e o casamento formal tem se tornado menos comum.[3] Em 2020, 51% dos lares americanos não eram habitados por um casal. Em 1950, esse número estava próximo de 20%. Mas uma mudança na forma não significa necessariamente uma mudança no sentimento; os seres humanos permanecem praticamente os mesmos. E pode haver muita variação, inclusive nos casamentos aparentemente "tradicionais". O amor vem em todas as formas e tamanhos.

Vejamos o exemplo de James Brewer, um dos universitários participantes do Estudo. Ele veio de uma cidadezinha em Indiana e, quando chegou a Harvard, era um jovem inteligente, mas ainda ingênuo, com pouca experiência de vida. Disse ao Estudo que não conseguia entender a ideia de "heterossexualidade". Para ele, não fazia sentido que alguém se restringisse a fazer sexo com apenas um gênero — beleza era beleza e amor era amor. Sentia-se atraído por homens e mulheres. Não deveria ser assim com todo mundo? Ele era muito franco ao falar sobre isso com seus amigos e colegas, até que começou a encontrar resistência e, logo em seguida, bastante preconceito. Foi aí que começou a esconder sua sexualidade. Logo após a faculdade, casou-se com Maryanne. Ambos se amavam profundamente, tiveram filhos e viveram juntos uma vida plena. Porém, em 1978, após 31 anos de casamento, Maryanne morreu de câncer de mama, aos 57.

Quando o Estudo perguntou a James por que ele achava que seu casamento havia durado tanto, ele escreveu:

Sobrevivemos porque compartilhávamos muito. Ela lia bons livros e depois mostrava os melhores trechos para mim. A gente conversava sobre castelos e reis, sobre repolhos e tudo mais.[4] Comparávamos as anotações um do outro. [...] A gente gostava de comer junto, passear junto, dormir junto. [...] Nossas festas, as melhores festas, eram espontâneas, feitas só para nós dois, muitas vezes de surpresa.

Três anos após a morte de Maryanne, um entrevistador do Estudo de Harvard visitou James em sua casa. Na ocasião, James pediu que ele o seguisse enquanto entravam num aposento bem iluminado onde pássaros piavam. Ao lado das janelas havia algumas gaiolas e, no meio da sala, várias treliças de corda e árvores artificiais. Os pássaros pousavam sobre James quando ele abria as gaiolas e os alimentava. Eram os pássaros de sua esposa, disse ele ao entrevistador, ainda com tanto pesar que não conseguia dizer o nome dela. Questionado sobre sua vida amorosa naquele momento, ele disse que havia tido alguns relacionamentos breves, que muitas pessoas achavam que ele era gay e que ele não desistia da possibilidade de amar de novo, embora estivesse sozinho.

– Acho que ainda vai aparecer alguém que tocará meu coração – disse ele.

Qualquer pessoa que já tenha amado na vida sabe que a conexão íntima tem seus perigos: quando você se abre à alegria de amar e ser amado, corre o risco de ser ferido. Quanto mais próximos nos sentimos de alguém, mais vulneráveis nos tornamos. Mesmo assim continuamos assumindo esse risco.

Este capítulo aborda as profundezas da intimidade e o efeito que a conexão íntima tem sobre nosso bem-estar. Incentivamos você a ver tudo que oferecemos nas próximas páginas através das lentes de suas experiências pessoais. Tente descobrir algumas das razões por trás dos sucessos e dos percalços que você enfrentou em relacionamentos íntimos. Como mostram os participantes do Estudo de Harvard, reconhecer suas emoções e entender como elas afetam a pessoa ao seu lado pode ter impactos sutis e formidáveis na sua vida.

A INTIMIDADE DE SE DEIXAR CONHECER

Fizemos aos participantes do Estudo e a seus parceiros um conjunto de perguntas sobre intimidade repetidas vezes ao longo de muitas décadas. Isso nos permitiu ver a trajetória singular de cada sentimento – afeição, tensão, amor – do início ao fim de uma relação. Vimos relacionamentos breves e ardentes, longos e enfadonhos, e todas as variações possíveis entre uma extremidade e outra. Vamos examinar um em específico, que ficou no meio desse espectro.

Joseph Cichy e a esposa Olivia se casaram em 1948 e permaneceram juntos até a morte dela em 2007, pouco depois de completarem 59 anos de união. O casamento dos dois foi um exemplo de parceria, de como duas pessoas podem se apoiar durante uma vida inteira. Mas também serve de exemplo por outro motivo: estava longe de ser perfeito.

Com o passar dos anos, sempre que o Estudo verificava como andava Joseph, ele relatava que se sentia bem em relação à vida. Tinha uma carreira que lhe agradava, três filhos maravilhosos e uma relação "pacífica" com a esposa. Em 2008 pedimos à filha do casal, Lily, que refletisse sobre sua infância. Ela contou ao Estudo que os pais não poderiam ser um casal mais calmo. Não se lembrava de uma única briga.

Joseph vinha dizendo a mesma coisa ao Estudo durante muitos anos.

– Sou a pessoa mais fácil de lidar do mundo – dissera ele, triunfante, em 1967, quando tinha 46 anos.

Joseph amava a esposa exatamente do jeito que ela era. Não havia nada que quisesse mudar em Olivia. Ele tratava os filhos com o mesmo respeito que dedicava a qualquer pessoa, oferecendo conselhos quando requisitavam, mas sem tentar controlá-los. Em seu trabalho como executivo, ele se esforçava ao máximo para ouvir as perspectivas dos outros antes de dar sua opinião.

– A única forma de persuasão que funciona é a empatia – falou certa vez.

Foi uma filosofia que serviu bem a Joseph durante a vida inteira. Ele gostava de ouvir os outros e conhecer suas experiências. Já falamos aqui que entender como os outros se sentem e pensam faz bem para a gente, e Joseph é um ótimo exemplo disso. Mas, para todos que conviviam com ele, seu interesse pelas pessoas e sua capacidade de ouvir tinham um lado negativo: Joseph temia se abrir, até mesmo para quem ele amava.

E isso incluía sua esposa, Olivia.

– A maior tensão no meu casamento não é o conflito – disse Joseph ao Estudo. – É a frustração de Olivia por eu não permitir que ela me veja por dentro. Ela se sente excluída.

Ela havia sido sincera com ele sobre quanto isso a preocupava e Joseph estava bem ciente dessa preocupação, tanto que várias vezes disse ao Estudo que Olivia achava difícil conhecê-lo de verdade.

– Sou autossuficiente – disse ele. – Minha maior fraqueza é não querer me apoiar em ninguém. É da minha natureza.

Joseph se envolvia o suficiente com os outros para entender seus pontos de vista, mas nunca conseguiu superar um medo profundamente enraizado que não é raro: não queria ser um fardo. Só queria se sentir totalmente independente. Embora tivesse cursado Harvard, Joseph vinha de família humilde e disse ao Estudo ter aprendido o valor da autossuficiência ainda criança, na fazenda da família, onde passava dias a fio operando sozinho um arado puxado por cavalo. Os pais dele se ocupavam com as próprias tarefas e esperavam que Joseph cuidasse de si mesmo. Quando adulto, ele presumiu que deveria lidar sozinho com quaisquer problemas – emocionais ou não. E não via nada de errado nisso.

Em 2008, sua filha Lily, que estava na casa dos 50 anos, disse a um entrevistador do Estudo que ainda lamentava essa filosofia. O pai sempre esteve disponível para ajudá-la com questões práticas e ela sentia que podia contar com ele a qualquer hora do dia ou da noite (e, de fato, ela contava com ele; Joseph a ajudara num casamento difícil e em alguns dos momentos mais complicados da sua vida). Mas Lily nunca sentiu que o conhecia completamente.

Aos 72 anos, quando questionado sobre a relação com a esposa, Joseph disse ao Estudo que o casamento era estável, mas que também havia uma sensação de desconexão entre ambos.

– Não há nada nos separando – respondeu ele –, mas também não estamos unidos.

Joseph havia decidido quando jovem que, em seus relacionamentos, duas coisas eram primordiais: manter a paz e ser autossuficiente. Era importante para ele que sua vida e a vida de sua família fossem estáveis acima de tudo. Isso não estava necessariamente errado; sua vida foi boa em geral. Ele amava sua família e todos eram muito leais. Joseph agia da maneira que lhe parecia segura e, como evitava conflitos, podemos dizer que sua abordagem funcionou. Não é ruim ter um casamento com poucas desavenças. Mas será que há um custo quando tentamos manter a paz *sempre*? Joseph protegia muito os próprios sentimentos, era seletivo sobre o que compartilhava, não ousava se abrir. Agindo assim, não estaria negando a si mesmo e a Olivia todos os benefícios de uma conexão íntima?

Muitos de nós convivemos com alguém assim e devemos lembrar que não se trata necessariamente de falta de afeto. Mas Olivia, pelo menos, tinha uma sensação de incompletude, porque a pedra fundamental da intimidade é a sensação de conhecer alguém e de *ser conhecido*. A palavra *intimidade* vem do latim *intimare*: dar a conhecer. O conhecimento íntimo de outra pessoa é uma característica do amor romântico, mas não é só isso. É uma parte essencial da experiência humana e começa muito antes do nosso primeiro beijo, muito antes de pensarmos em casamento, ainda nos primeiros dias de vida.

APEGO ÍNTIMO: A SITUAÇÃO ESTRANHA

Desde o momento em que nascemos, começamos a buscar conexões próximas com outras pessoas, ligações tanto físicas quanto emocionais. Começamos a vida como criaturas indefesas, dependendo dos outros para sobreviver. Quase tudo que encontramos quando bebês é novo e potencialmente ameaçador, por isso é essencial estabelecer uma forte ligação com pelo menos uma outra pessoa desde os primeiros dias de vida. Estar perto da mãe, do pai, de avós ou tias é reconfortante e oferece um refúgio contra o perigo. À medida que crescemos, podemos explorar o mundo além da nossa zona de conforto, sabendo que temos um lugar seguro para onde voltar se as coisas ficarem assustadoras demais. A simplicidade e a clareza da infância nos permitem observar os fundamentos do vínculo emocional humano. Esse período da vida mostra nitidamente algumas verdades fundamentais sobre os vínculos que importam, inclusive na idade adulta.

Na década de 1970, a psicóloga Mary Ainsworth criou um experimento em laboratório para entender como os bebês reagem ao mundo e às pessoas de quem mais dependem. Esse experimento ficou conhecido como "Situação Estranha" e se provou tão útil ao longo das décadas que ainda hoje é empregado em pesquisas, mais de cinquenta anos depois. Funciona assim:

Um bebê, em geral de 9 meses a 1 ano e meio de idade, acompanhado por seu cuidador principal, é colocado numa sala com alguns brinquedos. Depois de o bebê passar um tempo interagindo com o cuidador e brincando, um desconhecido entra na sala. A princípio, o desconhecido cuida da própria vida, deixa a criança se acostumar com sua presença e depois tenta interagir com ela. Pouco tempo depois, o cuidador sai da sala.

Agora o bebê se encontra num lugar estranho, com uma pessoa desconhecida e sem ninguém familiar por perto. Com frequência o bebê mostra imediatamente sinais de desconforto e começa a chorar.

Pouco tempo depois, o cuidador retorna.

Um dos principais objetivos do experimento era descobrir o que aconteceria depois. A criança se deparou com uma situação estranha, ficou incomodada e agora vê seu cuidador retornar. Os pesquisadores interromperam deliberadamente – embora por pouco tempo – a sensação de segurança e conexão do bebê, e agora ele precisa restabelecê-la. Como essa criança vai reagir? Acredita-se que a maneira como o bebê tenta se manter conectado à pessoa de quem depende para sobreviver – seu *estilo de apego* – revela como ele encara seu cuidador e a si mesmo.

UMA BASE SEGURA

Todos temos um jeito particular de nos manter conectados a alguém de quem precisamos. Os estilos de apego são relevantes não apenas para entender a primeira infância, mas também para entender como administramos os relacionamentos ao longo da vida.

É normal que as crianças fiquem aborrecidas quando um cuidador vai embora. Isso inclusive mostra que ela é uma criança saudável e bem ajustada. Quando o cuidador retorna, a criança busca imediatamente o contato e, ao recebê-lo, ela se acalma e volta ao estado de equilíbrio. O bebê busca contato durante esse "reencontro" porque vê seu cuidador como fonte de amor e segurança e se sente *merecedor* desse amor. Uma criança que exibe esse tipo de comportamento tem o que se chama de *apego seguro*.

Os bebês que se sentem menos seguros lidam com essa insegurança de duas maneiras diferentes: expressando ansiedade ou evitação. Os mais ansiosos buscam contato imediato quando o cuidador volta, mas têm dificuldade para se acalmar. As crianças evitativas, por outro lado, podem parecer superficialmente despreocupadas com a presença do cuidador. Podem demonstrar pouca angústia quando o cuidador sai da sala e não buscar conforto quando ele retorna. Às vezes até se afastam do cuidador durante o reencontro. Os pais talvez imaginem que isso significa que a criança não se importa com eles. Mas as aparências enganam nesses casos. Os pesquisadores do apego teorizam que as crianças evitativas se importam, sim, quando o cuidador vai embora, mas aprenderam a não exigir demais dele. Segundo essa teoria, elas fazem isso porque perceberam que expressar suas necessidades pode não resultar em receber amor e pode inclusive afastar o adulto.

Na vida real, as crianças encontram variações dessa Situação Estranha repetidamente – quando são deixadas na creche e depois apanhadas no fim do dia, por exemplo – e cada uma dessas situações molda suas expectativas sobre relacionamentos futuros. Elas desenvolvem um senso sobre a probabilidade de receberem auxílio dos outros e também um julgamento sobre quanto elas merecem esse apoio.

A vida adulta é, em alguns aspectos fundamentais, uma versão altamente complexa da Situação Estranha. Como toda criança que foi separada de seus pais, cada um de nós anseia pela sensação de segurança, ou pelo que os psicólogos chamam de *base segura de apego*. Uma criança pode se sentir ameaçada porque a mãe não está no mesmo cômodo que ela. Um adulto, por sua vez, pode se sentir ameaçado pelo diagnóstico de uma doença. Ambos se beneficiam da sensação de contar com alguém a seu lado.

Mas a segurança do apego também existe num espectro para adultos e muitos de nós não estão totalmente seguros em seus relacionamentos. Há quem se apoie nos outros em momentos de estresse, mas tem dificuldade em encontrar o conforto que procura. E há aqueles que, como Joseph Cichy, evitam a proximidade porque temem, no fundo, afastar os entes queridos caso se tornem um fardo. Ou pode ser que não estejamos convencidos de que somos dignos de amor. De todo modo, ainda precisamos de conexão. A vida se torna mais complexa à medida que envelhecemos, mas *os benefícios de ter conexões seguras permanecem em todas as fases da vida.*

Henry e Rosa Keane, do Capítulo 1, são um ótimo exemplo de duas pessoas com conexões seguras. Todas as vezes que enfrentaram uma dificuldade juntos – a poliomielite de um dos filhos, a demissão de Henry, a proximidade da morte –, eles puderam recorrer um ao outro em busca de apoio, consolo e coragem.

Bebês e adultos costumam ter uma experiência semelhante: um estresse ou dificuldade perturba nossa sensação de segurança, então procuramos restaurar essa sensação. Se tivermos sorte, seremos reconfortados por quem está próximo de nós e voltaremos ao equilíbrio.

Em nossa última entrevista com eles, à mesa da cozinha, Henry e Rosa continuaram estendendo a mão um para o outro, especialmente ao responderem a perguntas difíceis sobre futuros problemas de saúde e a própria mortalidade. Durante a maior parte da entrevista, eles ficaram de mãos dadas.

O mais simples dos gestos – segurar à mão de um parceiro – é um importante portal para o mundo do apego íntimo na vida adulta. Na Situação Estranha, quando uma criança com apego seguro procura o cuidador e é confortada por um abraço, há benefícios fisiológicos e psicológicos.[5] Seu corpo e seus sentimentos são acalmados. Será que o mesmo acontece com adultos? O que se passa exatamente quando alguém segura nossa mão?

CONTATO AMOROSO: UMA ESPÉCIE DE DROGA

James Coan se aventurou no mundo da pesquisa do apego por acidente. Ele queria saber o que estava acontecendo no cérebro de pessoas que sofriam de transtorno de estresse pós-traumático (condição de saúde mental caracterizada por flashbacks, pesadelos e preocupações sobre um evento traumático) e estava examinando a mente delas em busca de pistas. Com uma melhor compreensão da atividade cerebral, ele esperava que novos tratamentos pudessem ser concebidos para aliviar esse sofrimento. Um dos participantes de seu estudo era um veterano da Guerra do Vietnã com intensa experiência de combate que se recusava a participar da pesquisa sem a presença da esposa. Coan estava ansioso por sua participação e ficou feliz em fazer as acomodações que permitiram que o estudo continuasse. A esposa do homem sentou-se ao lado dele enquanto ele ficava deitado na máquina de fMRI (ressonância magnética funcional do cérebro).

Essas máquinas podem ser barulhentas e, quando o teste começou, o homem ficou agitado e não quis continuar. A esposa, a seu lado, percebeu sua agitação e instintivamente pegou sua mão. Isso teve um efeito calmante sobre ele, que conseguiu ir até o fim.

Coan ficou intrigado com esse efeito e, depois de concluir essa pesquisa, desenvolveu um novo estudo de imagem cerebral para ver se conseguia encontrar alguma evidência neural do que havia acontecido.

Os participantes do novo experimento foram colocados na máquina de fMRI e a eles foi exibido um de dois slides. Um slide vermelho significava que havia 20% de chance de receberem um pequeno choque elétrico. Um slide azul significava que eles não receberiam choque algum.

Os participantes foram divididos em três grupos: o primeiro não tinha ninguém na sala com eles durante o experimento. O segundo segurou a mão de um completo desconhecido. E o terceiro segurou a mão do cônjuge.

Os resultados foram claríssimos: dar a mão a alguém próximo acalmava a atividade cerebral relacionada ao medo e diminuía a ansiedade dos participantes. Só que o mais notável talvez tenha sido o seguinte: dar a mão a uma pessoa querida realmente diminuía a *intensidade da dor* que os participantes diziam sentir ao receber o choque. Também havia benefícios em segurar a mão de um desconhecido, mas o efeito era tão intenso quando a mão era do cônjuge (em especial se o relacionamento era satisfatório) que Coan concluiu que segurar a mão de um ente querido durante um procedimento médico tinha o mesmo efeito de um anestésico leve. Os relacionamentos dos participantes do estudo afetavam seu corpo em tempo real.[6]

MAIS QUE UM SENTIMENTO

Os relacionamentos vivem dentro de nós. Só de pensar numa pessoa importante, geramos hormônios e outras substâncias químicas que viajam pelo nosso sangue e afetam o coração, o cérebro e vários outros sistemas corporais.[7] Esses efeitos podem durar por toda a vida. Como observamos no Capítulo 1, usando dados do Estudo de Harvard, George Vaillant descobriu que a felicidade conjugal aos 50 anos previa melhor a boa saúde física na terceira idade do que o nível de colesterol na mesma faixa etária.

Coan foi capaz de analisar em laboratório o efeito da intimidade no cérebro de uma pessoa, mas obviamente não podemos (ainda) nos colocar numa máquina de fMRI durante um primeiro encontro ou enquanto discutimos com um parceiro num estacionamento. Felizmente, na raiz de todo apego íntimo, independentemente da nossa idade, existe um tipo diferente de ferramenta de diagnóstico que cada um de nós pode acessar se prestar atenção.

A emoção.

Em qualquer situação da vida, as emoções servem como um sinal de que existem questões significativas em jogo, e elas são especialmente reveladoras quando se trata de relacionamentos íntimos.[8] Se pararmos e examinarmos *como nos sentimos*, algo que parece ser tão simples, teremos condições de desenvolver uma inestimável ferramenta para a vida: a capacidade de olhar sob a superfície dos relacionamentos. Nossas emoções podem nos indicar verdades ocultas sobre desejos e medos, expectativas sobre como os outros devem se comportar e as razões para enxergarmos nossos parceiros de determinada maneira.

Imagine o seguinte: quando mergulhadores entram na água, levam no pulso um medidor de profundidade. Mas eles também conseguem sentir a profundidade no próprio corpo. Quanto mais profundo, mais pressão.

As emoções funcionam como uma espécie de medidor de profundidade para um relacionamento. Na maioria das vezes estamos nadando perto da superfície da vida, interagindo com nossos parceiros e cuidando dos assuntos cotidianos. As correntes emocionais submersas estão escondidas numa profundidade um pouco maior, na escuridão da água. Quando experimentamos uma forte emoção, positiva ou negativa – uma súbita onda de gratidão, ou de raiva por ser mal interpretado –, isso nos indica algo mais profundo. Se nos esforçarmos para pausar esses momentos, para *observar* e *interpretar*, como sugerimos no modelo W.I.S.E.R. de interação no Capítulo 6, veremos com mais clareza as coisas que são importantes para nós e o que é importante para a pessoa amada.

CULTIVE UMA BASE DE EMPATIA E AFETO

Qual a importância das emoções que sentimos (e expressamos) quando interagimos com a pessoa amada? As emoções podem indicar a força da conexão e a probabilidade de uma parceria duradoura?

Investigamos a ligação entre emoção e relacionamento estável num dos primeiros estudos que conduzimos em conjunto.[9] Levamos para o laboratório pessoas casadas ou que viviam juntas e as filmamos por oito a dez minutos enquanto discutiam um problema recente e incômodo no relacionamento. Depois avaliamos os vídeos quanto à intensidade de cada emoção expressada (afeto, raiva, humor...) e quanto ao comportamento de cada participante (por exemplo, "reconheceu o ponto de vista do parceiro").

Pedimos especificamente a assistentes de pesquisa sem treinamento extensivo em psicologia que avaliassem as emoções nesses vídeos. A capacidade humana natural desses observadores não treinados para reconhecer como os outros se sentiam seria útil para prever a estabilidade nos relacionamentos?

Cinco anos depois, voltamos a conversar com os casais para saber como eles estavam. Alguns ainda estavam juntos, outros não. Quando comparamos o status do relacionamento com as avaliações de nossos assistentes de pesquisa, descobrimos que essas avaliações tinham previsto com quase 85% de precisão quais casais permaneceriam juntos. Isso corrobora muitos outros estudos que mostram que as emoções são um forte indicador para saber se os relacionamentos amorosos vão prosperar ou fracassar. O fato de avaliadores sem qualquer conhecimento especial de psicologia poderem prever com precisão a força de um relacionamento foi significativo porque mostrou que a maioria dos adultos tem facilidade para ler emoções de maneira acurada.[10] A maioria dos avaliadores nunca havia tido um relacionamento profundo e duradouro, mas, ao observar com atenção, eles puderam perceber emoções e comportamentos importantes, às vezes sutis, nos casais pesquisados. *As emoções impulsionam os relacionamentos, e percebê-las é importante.*

No entanto, nem todo tipo de emoção prevê igualmente a saúde de um relacionamento. Dentre as mais importantes, duas se destacaram em nosso estudo:

Empatia e afeto.

Homens e mulheres que expressavam mais afeto enquanto discutiam um problema incômodo tinham maior probabilidade de permanecerem juntos cinco anos depois. As respostas empáticas dos homens também foram importantes. Quanto mais sintonizados eles estavam com os sentimentos das parceiras, quanto mais mostravam interesse em entendê-las e quanto mais reconheciam a perspectiva delas, mais provável era que o casal permanecesse junto. Esses dados, juntamente com nossas descobertas sobre a importância do esforço empático (discutido no Capítulo 5), apontam para uma ideia importante sobre relacionamentos amorosos: *se um casal cultivar uma base de afeto e empatia (ou melhor, a curiosidade e a disposição para ouvir), seu vínculo será mais estável e duradouro.*

MEDO DAS DIFERENÇAS[11]

Qualquer tipo de coisa pode causar emoções fortes e desafiadoras num relacionamento amoroso. Mesmo as emoções positivas podem ser um problema. Um amor intenso pode ser atormentado pelo pavor da perda justamente por ser tão importante para nós.

Mas uma das razões mais comuns para emoções fortes num relacionamento amoroso são as diferenças simples entre os pares. Onde há diferença pode haver discordância, e onde há discordância muitas vezes há emoção.

Quando surgem, as diferenças podem ser alarmantes. Depois que a empolgação e a euforia iniciais de um novo relacionamento começam a ceder, talvez você perceba características incômodas no seu parceiro. Às vezes as diferenças são tão grandes (como o desejo de ter filhos ou não) que justificam ponderar se o relacionamento deve ir adiante. Mas muitas vezes são pequenas diferenças que *parecem* grandes por causa dos ajustes que exigem. Talvez um dos dois goste de fazer brincadeiras em momentos de estresse e o outro não ache a menor graça nisso. Ou pode ser que um dos dois adore explorar novos restaurantes e o outro prefira cozinhar em casa.

Quando você começa a descobrir essas diferenças, é fácil se sentir ameaçado. Se é casado ou divide o teto com alguém, talvez sinta que a vida dos seus sonhos está ameaçada e que é tarde demais para voltar atrás.

Talvez sinta que caiu numa armadilha e comece a ver seu parceiro como uma pessoa:

Egoísta
Ignorante
Imoral
Problemática

E talvez você veja essas diferenças como um problema de longa data, que vem do passado ou da família do seu parceiro, evidenciando de uma vez por todas a incompatibilidade entre vocês dois.

O psicólogo Dan Wile escreveu em seu livro *After the Honeymoon* (Depois da lua de mel):

Depois da lua de mel. As próprias palavras carregam um fardo de tristeza, como se por um curto período vivêssemos num transe dourado de amor e agora tivéssemos acordado de repente. A névoa da paixão inicial se dissipou e vemos nossos parceiros como eles são. [...] Imediatamente vem o pensamento: "Ah, não! Essa é a pessoa com quem devo passar o resto da minha vida?"

Confrontados por essas emoções, muitas vezes (e de forma compreensível) pensamos que o objetivo deveria ser evitar ou reduzir as diferenças. Joseph Cichy foi um mestre em minimizar as dificuldades. Passou toda a vida fazendo o possível para evitar conflitos e aparar qualquer aresta. E, nesse aspecto, funcionou. Mas o resultado foi um casamento com menos proximidade emocional, menos intimidade.

Portanto, a questão é a seguinte: se o conflito geralmente nos causa estresse e se um relacionamento tranquilo e sem conflitos também não é o caminho para uma intimidade rica e gratificante, o que devemos fazer?

A DANÇA

No início do casamento, Bob e a esposa, Jennifer, faziam aula de dança de salão uma vez por semana. A maioria dos outros alunos estava ali porque se casaria em breve e queria dançar bem na festa. Jennifer, que é psicóloga, se perguntou durante uma aula: será que o jeito de dançar de cada casal representa o relacionamento deles? Como acontece com os desafios amorosos, novos passos de dança às vezes são desajeitados no início, e leva um tempo para que os casais se ajustem e se acomodem ao ritmo um do outro. Um parceiro geralmente é mais rápido ou mais talentoso, mas ambos cometem erros e ambos estão aprendendo. Será que a dança poderia indicar quais casais seriam capazes de tolerar e perdoar erros no futuro? Será que a maneira como se ajustavam na dança poderia prever se ainda estariam juntos dali a cinco anos?

Assim como na dança, num relacionamento amoroso se *aprende fazendo*. Há um toma lá dá cá, um fluxo e contrafluxo. Existem rotinas, etapas e improvisações. Mais importante ainda, há erros e passos em falso. Nenhum casal será Fred Astaire e Ginger Rogers na primeira vez que pisarem juntos na pista de dança. (Até Fred e Ginger precisavam de muito treino!) O casal precisa aprender à medida que avança. Esses tropeços não são falhas ou sinais de que dançar juntos é impossível. Em vez disso, são oportunidades para aprender; dê um passo *aqui* em vez de *lá*. Meu par quer ir *por aqui* – então irei com ele. Agora eu quero ir *para lá* – e ele vai ter que aprender a vir comigo. Sim, haverá erros e falta de sincronia. Mas o importante é como os parceiros de dança reagem um ao outro.

O mesmo acontece na vida. *No fim das contas, o que mais importa não são os desafios que enfrentamos nos relacionamentos, mas a forma como os administramos.*

OPORTUNIDADES DESPERDIÇADAS

Uma coisa que nós dois, Marc e Bob, aprendemos depois de fazer terapia de casais por décadas é que quem vive um relacionamento íntimo muitas vezes ignora as oportunidades apresentadas pelos desentendimentos.

Acontece o tempo todo: um casal aparece para a primeira sessão e um dos parceiros tem uma noção muito clara do que os levou até ali. Muitas vezes envolve acusações ao outro:

Ele não consegue superar os problemas.
Ela precisa aprender a lidar com a raiva.

Ele não ajuda nas tarefas de casa.
Ela nunca quer sair, mas eu detesto ficar sentado sem fazer nada.
Ele é obcecado por sexo (ou não quer saber de sexo).

Qualquer que seja o "problema", a implicação é clara: *a outra pessoa precisa ser consertada*. Na realidade, quase sempre há uma tensão mais profunda e complexa dentro do relacionamento que não foi reconhecida pelo casal. Descobrir essa tensão geralmente requer autorreflexão e conversa.

Na terapia de casais, presumimos que haverá discordâncias e diferenças e encorajamos os casais a reconhecê-las e entendê-las. *Os desentendimentos, com todas as emoções que carregam, são oportunidades para revitalizar um relacionamento ao revelar as importantes verdades escondidas sob a superfície.*

Duas vidas, com toda a sua complexidade, estão fadadas a incluir diferenças que não se encaixam muito bem. Talvez você goste de limpeza e uma pilha de pratos sujos lhe provoque uma onda de frustração. Ou talvez seu parceiro fique zangado por causa do tempo que você gasta mexendo no celular. Talvez um de vocês esteja sempre atrasado e isso provoque discussões.

"Você nunca tampa a pasta de dente!", pode reclamar a pessoa amada com um peso emocional que não corresponde às circunstâncias.

Os sentimentos intensos que emergem em discussões recorrentes, por mais triviais que sejam, muitas vezes se resumem a algumas preocupações comuns, mas profundas. Veja se alguma delas lhe parece familiar:

Você não se importa comigo.
Estou me esforçando mais que você.
Não sei se posso confiar em você plenamente.
Tenho medo de te perder.
Você não me acha bom o bastante.
Você não me aceita como eu sou.

Nem sempre é fácil peneirar as emoções que envolvem um desentendimento para desvendar esses medos, preocupações e sentimentos de vulnerabilidade – que pertencem tanto ao nosso parceiro quanto a nós mesmos. Primeiro temos que admitir a possibilidade de estarmos deixando de ver o que realmente se passa sob a superfície. Como nos protegemos por instinto, temos a tendência de tirar conclusões precipitadas. Assim como nos abaixamos ou levantamos a mão quando um objeto é arremessado na nossa direção, tendemos a nos encolher e a fazer juízos de valor quando tomados por uma grande emoção.

A tampa da pasta de dente nunca me incomodaria... Por que incomoda você? Você é sensível demais!

E assim, em vez de investigar a discordância e as emoções que a acompanham, adotamos uma postura rígida, julgamos e decidimos que o problema é a hipersensibilidade da outra pessoa. Esse tipo de julgamento acontece instantaneamente em todos os tipos de situação, desde divergências "triviais" até grandes questões sobre amor e vínculo.

Joseph Cichy, por exemplo, não conseguia perceber toda a extensão da experiência de sua esposa porque estava imerso demais na própria interpretação. Ele sabia que a esposa se sentia incomodada por sua dificuldade em se abrir, mas Joseph havia decidido que seu entendimento era o correto. Em sua mente, ele a poupava do trabalho de ouvi-lo falar sobre sentimentos pessoais. Pensava que compartilhar suas emoções colocaria em risco o relacionamento pacífico com a esposa, e ele não queria perdê-la. Em seu esforço para se proteger dessa vulnerabilidade, ele contribuía para a vulnerabilidade da esposa. Afinal, a pessoa de quem ela era mais próxima no mundo não parecia precisar dela tanto quanto ela precisava dele.

Ele nunca se fez a pergunta: *O que significaria para nossa relação se eu compartilhasse mais meus sentimentos?*

Todos nós temos nossas vulnerabilidades, aqueles medos e preocupações que nos levam a evitar conflitos para nos proteger. Essas emoções não são fáceis de enfrentar, mas os desentendimentos que temos num relacionamento amoroso têm o potencial de revelá-las para nós.

VULNERABILIDADE RECÍPROCA: UMA FONTE DE FORÇA

Quando nossos participantes de segunda geração do Estudo falavam dos piores momentos de sua vida, muitos desses momentos tinham a ver com relacionamentos amorosos. Conexões profundas e íntimas são, por natureza, situações de incrível vulnerabilidade. Quando duas pessoas que compartilham a intimidade estão em harmonia, o efeito é estimulante; no entanto, se o relacionamento vacilar, o resultado pode causar intensa dor emocional, sentimentos de traição e autoexame crítico. Como disse Aimee, participante de segunda geração do Estudo:

> Meu primeiro marido é do Texas e nos mudamos para lá depois de nos conhecermos no Arizona. Morávamos numa cidade pequena criando nossas filhas, mas meu marido trabalhava em Dallas. Por isso, de vez em quando ele precisava passar a noite lá. Um amigo me ligou certa noite e disse que tinha visto meu marido cheio de intimidades com outra amiga nossa. Meu marido admitiu ter um caso. Isso me destruiu, mas também me deu a certeza de que poderia seguir sozinha. Minhas filhas e eu voltamos para Phoenix e moramos por dois anos com minha tia e o marido dela. Enquanto eu examinava as possíveis razões para a separação, comecei a me perguntar se tinha me tornado menos divertida, menos excitante depois da nossa mudança para o Texas. Foi um golpe na minha autoconfiança como mulher. Será que eu era capaz de ser *tudo* o que alguém poderia querer ou me faltava alguma característica essencial para ser uma boa esposa?

Ter um relacionamento íntimo é se expor ao risco. Quando confiamos em alguém o suficiente para construir uma vida em comum, essa pessoa se torna uma espécie de pedra fundamental. Se nossa conexão parecer precária, toda a estrutura da nossa vida parecerá precária também. Pode ser assustador. Em geral, os casais não compartilham apenas finanças e recursos, mas também filhos, amigos e vínculos importantes com as famílias de ambos. Preocupar-se com o fracasso do relacionamento e com o efeito dominó que isso terá no resto da nossa vida pode ser avassalador e influenciar a percepção que temos de nós mesmos. Como Aimee, questionamos nossa aptidão como par romântico e nossa capacidade de atender às necessidades de outra pessoa.

Se já nos ferimos antes – e isso acontece com a maioria de nós –, relutamos em confiar totalmente num novo relacionamento. Mesmo que estejamos com alguém por décadas, ainda podemos sentir a necessidade de nos proteger.

A vulnerabilidade recíproca conduz em geral a relacionamentos mais fortes e seguros. A capacidade que os parceiros têm de confiar e manifestar vulnerabilidade um para o outro – parar um pouco, perceber as próprias emoções e as da pessoa amada e sentir-se à vontade para compartilhar seus medos – é uma das habilidades mais poderosas que um casal pode cultivar. Também alivia muito a tensão, porque ambas as partes conseguirão o apoio de que precisam sem ter que fazer grande esforço para parecerem mais fortes do que realmente são.

Mesmo se conseguirmos cultivar um vínculo forte e cheio de confiança, ainda não estaremos a salvo, porque *até os melhores relacionamentos são suscetíveis a deterioração. Assim como as árvores precisam de água, os relacionamentos íntimos são entidades vivas e não podem ser deixados à própria sorte com o passar das estações da vida. Eles precisam de atenção e alimento.*

A INFLUÊNCIA DURADOURA DAS RELAÇÕES AMOROSAS

> O amor parece o mais rápido, mas é o mais lento de todos os crescimentos. Nenhum homem ou mulher realmente sabe o que é o amor perfeito até que estejam casados há um quarto de século.
>
> Mark Twain

Coisas incríveis costumam acontecer quando se alimenta um relacionamento por décadas. Por outro lado, se nosso vínculo mais importante for negligenciado, a vida tende a se transformar em isolamento e solidão.

Para ilustrar esses dois caminhos, voltemos a Leo DeMarco e John Marsden, dois participantes do Estudo de Harvard de primeira geração. Leo é um dos homens mais felizes do Estudo, e John, um dos mais infelizes.

O relacionamento de Leo com a esposa, que durou por quase toda a sua vida adulta, continha muito do que temos apontado como a chave para uniões satisfatórias: afeto, curiosidade, empatia e disposição para enfrentar emoções e problemas desafiadores em vez de evitá-los.

Por exemplo, em 1987 a esposa de Leo, Grace, disse ao Estudo que eles discordavam em certos assuntos, como a quantidade de tempo que deveriam passar juntos, com que frequência deveriam fazer sexo e ficar longe de casa.

Quando eles discordavam, o que faziam? Conversavam, disse ela. Descobriam o que o outro estava pensando, aceitavam a diferença ou encontravam alguma solução. E o que era igualmente importante: atravessavam esse processo sem perder a ternura.

A esposa de John Marsden, Anne, deu respostas diferentes ao mesmo questionário. Ela discordava de John com frequência, relatou. Mas o que era mais corrosivo para o relacionamento era a falta de afeto entre os dois. Ela acreditava que deveria haver mais carinho – e ele também acreditava nisso. Mas não conseguiam descobrir como resolver o problema nem falavam no assunto. Eles raramente faziam confidências um ao outro. O Estudo perguntou se ela sentia falta dele quando estavam separados.

– Quase nunca – admitiu.

Os diferentes padrões emocionais de cada um desses casamentos se estenderam por décadas, durante a velhice de Leo e de John.

Em 2004 fizemos uma entrevista com Leo em sua sala de estar, registrada em vídeo. Em determinado momento, o entrevistador pergunta:

– Poderia nos dizer cinco palavras para descrever seu relacionamento com sua esposa?

Depois de alguma hesitação, de algumas tentativas de escolher as palavras, Leo montou a seguinte lista:

Acolhedor
Desafiador
Divertido
Profundo
Belo

Na mesma época, em outra parte do país, John Marsden foi entrevistado no escritório de sua casa. No vídeo, ele está cercado por prateleiras de carvalho cheias de livros e uma janela à sua direita abre-se para um jardim e deixa a luz entrar. Ele ouviu a mesma pergunta:

– Poderia nos dizer cinco palavras para descrever seu relacionamento com sua esposa? – Ele se remexe na cadeira.

– Hum. É uma questão obrigatória, imagino? – pergunta John.

– Eu não diria que é obrigatória – responde o entrevistador.

– Acho que eu não saberia responder direito.
– Basta fazer o melhor possível.
John olha ao redor da sala e então recita metodicamente sua lista:

Tenso
Distante
Frio
Intolerante
Doloroso

A maioria de nós tem relacionamentos que se situam – ou oscilam – em algum ponto entre esses dois extremos. Mas nesses dois casos vemos um claro contraste na qualidade do vínculo – um contraste entre enfrentar desafios emocionais e evitá-los, entre afeto e distância, entre empatia e indiferença.

Lembre-se por um momento do estudo de Coan sobre dar as mãos e do estudo de Kiecolt-Glaser sobre cicatrização de feridas. Eles figuram entre os numerosos trabalhos que fizeram duas descobertas cruciais: que a presença da pessoa amada diminui o estresse e que o estresse pode afetar a capacidade de cura do nosso corpo. Claro, não podemos determinar com precisão *quanto* a saúde de Leo e John em seus últimos anos foi afetada pela quantidade de amor que recebiam. O que sabemos é que Leo foi fisicamente ativo até uma idade muito avançada, enquanto John passou muitos anos doente. Há outras razões para isso, além de seus relacionamentos, mas o amor compartilhado por Leo com certeza aumentou suas chances de uma saúde duradoura, enquanto a dor e o isolamento vividos por John não devem ter contribuído para seu bem-estar.

O mesmo ocorreu com suas esposas. Ao longo da vida desses casais, o relacionamento afetou drasticamente a felicidade, a satisfação com a existência e quase certamente a saúde física de cada um deles. É uma história que aparece repetidas vezes no Estudo de Harvard.

INTIMIDADE NO DECORRER DA VIDA

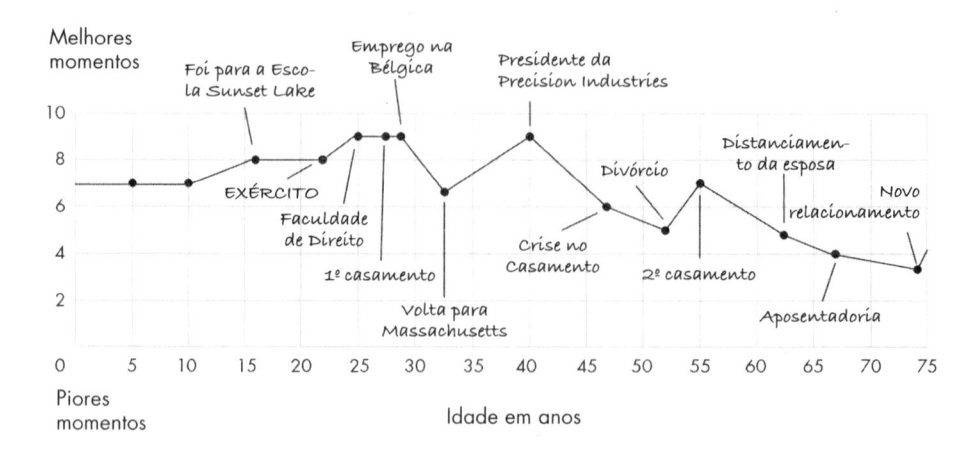

[Gráfico com eixo vertical "Melhores momentos" (10) a "Piores momentos" (0) e eixo horizontal "Idade em anos" de 0 a 75. Eventos marcados: Foi para a Escola Sunset Lake; EXÉRCITO; Faculdade de Direito; 1º casamento; Emprego na Bélgica; Volta para Massachusetts; Presidente da Precision Industries; Crise no casamento; Divórcio; 2º casamento; Distanciamento da esposa; Aposentadoria; Novo relacionamento.]

Esse gráfico foi feito por um participante da primeira geração do Estudo, Sander Meade, quando ele examinou sua vida já próximo aos 80 anos. A escala no lado esquerdo do gráfico representa uma avaliação que vai dos piores aos melhores momentos da vida, enquanto a escala inferior mostra a idade do participante no momento de cada avaliação. Assim como acontece com outros participantes, muitas das grandes mudanças na satisfação com a vida de Sander coincidiram com mudanças em seus relacionamentos: aos 47 anos, casamento em apuros; aos 52, divórcio; aos 55, segundo casamento; e assim por diante.

O mapa da vida de Sander reflete uma lição fundamental do Estudo de Harvard e de muitos outros projetos de pesquisa: *relacionamentos (especialmente os mais íntimos) desempenham um papel crucial no nível de satisfação que sentimos em qualquer momento específico da vida.*[12]

Mudanças de vida de todos os tipos podem causar tensão nos relacionamentos amorosos.[13] Mesmo mudanças positivas, como um casamento, podem ser estressantes. Casais jovens, por exemplo, muitas vezes se surpreendem com os desafios conjugais que surgem quando se tornam pais. O que era para ser um alegre começo da vida familiar torna-se um campo minado de novos desentendimentos e dificuldades agravados pela exaustão e pelas preocupações. Pais recentes começam a ter discussões que nunca tiveram antes. Estão mais estressados e muitas vezes sentem falta de apoio do parceiro.

Isso é perfeitamente normal. Muitos estudos, incluindo o nosso, mostram que costuma haver um declínio no nível de satisfação com o relacionamento após o nascimento de um filho.[14] Isso não quer dizer que a relação esteja ameaçada. Cuidar de um bebê é um grande desafio, e muito do tempo e da atenção que antes eram dedicados à dinâmica do casal precisam ser desviados para a criança. Portanto, é natural que os casais tenham algumas dificuldades depois que os filhos nascem.

O rastreamento cuidadoso do Estudo de Harvard ao longo de uma vida inteira aponta o momento em que os filhos deixam o ninho como outro ponto de virada importante. Muito se fala sobre uma alegria conjugal quando os filhos saem de casa, mas nosso estudo é um dos poucos que contam com dados que acompanham os relacionamentos ao longo de décadas, inclusive nesse ponto de transição. Ao examinar os casamentos de centenas de casais, descobrimos que, por volta da época em que o caçula completa 18 anos, os parceiros começam a experimentar um aumento perceptível na satisfação com o relacionamento.

Até Joseph Cichy, que não mantinha o mais próximo dos relacionamentos conjugais, experimentou essa alegria. A partir dos dados do Estudo de Harvard, podemos traçar trajetórias de satisfação conjugal ao longo da vida que muitas vezes se parecem com a de Joseph, apresentada adiante. Cada linha vertical tracejada representa o nascimento de uma criança; a área cinza representa a época em que Joseph e Olivia criavam filhos menores de 18 anos; e a linha vertical contínua representa o ano em que a caçula, Lily, foi para a faculdade.

Para os homens do Estudo, essa alegria causada pelo ninho vazio tem um significado que extrapola a satisfação conjugal. Na verdade, descobrimos que o tamanho dessa alegria (que varia entre os casais) previa quanto tempo esses participantes viveriam. Quanto maior o aumento na satisfação conjugal depois que os filhos saem de casa, maior a longevidade.

Relacionamentos amorosos tornam-se particularmente importantes na velhice. À medida que a idade avança, encontramos mais desafios físicos e precisamos ser capazes de depender um do outro de novas maneiras. Quando participantes do Estudo de ambos os sexos se encontravam com mais ou menos 80 anos de idade, aqueles que tinham vínculos mais seguros relatavam melhor humor e menos desentendimentos. Dois anos e meio depois, quando voltamos a procurá-los, esses indivíduos com apego seguro relataram mais satisfação com a vida e menos depressão, enquanto as esposas demonstravam melhor funcionamento da memória – outra evidência que sugere que os relacionamentos têm impacto sobre nosso corpo e nosso cérebro.

Satisfação conjugal de Joseph Cichy ao longo do tempo

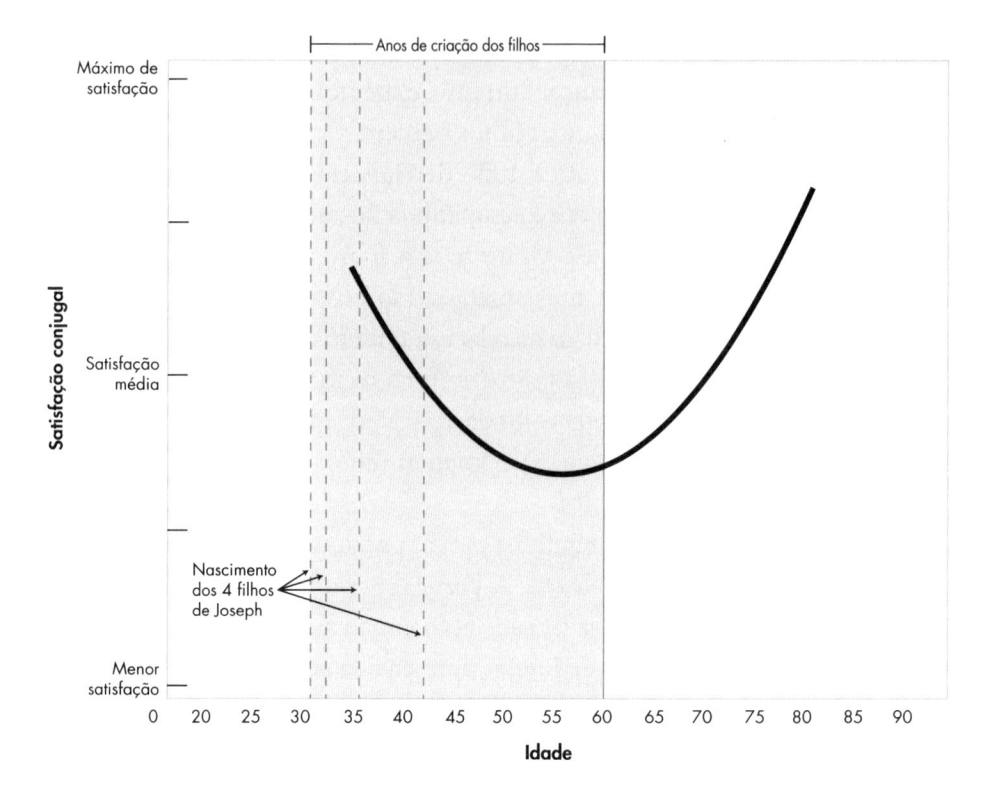

[Gráfico mostrando a satisfação conjugal (eixo Y: de "Menor satisfação" a "Máximo de satisfação", com "Satisfação média" marcada) em função da Idade (eixo X: de 0 a 90). A curva começa alta por volta dos 35 anos, desce até um mínimo próximo dos 55-60 anos, e sobe novamente atingindo o máximo próximo dos 80 anos. A região entre aproximadamente 30 e 60 anos é marcada como "Anos de criação dos filhos". Quatro setas indicam o "Nascimento dos 4 filhos de Joseph" em idades próximas a 32, 34, 38 e 42 anos.]

Quando olhamos para o espectro que indica como os casais se adaptam às mudanças e se apoiam mutuamente na velhice, vemos que Leo DeMarco e John Marsden encontram-se novamente em extremos opostos. Nas entrevistas que realizamos quando estavam na casa dos 80 anos, fizemos aos dois a seguinte pergunta:

Quando está emocionalmente abalado, triste ou preocupado com algo não relacionado à sua esposa, o que você faz?

A resposta de Leo foi típica de alguém que sente o acolhimento de um apego seguro:

– Eu procuro minha esposa. Converso com ela – disse. – É muito natural. Não sou capaz de guardar tudo para mim. Ela é minha confidente.

A resposta de John, por outro lado, foi emblemática de alguém que aprendeu a lidar com a vulnerabilidade evitando a dependência:

– Eu guardo tudo para mim – disse ele. – Aguento o tranco sozinho.

A velhice é uma época que traz desafios físicos e doenças para muitos. Para alguns de nós, isso significa tornar-se cuidador novamente (ou pela primeira vez) e, para outros, significa aprender a aceitar o cuidado. Sentir-se seguro num relacionamento íntimo é estar disponível para ajudar a pessoa amada e ser capaz de depender dela em momentos de necessidade. Pode ser um choque perceber que não conseguimos mais alcançar nossos pés para amarrar os sapatos ou que precisamos de ajuda para levantar de uma cadeira. Ter ao nosso lado alguém com quem possamos compartilhar nossas vulnerabilidades mais profundas pode ser a diferença entre uma sensação de desespero e de bem-estar. Quando estamos doentes, com frequência também precisamos de alguém para ser nosso representante – um porta-voz, um organizador, alguém que seja nossas mãos, nossos olhos e ouvidos... ou mesmo nossa memória. Por outro lado, ser esse representante envolve sacrifícios pessoais, mas também pode ser uma fonte de satisfação.

Para simplificar: *casais que conseguem enfrentar momentos de estresse juntos colhem benefícios em saúde, bem-estar e satisfação conjugal.*

UMA PALAVRA FINAL SOBRE "CARA-METADE"

Em *Jerry Maguire*, comédia romântica de 1996, Tom Cruise manifesta a noção de amor de Platão quando anuncia a Renée Zellweger: "*Você... me completa.*"

Embora a *sensação* de que encontramos nossa "cara-metade" possa parecer muito real, a realidade prática é que pouquíssimos relacionamentos amorosos fornecem às duas pessoas tudo de que precisam. Esperar encontrar a completude em nosso par romântico pode levar à frustração e até à dissolução de relacionamentos felizes.

Em seu livro *The All-or-Nothing Marriage* (O casamento tudo ou nada), o psicólogo Eli Finkel argumenta que nossas expectativas em relação ao matrimônio tornaram-se irreais – particularmente nos Estados Unidos e em outros países industrializados do Ocidente – e que isso é parte da razão pela qual as taxas de divórcio aumentaram tanto no século XX. Antes de 1850, mais ou menos, o casamento era basicamente uma aliança para a sobrevivência. Entre 1850 e 1965, o foco do casamento mudou para incluir maiores expectativas sobre companheirismo e amor. No século XXI, uma série de fatores na economia e na cultura convergiram de maneira a gerar expectativas ainda maiores sobre os relacionamentos amorosos. As pessoas têm se engajado cada vez menos em suas comunidades locais e se mudam com mais frequência por questões de trabalho. Essa maior mobilidade faz com que menos pessoas vivam perto da família. Muitos não permanecem num lugar por tempo suficiente para construir grupos estáveis de amigos. Então quem esperamos que preencha todas essas lacunas? A pessoa ao nosso lado.

Sem perceber, muitas vezes esperamos que nosso par nos forneça dinheiro, amor, sexo e amizade. Esperamos que nos dê conselhos, que converse conosco e nos faça rir. Queremos que essa pessoa nos ajude a nos tornar a melhor versão de nós mesmos. E não só pedimos que o outro faça tudo isso por nós – também esperamos oferecer tudo isso em troca. Poucos sortudos vivem relacionamentos que atendem razoavelmente bem a essas grandes expectativas. Na maioria dos casos, é pedir demais.

Como foi que nossos relacionamentos amorosos ficaram tão sobrecarregados de expectativa? Às vezes o motivo tem menos a ver com o relacionamento em si e mais com o enfraquecimento dos vínculos em outras áreas da nossa vida. Se não estamos mais nos divertindo como só é possível com um grupo de amigos ou de familiares que nos conhecem bem, se paramos de perseguir nossos interesses pessoais, hobbies e paixões, podemos recorrer demais ao nosso parceiro, esperando que ele preencha todas essas necessidades. É aí que o relacionamento amoroso se torna uma esponja, absorvendo qualquer expectativa frustrada que esteja por perto. De repente passamos a encontrar defeitos na pessoa amada quando é o resto da nossa vida e nossos outros relacionamentos que precisam de atenção. Essas expectativas costumam cobrar um alto preço.

Pesquisas apontam claramente: relacionamentos amorosos podem ser esteios incríveis para nossa mente e nosso corpo. Mas há limites para o que um relacionamento é capaz de fazer. Se quisermos que uma relação prospere, temos que apoiá-la sustentando outras partes da nossa vida. A pessoa amada pode de fato ser nossa cara-metade, mas não pode sozinha nos tornar inteiros.

O CAMINHO À FRENTE

> Não há remédio para o amor senão amar mais.
> Henry David Thoreau[15]

Para aplicar na sua vida as questões discutidas até aqui, experimente as seguintes estratégias para conduzir seu relacionamento na direção desejada.

"Flagre" a pessoa amada sendo gentil. Qual foi a última vez que você se sentiu grato por algo que seu par romântico fez para você? Um jantar que ele/ela preparou? Uma massagem nas costas? Uma atitude compreensiva diante da sua impaciência?

Tome nota desses pequenos gestos. Pesquisas apontam que faz bem manter um diário de gratidão para registrar e consolidar tudo pelo qual nos sentimos gratos, mas a simples percepção e a lembrança de pequenos gestos de delicadeza podem ter um impacto positivo nos nossos relacionamentos. É um jeito simples mas poderoso de "flagrar" a pessoa amada sendo gentil em vez de cair na armadilha comum de dar mais atenção às decepções. Expressar gratidão aumenta ainda mais o impacto. Se alguém tocou nosso coração e tornou nossa vida melhor, é porque houve motivos para isso – é bom lembrá-los (e mencioná-los!). Todo mundo gosta de se sentir valorizado.

Fuja das velhas rotinas. À medida que a vida passa, nossos relacionamentos podem parecer presos a ciclos repetitivos e nada emocionantes.

Toda noite: jantar e TV.

Toda manhã: pão e café.

Todo domingo: aparar a grama, ir ao mercado, fazer o almoço.

Experimente algo diferente! Planeje surpreender seu par com café da manhã na cama. Talvez vocês não andem juntos pela vizinhança há anos; em vez de cair na rotina, deem um passeio depois do jantar e vejam o que há por aí. Dediquem uma noite por semana a um programa especial e revezem-se para escolher o que vão fazer juntos (pode ser uma atividade surpresa, se vocês gostarem de aventura).

Todos nós caímos em hábitos e rotinas. É normal. Mas muitas vezes eles se tornam tão repetitivos que deixamos de realmente notar nossos parceiros ao longo do dia. Mudar a rotina deixa nossa mente mais alerta, e isso nos ajuda a reconhecer e apreciar a pessoa amada de um jeito diferente. Também nos faz ver quão importante ela é para nós.

E sempre é possível fazer uma aula de dança...

Experimente o modelo W.I.S.E.R. (ao quadrado). Quando surgirem divergências, pense em aplicar o modelo W.I.S.E.R. (do Capítulo 6) e compartilhar as técnicas com a outra pessoa. As etapas de *observação* e *interpretação* são especialmente úteis em relacionamentos amorosos. Reservar um tempo extra para observar nosso par e a nós mesmos numa situação de conflito pode nos ajudar a ver com mais clareza as razões por trás do que estamos sentindo. Injetar um pouco de tranquilidade num momento de turbulência nos ajuda a limpar a água lamacenta sob a superfície da relação.

Portanto, quando você se deparar com algo incômodo na pessoa amada, antes de reagir, pare para *observar* e registre suas reações e o que você está pensando.

Em seguida, *interprete* seus sentimentos e tente entender o que está acontecendo. Pergunte-se: *Por que essa questão é importante para mim? Qual é exatamente a minha opinião? De onde ela veio? É algo que aprendi com minha família na infância? É algo que aprendi com relacionamentos anteriores? É algo reforçado pela minha religião?*

Agora vem a parte mais difícil: tente se colocar no lugar do seu par. *Por que ele está tendo essa reação tão intensa, se comportando dessa maneira, pensando nessa coisa específica? Por que será que ele acha isso tão importante? Onde será que ele aprendeu isso? Qual é a origem dessa reação?*

Às vezes é difícil puxar um assunto complicado e conduzir a conversa numa nova direção. Velhas queixas costumam ser águas profundas. Um bom começo seria simplesmente admitir ao outro que determinado assunto é difícil para você. E há outras técnicas úteis para esses casos.

Uma delas é conhecida como "escuta reflexiva". Ela nos ajuda a ter certeza de que estamos ouvindo corretamente e mostra ao outro que nos importamos, que estamos tentando ter empatia. Funciona assim:

Primeiro ouça *sem fazer comentários*.

Em seguida, tente comunicar o que você ouviu *sem fazer julgamentos* (essa é a parte difícil). Comece com algo como: *Entendi que o que você pensa sobre isso é _____. Entendi corretamente?*

Uma segunda técnica que é útil por si só e pode tornar a escuta reflexiva ainda mais valiosa é mostrar certa compreensão das razões que levam seu parceiro a ter determinado sentimento ou comportamento. O objetivo não é ostentar sua inteligência e sua capacidade de ver coisas que o outro não consegue, e sim fazer com que ele saiba que você vê o mesmo que ele. Você quer deixar claro que faz sentido que o outro se sinta assim ou que se comporte assim. Isso alimenta a base de empatia e afeto que pesquisas demonstraram ser tão valiosa. Diga, por exemplo: *Faz sentido que você se incomode tanto com isso...* E complete com algo como: *... afinal, ser gentil é muito importante para você.* Ou: *... afinal, você já me contou que as coisas eram assim na sua infância.*

Uma terceira prática útil é tentar se afastar um pouco da conversa, algo que os psicólogos chamam de "autodistanciamento", e observar sua experiência como se estivesse vendo de fora. Pode ser que você perceba que os pensamentos dessa pessoa (no caso, você) são fugazes e passíveis de mudança. É uma técnica que tem muito em comum com as abordagens de atenção plena, e os psicólogos Ethan Kross e Ozlem Ayduk já conduziram muitas pesquisas que demonstraram sua utilidade.[16]

Juntas, essas práticas podem ajudar você a iniciar conversas desafiadoras e a manter-se emocionalmente firme nas dificuldades. Elas permitem desacelerar o ritmo e mostrar à pessoa amada que você está se esforçando para compreendê-la.

Não tenha medo de criar algumas estratégias específicas para o seu relacionamento. Quando perceber que está ficando com raiva ou se sentindo abatido ou amedrontado, lembre-se de que isso é um sinal. Estenda a mão para o seu par nesses momentos. Tente ver o que se passa sob a superfície e lembre-se de que, assim como você, a outra pessoa também trava as próprias batalhas.

Cada um de nós traz para o relacionamento pontos fortes e fracos, medos e desejos, entusiasmos e ansiedades, e a dança resultante disso sempre será diferente de qualquer outra.

– Não guardamos ressentimento – disse Grace DeMarco ao Estudo em 2004, referindo-se ao seu relacionamento com Leo. – Quando ficamos muito aflitos, dizemos o que sentimos de verdade, botamos tudo para fora. É possível ser muito diferente de alguém e ainda assim respeitar essa diferença. Na verdade, a gente *precisa* dessa diferença. Ele precisa de leveza e eu preciso de mais foco.

8
ASSUNTOS DE FAMÍLIA

Chame de clã, chame de rede, chame de tribo, chame de família: não importa o nome, não importa quem você seja, você precisa disso.

Jane Howard[1]

Questionário do Estudo de Harvard, 1990

> P: As frases a seguir poderiam ser aplicadas a quantos de seus familiares e parentes?
>
> Costumamos compartilhar nossas alegrias e tristezas. _____
>
> Gostamos de fazer coisas juntos e temos os mesmos interesses. _____
>
> Não procuramos saber da vida um do outro. _____
>
> A gente se evita e provavelmente nem se gosta tanto assim. _____

Qualquer arquivo do Estudo de Harvard se parece muito com um álbum de família ou com um velho filme em 8mm. Muitos dos registros são escritos à mão em letra cursiva, as histórias em si estão impregnadas da linguagem e do sentimento de eras passadas, e o tempo passa incrivelmente depressa. Gerações inteiras de famílias se sucedem enquanto viramos algumas páginas. Um participante nasce, atravessa a adolescência, casa-se e, de repente, um garoto que tinha apenas 14 anos momentos atrás está agora com 85, e seus filhos adultos compareçam ao nosso escritório para falar sobre o tipo de pai que ele foi. Embora muitos insights tenham vindo da inspeção minuciosa dos dados detalhados do Estudo, uma olhada casual em qualquer arquivo rapidamente coloca duas coisas em perspectiva: (1) o ritmo da vida humana e (2) o significado da família.

– Nossa família era enorme e sou grata por essa experiência – disse Linda, participante de segunda geração do Estudo, quando visitou nosso escritório no West End de Boston em 2018.

Seu pai era Neal "Mac" McCarthy, um dos integrantes mais dedicados da primeira geração do Estudo, criado na Lowell Street (hoje Lomasney Way), não muito longe de onde estávamos agora.[2]

– Havia muita energia em nossa família, muito amor – disse-nos Linda. – Mas quando penso no meu pai fico emocionada, porque ele teve um passado muito diferente. Ele passou por momentos difíceis na infância, quando a família se desfez. Não terminou o ensino médio. Foi para a guerra. Passou por tudo isso, se recuperou e foi um ótimo pai, sempre presente, sempre amoroso. A vida dele poderia ter tomado uma direção completamente contrária. Eu tenho muito respeito por ele.

Nenhum relacionamento é igual àquele que temos com nossa família. Para o bem ou para o mal, nossos parentes costumam ser as pessoas mais envolvidas em nossa vida quando somos jovens em formação e são eles que nos conhecem há mais tempo. Nossos pais são os primeiros seres humanos que vemos ao chegar ao mundo, os primeiros a nos abraçar e nos nutrir, e muito do que aprendemos a esperar de relacionamentos íntimos vem deles. Nossos irmãos, se os tivermos, estão entre nossos primeiros contemporâneos. São eles que nos mostram como nos comportar e como nos meter em confusão. O restante da família muitas vezes define nossa noção de comunidade. Mas, seja qual for a composição da sua família, ela é mais do que um grupo de relacionamentos. Ela é, de uma forma muito real, parte de quem somos. Há muito em jogo, e isso pode ter um efeito dramático em nosso bem-estar.

Mas a natureza e o tamanho desse efeito não são consenso na área da psicologia.[3] Alguns acreditam que as primeiras experiências familiares determinam quem nos tornamos no futuro. Outros acham que esse efeito é superestimado e que os genes são mais importantes. Como cada um de nós teve uma longa experiência com a própria família, tendemos a ter opiniões fortes sobre como ela nos influenciou. A partir dessa experiência pessoal se originam hipóteses importantes sobre o que é e o que não é possível (tanto em nossa família de origem quanto nas que formamos depois), e essas hipóteses muitas vezes determinam como conduzimos esses relacionamentos.

Por exemplo, às vezes pensamos que nossa família tem um jeito de fazer as coisas e que sempre vai ser assim. Cremos que esses relacionamentos são imutáveis. Também tendemos a descrever nossas experiências familiares, tanto antigas quanto atuais, com certo extremismo: *Meus pais eram horríveis... Minha infância foi perfeita... Minha família era vergonhosa... Meus sogros são invasivos... Minha filha é um anjo...* Será que as conexões familiares realmente se mantêm tão fixas assim ao longo do tempo?

O Estudo de Harvard tem captado uma enorme variedade de experiências familiares ao longo de muitas décadas, lançando luz sobre o funcionamento das famílias com o passar dos anos. Laços estreitos, rixas e toda variedade de sucessos e lutas estão representados no Estudo. Temos relatos da relação entre pais e filhos vista dos dois lados. Temos famílias nucleares "tradicionais", famílias monoparentais, famílias multigeracionais, famílias com filhos adotivos, famílias reformuladas pelo divórcio e por um novo casamento, e famílias com irmãos e irmãs que mais parecem pais e mães. Além de tudo isso, mais de 40% dos participantes tinham pelo menos um dos pais que havia imigrado de outro país para os Estados Unidos e enfrentado os desafios de criar uma família num território desconhecido.

A família de Neal McCarthy era uma delas. Imigrantes irlandeses de primeira geração, seus pais chegaram aos Estados Unidos apenas alguns meses antes de Neal nascer e tiveram sua cota de problemas tentando se integrar a uma nova sociedade. Como veremos, a infância de Neal teve elementos estimulantes e traumáticos, e sua filha Linda tinha razão – a vida dele poderia facilmente ter tomado um rumo desagradável. Foi o que aconteceu com muitas das vidas acompanhadas pelo Estudo de Harvard. Mas Neal conseguiu superar as dificuldades e viver uma vida plena e vibrante que incluía uma família amorosa construída por ele. O caminho que ele trilhou é ao mesmo tempo tocante e instrutivo.

Em 2012, aos 84 anos, Neal enviou nosso questionário bienal pelo correio e escreveu no verso um bilhete para Robin Western, um dos coordenadores do Estudo durante um longo período. A nota sugere o sabor de sua vida na época e quanto ele havia percorrido desde os primeiros tempos difíceis no West End de Boston:

> *Caro Robin,*
>
> *Espero que você e sua família estejam bem.*
> *Mal posso acreditar que faço parte do Estudo há mais de setenta anos!*
> *Embora eu esteja agora com 84, ainda sou muito ativo com minha família e meus amigos. Cuidar da netinha de 5 anos mantém o vovô Mac tinindo, sem falar nos encontros em família, que são sempre divertidos! Leio livros, faço palavras cruzadas e acompanho as atividades escolares e esportivas dos meus sete netos.*
> *Desejo o melhor para você e sua família.*
> *Adoraria ter notícias suas e saber como estão as coisas desde a última vez que nos vimos.*
>
> *Um forte abraço,*
Neal McCarthy (Mac)

Se tivéssemos mostrado esse bilhete alegre a Neal quando ele tinha 16 anos e vivia mergulhado nas dificuldades da família, ele teria se surpreendido. Ele percorreu um caminho muito, muito longo em sua vida e precisou tomar algumas decisões extremamente difíceis. De fato, entre todas as famílias do Estudo de Harvard, grandes ou pequenas, unidas ou não, alegres ou sofredoras, sempre houve um tema em comum: a mudança constante.

A qualquer momento, uma única família pode refletir todo o ciclo da vida humana – com crianças, adolescentes e adultos em diferentes fases da vida, todos se relacionando. À medida que o ciclo da vida avança, cada um de seus membros encontra novas posições no mundo, desempenha novos papéis. Essas mudanças sempre exigem alguma adaptação. Pais que até recentemente levavam os filhos adolescentes para as festas e os ajudavam com o dever de casa logo precisam aprender a respeitar sua crescente independência conforme vão se tornando adultos. Irmãos precisam renegociar a dinâmica entre eles à medida que cada um segue seu caminho. Adultos precisam se conformar em dar apoio aos pais idosos e, numa das mudanças de papel mais difíceis, acabam tendo também que aceitar apoio à medida que envelhecem. Essas transições exigem mais do que adaptação a novas funções e responsabilidades; exigem adaptação emocional.

Conforme o tempo passa e o estágio da vida vai mudando, os relacionamentos precisam mudar também. *O modo como uma família se adapta a essas mudanças inevitáveis é um dos principais determinantes da qualidade das relações entre seus membros.* Não podemos permanecer para sempre a criancinha com pais eternamente vigilantes, nem o jovem adulto embalado pela primeira experiência amorosa, nem o recém-aposentado com um neto risonho no colo. Não importa quanto nos apeguemos a uma posição particular na vida, chegará o momento em que teremos que abandoná-la. Teremos que seguir em frente, encarando novos papéis e desafios, e é sempre mais fácil fazer isso junto dos outros. Mas como?

A rede emocional de cada família é tão singular quanto a estrutura de uma flor, semelhante a outras à primeira vista, mas peculiar após inspeção minuciosa. Para alguns de nós, a família evoca uma sensação de pertencimento caloroso; para outros, a sensação é de distanciamento ou até de medo. Para a maioria, é complicado. Essa complexidade torna a pesquisa ainda mais desafiadora. Mas, ao acompanhar de perto centenas de famílias ao longo de muitas décadas, o Estudo de Harvard está numa posição única para encontrar padrões e descobrir alguns dos fatores comuns que definem o caráter de nossos relacionamentos familiares. Este capítulo reúne informações cruciais que servirão de lente para que você possa enxergar particularidades de sua vida familiar. Porque uma das verdades mais contundentes que encontramos o tempo todo no Estudo de Harvard é a seguinte: a família faz diferença.

O QUE É UMA FAMÍLIA?

> Nenhum homem é uma ilha,
> Isolado em si mesmo.
> Cada homem é um pedaço do continente,
> Parte de um todo.
>
> John Donne[4]

Pode ser tentador acreditar que temos muito controle sobre nosso destino. A verdade é que estamos todos inseridos em ecossistemas maiores, que nos moldam de maneira profunda. Economias, culturas e subculturas desempenham papéis importantes nas nossas crenças, nos nossos comportamentos e na progressão da nossa vida. Nenhum desses ecossistemas é mais importante do que a família.

Mas o que exatamente é uma família? Quando perguntados, logo pensamos na *nossa*. Só que para uma pessoa a família pode consistir em pais biológicos, irmãos e filhos, enquanto para outra significa agregados, enteados ou uma enorme variedade de parentes – sogros, sobrinhos, primos de segundo grau. Para outros, pode se estender ainda mais, para conexões importantes que vão além da relação de sangue.

Qualquer definição de "família" começa com a cultura que a cerca. Na China antiga, a ideia foi moldada pelo confucionismo e por uma ideologia coletivista que enfatizava a saúde e o sucesso de todo o grupo.[5] Um único lar incluía pais, avós e filhos e era o centro da vida. Esse modelo continua firme na China atual, mesmo na era das famílias de filho único. Na Roma antiga, uma família consistia em todos os membros de uma casa, incluindo servos e escravos, que viviam sob o domínio do homem mais velho, o *pater familias*. Na cultura ocidental moderna, a "família nuclear", composta por pai, mãe e filhos, é uma definição comum, apesar das inúmeras alternativas a esse protótipo.

– Tenho cinco mães, mas apenas um pai – disse um participante ao Estudo aos 14 anos. Seus pais adotivos já tinham netos quando ele entrou para a família, e ele considerava a mãe adotiva, as duas tias e as duas irmãs como figuras maternas.

Uma família pode ter muitos arranjos e diferentes níveis de proximidade ou distância. Quem não sente o calor e a presença dos familiares, quem cresce numa família abusiva ou intolerante, talvez encontre a proximidade em outros vínculos. Um indivíduo pode não se relacionar com o pai, mas ser muito próximo de um tio, de um avô ou de um adulto fora da família, como um técnico de futebol ou a mãe de um amigo próximo. Ou pode se sentir acolhido numa comunidade totalmente diferente.

Na cidade de Nova York, em Detroit e em muitas outras áreas urbanas dos Estados Unidos, um rico exemplo de família não tradicional pode ser encontrado na chamada *ballroom culture* (ou cultura de baile),[6] na qual membros da comunidade LGBTQIAPN+, em sua maioria negros e latinos, juntam-se a grupos conhecidos como "casas" e organizam suas vidas apoiando-se mutuamente e participando de competições de drag. As casas fornecem conexões familiares muito necessárias em torno de experiências, objetivos e valores compartilhados. Cada uma funciona de maneira semelhante a uma família de sangue, com uma "mãe" ou "pai" que assume muitos dos papéis de um pai ou mãe tradicional e fornece parte da estrutura e da conexão positiva que muitos dos "filhos" talvez tenham deixado de encontrar no início da vida.

Como Marlon M. Bailey explica em seu livro de 2013, *Butch Queens Up in Pumps* (cujo título indica a categoria em que o próprio Bailey competia): "Em geral, uma 'casa' não significa uma construção real. Pelo contrário, ela representa as maneiras pelas quais seus membros, que em sua maioria vivem em vários locais, veem-se e interagem mutuamente como uma unidade familiar. [...] Especialmente para pessoas não brancas e LGBTQIAPN+ no final da adolescência e início da vida adulta, essa comunidade oferece um santuário social permanente para aqueles que foram rejeitados e marginalizados por suas famílias de origem, pelas instituições religiosas e pela sociedade em geral."[7]

O ponto essencial é que grupos de pessoas próximas, acolhedoras, que influenciam nossa formação, podem estar em qualquer lugar, incluir indivíduos diversos e ter variados nomes. *O que importa não é apenas quem consideramos família, mas o que nossos relacionamentos mais próximos significam para nós ao longo da vida.*

No entanto, isso não diminui a importância da nossa família de origem. Mesmo quando novas famílias se formam ou quando passamos a fazer parte de novas comunidades que nos fornecem uma estrutura familiar, ainda carregamos conosco a história da nossa primeira família e as experiências que nos marcaram, tanto positiva quanto negativamente. Mesmo as famílias que vamos criando com o tempo, em toda a sua beleza e com todo o seu amor, existem para aliviar uma experiência passada. Independentemente da nossa vida atual, ainda carregamos os fantasmas da nossa infância e as memórias das pessoas que nos criaram.[8]

OS FANTASMAS DA INFÂNCIA

No fundo de uma gaveta da cozinha de Bob encontra-se uma velha concha de sorvete que pertencia à mãe dele. Quando ele era criança, num dia de verão, depois de brincadeiras pelas ruas de seu bairro em Des Moines, a mãe usava aquela concha de alumínio para servir um pouco de sorvete para ele e talvez um pouquinho para si mesma. Mais de sessenta anos depois, pegar aquela concha é, para ele, um pouco como tirar uma memória da gaveta. O cheiro da cozinha de sua mãe e a sensação daquele instante no tempo permanecem de alguma forma embutidos na colher de sorvete.

Marc guarda uma herança semelhante. Sobre sua mesa, mantém uma pequena placa com o nome do avô. Seu avô era construtor e exibia aquela placa na própria mesa. Ao olhá-la, Marc se lembra do avô ensinando-lhe a martelar um prego. Ele quase consegue ouvir o som da voz do avô, ao mesmo tempo rouca e gentil.

Muitos de nós tendemos a guardar itens de família que têm algum significado – seja bom ou ruim. Certos objetos podem nos transportar ao passado, nos lembrar tudo que percorremos e as lições que aprendemos.

Esses bens são símbolos de um tipo maior de herança. Não apenas de objetos, mas de perspectivas, hábitos, filosofias e experiências. Podemos nos apegar a heranças psicológicas com a mesma certeza com que nos apegamos a algo como uma concha de servir sorvete. A mãe de Bob sempre procurava ser gentil com os outros – garçons, desconhecidos, qualquer pessoa – e hoje Bob se vê tentando fazer o mesmo. O avô de Marc costumava falar sobre o prazer de fazer as coisas bem-feitas, explicava como o martelo faz determinado som quando acerta um prego com precisão e, embora Marc não esteja construindo nenhuma casa, pensa com frequência nessa lição tão simples.

Há também um lado mais sombrio dessas heranças: as experiências difíceis e até mesmo traumáticas da infância que nos deixam marcas psicológicas. A experiência do pai de Marc com a *Kristallnacht* e com a fuga do Holocausto permaneceu com ele por toda a vida. Muitos participantes do Estudo de Harvard enfrentaram pais abusivos ou intimidadores.

As heranças psicológicas podem ser muito profundas – às vezes profundas demais para serem facilmente reconhecidas. Além das características físicas que herdamos de nossos pais biológicos, adquirimos hábitos, perspectivas e modelos de comportamento dos nossos parentes. Nossas experiências mais importantes, boas e ruins, não são apenas memórias. São eventos emocionais que deixam impressões tangíveis, e essas influências podem moldar nossa vida por muito tempo.

Isso pode se aplicar a qualquer experiência, em qualquer fase da vida, mas é especialmente relevante para uma criança em sua família de origem. Hoje muito se pesquisa e escreve sobre a importância das experiências na infância, e são muitas as suposições sobre o papel que elas desempenham na vida adulta. Na cultura popular, nos filmes e nas mídias em geral, uma infância difícil costuma ser associada ao comportamento de alguém na idade adulta, tanto que parece ser uma obviedade que a infância determine o destino de uma pessoa. Num seriado de TV, quando nos apresentam os antecedentes dos vilões assassinos, parece que todos sofreram abuso quando crianças. Esse clichê é tão difundido que quem teve uma infância terrível muitas vezes se pergunta: *Minha vida não tem mais jeito? Estou condenado a ser infeliz?*

PROBLEMAS NO PARAÍSO

Em 1955, uma psicóloga do desenvolvimento chamada Emmy Werner quis entender melhor as implicações das experiências difíceis na infância.[9] Ela iniciou um estudo longitudinal na ilha havaiana de Kauai com a intenção de acompanhar crianças desde o dia em que nasciam até a idade adulta. Muitas das famílias estudadas passavam por dificuldades semelhantes àquelas das famílias de imigrantes que viviam em Boston quando o Estudo de Harvard teve início. Werner escreveu:

> [Os participantes] eram filhos e netos de imigrantes do Sudeste Asiático e da Europa que vieram para o Havaí para trabalhar nas plantações de cana-de-açúcar. Cerca de metade veio de famílias em que os pais eram trabalhadores semiqualificados ou não qualificados e as mães tinham menos de oito anos de escolaridade. [...] Eram japoneses, filipinos, havaianos e parcialmente havaianos, portugueses, porto-riquenhos, chineses, coreanos e um pequeno grupo de caucasianos anglo-saxões.[10]

O que tornou esse estudo tão notável é que Werner não selecionou apenas alguns participantes da ilha; ela conseguiu incluir todas as crianças nascidas na ilha de Kauai em 1955 – 690 no total – e o estudo durou mais de trinta anos.¹¹

A partir de dados da infância, adolescência e vida adulta, Werner foi capaz de mostrar uma ligação clara entre eventos adversos na infância e o bem-estar de cada participante. As crianças que enfrentaram uma doença complicada no nascimento, que tiveram experiências negativas com seus cuidadores e que sofreram abuso eram mais propensas a ter problemas de saúde mental e a apresentar dificuldades de aprendizagem. A experiência da infância realmente contava.

Mas Werner também encontrou razões para ter esperança.

Dentre as crianças que passaram por uma infância turbulenta, um terço conseguiu se tornar um adulto atencioso, gentil e emocionalmente bem ajustado.¹² E Werner foi capaz de apontar algumas razões para isso.

Os efeitos de uma infância difícil eram contrabalançados por alguns fatores de proteção. Entre esses fatores, um dos mais importantes era a presença consistente de pelo menos um adulto atencioso. Mesmo uma única pessoa preocupada, disponível e envolvida emocionalmente no bem-estar de uma criança afetava de maneira positiva seu desenvolvimento e seus relacionamentos futuros. Algumas das crianças que prosperaram apesar da adversidade pareciam particularmente capazes de obter esse tipo de apoio carinhoso.

Quando adultos, os participantes do Estudo de Harvard que foram capazes de reconhecer dificuldades e de falar sobre elas mais abertamente pareciam ter uma capacidade semelhante de conseguir apoio.¹³ Ser aberto e claro sobre as próprias experiências oferece uma oportunidade para que outra pessoa seja prestativa. Essa capacidade de reconhecer e lidar com os desafios em vez de tentar ignorá-los pode ser crucial durante a infância e também nos anos seguintes. A vida de Neal McCarthy é um exemplo maravilhoso de como isso funciona e de como podemos desenvolver nossas experiências familiares – boas e ruins – de um jeito que nos ajude a prosperar.

AS ORIGENS (E O DESENVOLVIMENTO) DE NOSSAS HABILIDADES DE ENFRENTAMENTO

Numa tarde fria de sábado em novembro de 1942, um entrevistador do Estudo de Harvard visitou a família de Neal McCarthy pela primeira vez em sua residência no West End de Boston. Se olharmos para o início dos registros de Neal, encontraremos as anotações feitas pelo entrevistador naquele dia. O apartamento de três cômodos era animado e movimentado, segundo o pesquisador, com seis crianças fazendo tarefas e brincando, cumprimentando o desconhecido de camisa e gravata sentado à mesa da cozinha. Um dos irmãos de Neal lavava a louça. Neal estava ocupado ensinando a irmã mais nova a amarrar os sapatos. Ele tinha 14 anos.

No final da década de 1930 e no início da seguinte, os pesquisadores realizaram essas visitas aos participantes da primeira geração do Estudo para ver como era a vida familiar de cada um deles. Seus pais eram rígidos ou flexíveis? Estavam sempre por perto? Demonstravam interesse? Tinham uma conexão emocional positiva e consistente com os filhos ou eram retraídos e desatentos? A família discutia muito? Resumindo: quanto calor humano e solidariedade havia no ambiente familiar dessas crianças?

Os pais de Neal nasceram na Irlanda e imigraram para os Estados Unidos apenas alguns meses antes de ele nascer. Durante a primeira visita do Estudo, Mary, a mãe de Neal, preparou chá para o entrevistador, sentou-se à mesa da cozinha e respondeu a perguntas sobre a história da família. De vez em quando uma das crianças aparecia para anunciar a conclusão de uma tarefa ou pedir permissão para visitar um amigo. "Todas as crianças respeitam a mãe de Neal", escreveu o entrevistador. "Ela é uma pessoa gentil e de boa índole, as crianças gravitam em torno dela e há uma afeição calorosa e mútua. Ela está particularmente orgulhosa de Neal porque ele é muito bom e ela não precisa se preocupar com ele."

Como muitos participantes da amostra que viviam naquela região, Neal começou a trabalhar muito cedo. Aos 10 anos, fazia entregas de mantimentos e jornais e, aos domingos, ia para o "bairro irlandês de cortinas de renda" do outro lado da cidade, mais abastado, e engraxava os sapatos das pessoas que saíam da igreja. Lembrando-se desses primeiros anos, já mais velho, Neal disse ao Estudo que dava para a mãe a maior parte do dinheiro que ganhava, para as despesas da família.

– Eu trazia meus ganhos para casa e geralmente dava a ela uns quatro dólares. E ela achava muito bom. Nem desconfiaria se eu tivesse escondido dinheiro no chapéu!

Ele passava muitas tardes na pista de boliche armando pinos para que o deixassem jogar de graça.

Sua mãe prestava atenção especial nos amigos de Neal. Quando o entrevistador perguntou como ele se mantinha longe de encrencas num bairro onde muitos de seus colegas não conseguiam, Neal disse:

– Eu não ando por aí com idiotas.

O pai de Neal, estivador, também era muito respeitado pelos filhos. Era gentil e firme, embora fosse claro que era a mãe quem comandava a casa.

Neal integrou uma grande amostra de participantes do Estudo de Harvard que selecionamos para investigar o efeito das vivências da infância na vida adulta. Queríamos saber: o eco das primeiras experiências familiares repercutiria por toda a vida de uma pessoa? Com anotações e avaliações cuidadosas das visitas iniciais, como aquela à casa de Neal, conseguimos formar uma imagem do ambiente familiar de cada participante. No caso de Neal, o ambiente familiar foi considerado muito positivo. Seus pais eram carinhosos, interessados, presentes e encorajavam a autonomia dos filhos, criando uma atmosfera classificada como calorosa e coesa.

Agora vamos avançar mais sessenta anos nos registros, quando entrevistamos em suas casas os participantes já na faixa dos 70 e 80 anos. Durante essas visitas, prestamos atenção especial em como interagiam com a esposa. Eram amorosos? Mostravam-se à vontade para pedir e oferecer apoio? Valorizavam ou desvalorizavam a parceira? Atentamos não apenas para o que diziam, mas também para a maneira como diziam.

Quando entrevistamos Neal e sua esposa, Gail, logo ficou claro que eles mantinham um vínculo muito forte. Ao descreverem o relacionamento, separadamente, as palavras que escolheram foram parecidíssimas. *Amoroso, comunicativo, terno, afetuoso, descontraído*, disse Neal. *Terno, aberto, generoso, compreensivo, afetuoso*, disse Gail. Em suas entrevistas, ambos forneceram bons exemplos para justificar esses adjetivos de forma convincente. Naquela época, Gail estava cada vez mais incapacitada pela doença de Parkinson, que ela enfrentava havia vários anos. Eles moravam em Seattle, Washington, onde Neal dirigia uma empresa de contabilidade da qual havia sido cofundador, e Gail contou como Neal havia mudado sua vida profissional para ajudá-la, atendendo a poucos clientes enquanto lhe dava a atenção necessária. Ele aprendeu a preparar os pratos preferidos de Gail e assumiu a responsabilidade por todas as tarefas domésticas. Mas ela insistia para que ele não abandonasse seu hobby de observação de pássaros, dizendo "Encontre um bom para mim!" quando o marido se dirigia até a porta.

– Aprendi muito sobre aves canoras – disse ela ao Estudo.

Essa pesquisa de certa forma marcou cada extremidade da vida dos nossos participantes. Fomos aos extremos dos dados – o início e perto do fim – procurando associações entre a vida na infância e na velhice. Dada a passagem de mais de seis décadas, nós mesmos não tínhamos certeza de que esse tipo de conexão entre os relacionamentos seria encontrado. Mas nossa hipótese se mostrou correta: homens que, como Neal, tiveram experiências mais próximas e calorosas no início da vida familiar eram mais propensos a se conectar com a parceira, a depender dela e a apoiá-la mais de sessenta anos depois. A força da conexão que atravessava sessenta anos não era imensa, mas ficou claro que a infância de nossos participantes foi como um fio longo e fino estendendo-se suavemente até sua vida adulta e esparramando-se por décadas.

Depois de descobrir esse elo, veio a pergunta crucial: como isso funciona? Como é exatamente que a qualidade da infância afeta a vida adulta?

É aqui que convergem a pesquisa de Emmy Werner, nosso Estudo de Harvard e muitos outros trabalhos com diversas culturas e populações, indicando que *nossa capacidade de processar emoções é um elo crítico entre a experiência da infância e vínculos sociais positivos na vida adulta.*

É a partir de nossos relacionamentos quando criança – especialmente com nossa família – que aprendemos o que esperar dos outros. É quando começamos a desenvolver os hábitos emocionais, por assim dizer, que nos acompanharão pelo resto da vida. Esses hábitos muitas vezes definem a maneira como nos conectamos com os outros e nossa capacidade de cativar pessoas de um jeito mutuamente favorável.

Um ponto fundamental é que *nossa capacidade de processar emoções é maleável. Na verdade, administrar emoções é uma das coisas que realmente aprimoramos à medida que nos tornamos mais velhos. E há fortes evidências de que não precisamos esperar até uma idade mais avançada para que isso aconteça. Com a orientação certa e um pouco de prática, é possível aprender a administrar melhor os sentimentos em qualquer idade.*

As ligações entre a experiência infantil e a maturidade não são tão fortes que não possam ser alteradas. Qualquer experiência que tenhamos, mesmo adultos, tem o poder de nos mudar. Há participantes no Estudo, por exemplo, que tiveram uma infância repleta de carinho e amor, mas depois vivenciaram dificuldades que alteraram a maneira de abordar os relacionamentos. Há também aqueles que tiveram uma infância difícil, mas passaram por experiências posteriores que os ajudaram a aprender a confiar e estabelecer vínculos.

Neal é um caso particularmente interessante e encorajador exatamente por esse motivo. Embora sua primeira infância tivesse sido muito positiva dentro de suas limitações naturais, aquele ambiente familiar caloroso não durou para sempre. Pouco depois da primeira visita do entrevistador, tudo mudou para os McCarthy. Os anos seguintes colocariam à prova os hábitos saudáveis que Neal adquirira quando criança.

PROBLEMAS NA FAMÍLIA MCCARTHY

Quando o Estudo de Harvard visitou a residência de Neal pela primeira vez, sua mãe foi extremamente sincera sobre muitos detalhes da vida familiar, pintando um quadro amplo e realista dos altos e baixos vividos pelo grupo. Mas havia uma coisa importantíssima que ela deixou de mencionar: ela passava por imensas dificuldades com o alcoolismo.

Por muitos anos, Mary administrara a bebida de maneira a não interferir na criação dos filhos e no sustento da família. Mantinha a discrição e conseguia controlar quanto e quando bebia. Mas, logo após a primeira visita do Estudo à casa dos McCarthy, Mary começou a perder o controle. Passou a beber diariamente até ficar embriagada. A casa se tornava turbulenta e até traumática para os filhos quando ela e o pai de Neal começavam a brigar ferozmente sobre a bebida e o modo como aquilo afetava a família. Havia gritos e, às vezes, violência da parte dos pais. Neal os amava e, num esforço para sustentar sua família fragmentada, abandonou o ensino médio aos 15 anos para trabalhar. Ficou em casa até os 19, ajudando no sustento e fornecendo estabilidade para os irmãos mais novos. Como vimos em casos anteriores, a experiência de entrar cedo no mercado de trabalho e assumir responsabilidades não era incomum para os participantes do Estudo que habitavam as regiões mais desassistidas da cidade.

Neal carregaria vívidas memórias desse período de turbulência pelo resto da vida – os gritos, a violência e os ferimentos, a tensão, a embriaguez da mãe e a tristeza insidiosa em todos. Ficou em casa até sentir que não poderia fazer mais nada para ajudar.

– Simplesmente tive que partir – disse ele, em lágrimas, a um entrevistador quando tinha cerca de 60 anos. – Precisei. Minha mãe era alcoólatra. Ela e papai brigavam muito.

Como aconteceu com muitas crianças no estudo longitudinal de Werner em Kauai, a vida familiar de Neal era uma teia complexa de experiências e sentimentos, de amor e frustração, de proximidade e afastamento, de coisas boas e ruins. A família dele, como a maioria das famílias, era complicada.

Mas o caso de Neal mostra o poder que todos nós temos de definir nossa própria história. Ele experimentou primeiro um ambiente caloroso e amoroso na infância e, mais tarde, quando a mãe sucumbiu ao alcoolismo, uma adolescência tumultuada e difícil. As duas experiências o afetaram profundamente. No entanto, ele tirou proveito das experiências positivas para colocar as negativas em perspectiva, e não o contrário. Ele também contava com aquele adulto presente e atencioso em sua vida – seu pai. Juntos, esses recursos lhe deram força e confiança para lidar com qualquer desafio emocional que enfrentasse.

– Eu sabia que não era assim que queria viver – disse ele ao Estudo enquanto relembrava a adolescência e a relação dos pais. – Brigar, beber, gritar. Quando fiquei mais velho, não queria que meus filhos passassem por isso, e nem eu queria passar por isso de novo.

Aos 19 anos, Neal escapou da casa da família alistando-se no Exército. Lutou na Guerra da Coreia e, quando deu baixa, obteve o diploma do ensino médio. Usou os benefícios para veteranos para ir para a faculdade, onde conheceu Gail e se apaixonou. Exatamente onze dias depois da formatura, Neal e Gail se casaram. Pouco tempo depois, a mãe dele morreu de complicações relacionadas ao alcoolismo. Tinha apenas 55 anos.

Ao longo de uma vida inteira de experiências, Neal desenvolveu a capacidade de refletir sobre o que acontecia com ele e de considerar suas emoções antes de agir. Foi capaz de dar um passo para trás, reconhecer as dificuldades e dar a si mesmo espaço para encontrar um caminho. E ele precisaria muito dessas habilidades. É verdade que Neal teve uma adolescência tumultuada e traumática e também lutou numa guerra. Porém, segundo ele, foi só depois de constituir família e ter filhos que ele enfrentou o desafio mais difícil de sua vida.

NEAL ENCONTRA OS DESAFIOS INESPERADOS DA VIDA FAMILIAR

Aos 56 anos, Neal "Mac" McCarthy e sua esposa, Gail, eram pais orgulhosos de quatro filhos, todos adultos. Neal disse ao Estudo que todos os seus filhos eram mais inteligentes que ele – e bondosos, fez questão de frisar. Os mais velhos (um casal de gêmeos) foram para a faculdade. O rapaz era contador e Linda (participante de segunda geração que mencionamos no início do capítulo) fez doutorado em Química. Essa conquista surpreendeu Neal. Linda foi a primeira Ph.D. da família. Seu filho do meio se casou jovem e foi morar na Costa Rica. A caçula, Lucy, tinha sido uma criança brilhante, disse ele, com muito potencial. Quando adolescente, Lucy era fascinada por astrofísica e pelo espaço e sonhava em se tornar engenheira da Nasa.

– Ela é tão esperta que até dá medo – dissera Neal na época.

Mas com o passar dos anos Lucy foi encontrando desafios que nem Neal nem Gail sabiam administrar. Lucy era tímida, tinha dificuldade em fazer amigos quando criança e sofria bullying no ensino fundamental. Sua vida doméstica era um porto seguro e os três irmãos cuidavam dela. Fora de casa, sua experiência continuava sendo difícil. No colégio, fez poucos amigos, começou a faltar às aulas e, sem o conhecimento dos pais por vários anos, começou a beber em excesso. Após o colegial, Lucy continuou morando com Neal e Gail. Foi demitida de diversos empregos por faltar e às vezes passava dias em seu quarto, sem querer sair. Chegou a ser presa uma vez por roubar um relógio de uma loja de departamentos.

Para Neal, a relação de Lucy com a bebida era especialmente alarmante, pois lembrava a experiência de sua mãe. Teria ele passado alguns genes de dependência química para Lucy? Ela seguiria os passos da avó?

A família apoiou a caçula o melhor que pôde. Seus irmãos estavam disponíveis, e o mais velho, Tim, ligava para ela com frequência para saber como ela estava. Lucy se sentia mais à vontade para conversar com ele sobre algumas coisas e com os pais sobre outras. Neal e Gail lhe deram o espaço que ela parecia preferir, mas não queriam se distanciar muito. Gail foi atrás do terapeuta certo para a filha – passando por vários antes de encontrar um com quem Lucy se sentisse à vontade. Por muitas vezes, Lucy pareceu melhorar antes de ter uma dura recaída. Ela foi diagnosticada com depressão e começou a tomar remédios. Isso ajudou, mas não foi uma solução definitiva. Os dois irmãos mais velhos de Lucy haviam feito faculdade e ela queria fazer o mesmo, mas, quando chegou a hora de se candidatar, não teve coragem. Em vez disso, começou a trabalhar em restaurantes em Seattle, morando com os pais e às vezes tentando se aventurar e morar sozinha. Certa vez, quando Lucy tinha 25 anos, Neal voltou mais cedo do trabalho e a encontrou à mesa da cozinha, soluçando incontrolavelmente, dizendo que não queria mais viver. Ele não soube o que dizer e teve medo de falar alguma coisa inadequada. Cancelou os compromissos do dia, fez café e sanduíches e lhe fez companhia. Ela foi embora chorando antes que a mãe chegasse em casa.

– Não sabemos o que fazer – disse Neal ao Estudo. – Tentamos ficar ao lado dela, mas sentimos que estamos sem opções. Faço questão de dizer a ela que a amo. Ela está morando sozinha no momento e eu empresto algum dinheiro quando ela precisa. Ela nunca quer aceitar, mas às vezes tenho que insistir, porque não quero vê-la morando na rua. Desde que ela era criança, dei provavelmente 80% da minha atenção a Lucy por causa dos problemas dela e dividi os 20% restantes com os outros três filhos. Nunca reclamaram, mas sei que foi difícil para eles. É assim que as coisas são, eu acho.

Os problemas de Lucy complicaram sua transição para a maturidade, mas sua situação continha os mesmos dilemas de desenvolvimento que todas as famílias enfrentam com jovens adultos: quando um pai deve intervir em vez de recuar e que tipo de apoio é melhor? Sob a perspectiva do jovem adulto, o mesmo dilema existe, só que espelhado: como posso obter apoio dos meus pais sem deixar de me tornar o adulto responsável que eu deveria ser?

Toda família enfrenta desafios e, às vezes, esses problemas realmente não têm uma solução. Há uma ideia ocidental, particularmente nos Estados Unidos, de que devemos ser capazes de superar os problemas. Se um problema não parece ser superável, a resposta é em geral dar as costas. As opções passam a ser: *preciso fazer tudo* ou *não posso fazer nada*.

Mas há um meio-termo. Temos defendido aqui a importância de encarar os problemas em vez de evitá-los, mas *enfrentar* um problema nem sempre é o mesmo que *resolvê-lo*. Às vezes o enfrentamento para nossa família significa aprender a lidar com situações e sentimentos desconfortáveis e nos permitir sentir e exprimir as emoções que tentamos evitar. Às vezes o melhor que podemos fazer é reagir de um modo menos absoluto e mais flexível, como Neal e Gail fizeram.

Neal e Gail se encontravam numa encruzilhada. Deveriam tentar se envolver com as dificuldades de Lucy? Deveriam recuar um pouco e dar espaço para que a filha fracassasse ou prosperasse por conta própria? Enquanto os dois se debatiam com essas perguntas, a reação mais frequente era encarar o problema de Lucy em vez de minimizá-lo ou fingir que não havia nada. Quando Lucy os afastava, eles não jogavam a toalha e cortavam relações. Em vez disso, davam espaço e esperavam outra oportunidade. Os irmãos de Lucy também forneciam o apoio necessário a ela e aos pais. Durante toda a experiência, mesmo em tempos de gritos e brigas, o amor que todos sentiam acabava aflorando. Permaneciam flexíveis, embora ninguém fosse perfeito. Às vezes tinham que dar um passo para trás. Às vezes tinham que dar um passo à frente. *Mas nunca davam as costas.*

No entanto, como muitos que passam pela mesma situação, Neal se perguntava se estavam adotando a estratégia correta. Era difícil dizer se estavam agindo corretamente, e ele temia estar contribuindo para a infelicidade de Lucy.

– Posso pedir sua opinião profissional? – perguntou Neal certa vez a um entrevistador do Estudo, trinta anos mais novo que ele, durante uma conversa sobre a filha. – Há algo mais que eu possa fazer por ela? Acha que fiz algo errado?

É natural se sentir responsável pelos fracassos dos filhos bem como por seus sucessos, mesmo quando boa parte disso está fora do nosso controle. Os pais enfrentam sentimentos de culpa quando os rebentos encontram dificuldades na vida. Às vezes esses sentimentos se tornam mais um motivo para dar as costas aos problemas. Simplesmente não conseguimos lidar com as emoções. Foi preciso coragem da parte de Neal para dar voz a uma pergunta que muitos pais se fazem quando os filhos passam por fases difíceis: *A culpa é minha?*

Neal nunca conseguiu encontrar uma resposta. A pergunta permaneceu em sua mente mesmo quando Lucy chegou aos 30 e 40 anos, ainda enfrentando altos e baixos e problemas com vícios, às vezes sem ter onde morar.

É verdade que a infância e os cuidados dos pais importam, mas nenhum elemento da vida de uma pessoa molda totalmente seu futuro. Os pais não podem receber tanto crédito nem tanta culpa pela maneira como seus filhos se comportam. A natureza e a criação, a hereditariedade e o meio ambiente, os pais e os colegas são fatores fortemente entrelaçados que serviram para transformar cada um de nós no adulto que somos hoje. Nem sempre é possível encontrar uma razão definitiva para explicar por que um indivíduo específico vive determinadas dificuldades. Tudo que podemos fazer é enfrentar nossas emoções, como Neal, com o máximo de coragem e reagir da melhor maneira possível.

EXPERIÊNCIAS CORRETIVAS (A PARTIR DE AGORA)

O que podemos fazer se a maior parte da nossa experiência na infância foi incrivelmente difícil ou mesmo traumática? Ainda há esperança para aqueles de nós que, ao contrário de Neal, só tiveram problemas na juventude?

A resposta é um *sim* enfático. Há esperança. Isso vale para todo mundo: para quem passou por problemas no passado e para quem está enfrentando problemas hoje. A infância não é a única época da vida em que a experiência é formativa. Qualquer coisa que vivenciamos, a qualquer momento, pode mudar o que esperamos dos outros. Uma experiência poderosa e positiva costuma exercer um efeito corretivo sobre uma experiência negativa anterior. Se crescemos com um pai autoritário, podemos mais tarde nos aproximar de um amigo cujo pai se comporta de maneira completamente diferente. Como o pai do amigo não corresponde às nossas piores expectativas, nossa perspectiva sofre uma mudança sutil, e assim nos abrimos a outras possibilidades.

Vivemos essas experiências o tempo todo, mesmo sem perceber. A vida, de certa forma, é uma sequência de experiências corretivas em potencial. Encontrar nosso par perfeito, por exemplo, pode ajudar muito a corrigir suposições e expectativas que desenvolvemos na infância. A terapia também pode ser útil, em parte porque estabelecemos uma ligação com um adulto cuidadoso e presente.

As experiências corretivas também não são apenas uma questão de sorte. Oportunidades para mudar nossa visão de mundo chegam o tempo todo – só que a maioria passa despercebida. Costumamos estar presos demais a nossas expectativas e opiniões para permitir que essas realidades sutis nos penetrem. Mas há algumas coisas simples (embora difíceis!) que podemos fazer para estimular nossa capacidade de ver o que realmente está acontecendo e, assim, ter mais chances de colher os benefícios da experiência corretiva.

Em primeiro lugar, podemos acolher os sentimentos difíceis em vez de ignorá-los. Aceitar os desafios envolve enxergar nossas reações emocionais como informações úteis em vez de algo que deve ser eliminado.

Em segundo lugar, podemos perceber quando estamos tendo experiências mais positivas do que o esperado. Talvez no meio daquela reunião familiar temida por meses você possa parar um pouco e perceber que, por incrível que pareça, está se divertindo muito.

Em terceiro lugar, podemos tentar "flagrar" alguém se comportando bem, assim como sugerimos que você fizesse com a pessoa amada. A maioria de nós é muito boa em perceber quando as pessoas se comportam mal, mas menos hábil para notar quando se comportam bem. Na estrada, bons motoristas passam despercebidos, enquanto os maus se destacam. Aprendemos a procurar os barbeiros no trânsito para não sermos surpreendidos quando estiverem por perto. O mesmo acontece na vida. De vez em quando, procure notar os bons motoristas, as boas pessoas.

A abordagem final e mais poderosa é simplesmente permanecer aberto à possibilidade de que as pessoas talvez se comportem de maneira diferente do esperado. *Quanto mais prontos estivermos para sermos surpreendidos, maior a probabilidade de percebermos quando alguém faz algo que não corresponde à nossa expectativa.* Esse tipo de observação é especialmente importante na nossa família.

REVENDO NOSSAS PERCEPÇÕES ATUAIS

Como em toda família, criamos imagens dos nossos parentes que procuramos confirmar o tempo inteiro: Minha irmã mais velha é sempre mandona... Meu pai está sempre me dando trabalho... Meu marido nunca percebe nada...

É uma armadilha que chamamos de "Você sempre, você nunca". Nossa experiência em família começa tão cedo que marca profundamente nossas expectativas sobre os relacionamentos futuros, e qualquer coisa que aconteça, por mais sutil que seja, costuma ser interpretada a partir desse velho ponto de vista. Devemos lembrar que, à medida que crescemos e mudamos ao longo da vida, o mesmo acontece com nossos familiares; se não dermos a eles o benefício da dúvida, podemos não perceber quando eles mudarem.

Uau, meu pai pegou o telefone e me ligou hoje. Ele sempre espera que eu o procure primeiro. Foi um passo e tanto para ele.

Hoje minha filha ajudou o irmão com o dever de casa. Por essa eu não esperava. Não posso deixar de agradecer a ajuda.

Minha sogra nem sempre esteve ao meu lado, mas ela me apoiou esses dias, quando meu filho ficou doente. Ela parece estar se esforçando, e é isso que importa.

No Capítulo 5, falamos sobre uma técnica de meditação muito útil para aprimorar nossa capacidade diária de prestar atenção no mundo. Ela também pode ser muito útil quando interagimos com nossa família. É a pergunta: *O que há aqui que eu nunca havia notado antes?*

Em vez de dirigi-la ao ambiente, você pode facilmente dirigi-la a algum dos seus relacionamentos familiares. *O que há na minha relação com essa pessoa que eu nunca havia notado antes? O que eu não percebi?*

Na ceia de Natal, quando você se sentar ao lado do cunhado que só fala de programação ou da tia que só quer saber dos cãezinhos peludos dela, tente repetir a si mesmo aquela pergunta, como um mantra, pelo menos nos primeiros minutos de conversa (afinal, todo mundo tem seu limite). *O que há nessa pessoa que eu nunca notei?* Você pode se surpreender com o que vai descobrir.

De uma coisa podemos ter certeza: ninguém é totalmente conhecido. Há sempre mais para descobrir nas pessoas com quem convivemos. Fazer essas descobertas e levá-las a sério pode corrigir preconceitos que sufocam nossa relação com aqueles que conhecemos há mais tempo: nossos familiares.

RELACIONAMENTOS FAMILIARES: POR QUE VALEM A PENA

Às vezes parece que nossa família é mais estável do que realmente é. Costumamos achar que aquelas pessoas sempre estarão conosco e sempre serão como são agora. Mas, à medida que cada familiar passa por novas etapas da vida, os papéis desempenhados também mudam, e *muitas vezes os problemas começam a acontecer justamente nesses momentos de mudança*. Adolescentes não precisam da mesma atenção que exigiam aos 2 anos de idade. Pais e avós precisam de mais ajuda aos 80 anos do que aos 60. Mães de primeira viagem podem precisar da ajuda de um parente, mas não de seus conselhos. Às vezes precisamos nos fazer a seguinte pergunta: *Qual é o papel apropriado para eu desempenhar com essa pessoa nesta fase da nossa vida em família?*

Cada um de nós tem conhecimentos, habilidades e experiências diferentes, e essa "riqueza" familiar pode ser aproveitada durante períodos de mudança. Alguém que superou o bullying quando criança talvez possa ajudar o sobrinho que está passando pelo mesmo problema. Mas, para aproveitarmos essa riqueza, temos que manter contato. E talvez precisemos *pedir* essa ajuda, pedir que haja uma mudança de papéis.

Além dos novos desafios trazidos pela mudança, grandes e pequenos motivos podem separar as famílias ao longo do tempo. Mesmo uma ligeira desavença pode provocar um distanciamento capaz de romper uma relação familiar importante. Quando alguém se muda de cidade, a distância pode fazer com que as reuniões em família se tornem cada vez mais raras. Lembre-se do cálculo que fizemos no Capítulo 4 sobre o tempo que nos resta em cada relacionamento – para um parente que quase nunca aparece, nosso tempo com ele pode se limitar a apenas alguns dias até o fim da nossa vida. Manter vínculos exige esforço. Se o motivo do distanciamento não for geográfico, mas emocional, manter o elo pode exigir que enfrentemos sentimentos de culpa, tristeza ou ressentimento.

A complexa estrutura emocional de cada família é única e nos afeta como nenhum outro relacionamento. Famílias compartilham laços sanguíneos e histórias e experiências incomparáveis. Não podemos substituir uma pessoa que conhecemos por toda a nossa vida. Mais importante: não podemos substituir uma pessoa *que nos conhece* desde sempre. Alimentar e enriquecer esses relacionamentos apesar dos desafios, perseverar e apreciar as coisas positivas que obtemos deles, valem a pena. Quando era jovem, Bob atravessou uma fase rebelde e vivia incrivelmente zangado com seus pais. Ele recorda que um tio o chamou num canto e disse:

– Eu sei que você está bravo. Mas lembre-se: ninguém no mundo jamais se importará com você tanto quanto eles.

O CAMINHO À FRENTE

Já demos neste capítulo algumas dicas para você aproveitar experiências corretivas, que podem acontecer quando você menos esperar numa interação em família. Mas também podemos ser proativos na hora de fortalecer nossas conexões familiares. Claro, o que funciona para uma família pode não funcionar para outra. Mas existem alguns princípios gerais que ajudam a fortalecer os laços com parentes e agregados. Aqui vão mais algumas dicas:

Primeiro, comece por você mesmo. Que reações automáticas você costuma ter com seus familiares? Você tem julgado as pessoas com base em experiências passadas e impedido que algo diferente aconteça?

Algo simples que todos podemos fazer é *perceber quando queremos que alguém seja diferente daquilo que é*. Procure se perguntar: *E se eu simplesmente deixasse essa pessoa ser quem ela é, sem julgá-la? Quão diferente este momento seria?* Reconhecer outra pessoa por *quem ela é* e encontrá-la *onde ela está* pode ajudar muito a aprofundar uma conexão.

Em segundo lugar, as rotinas são importantes. Dissemos no Capítulo 7 que sair da rotina faz bem para relações amorosas. Também faz bem para famílias estagnadas, só que *relações em família muitas vezes são definidas pelo contato regular*. Isso vale para famílias que moram sob o mesmo teto e especialmente para as que moram separadas. Encontros regulares, jantares, telefonemas e mensagens de texto servem, em conjunto, para unir uma família. À medida que a vida muda e se torna mais complicada, *encontrar novos rituais pode ajudar a manter vivas as conexões familiares* que, de outra forma, murchariam. Antigamente, o contato regular costumava acontecer com mais frequência em eventos religiosos como batismos, Ramadã e bar mitzvahs. Isso ainda ocorre, é claro, mas, à medida que o mundo se torna mais secular, algumas famílias enfrentam dificuldades para encontrar rituais substitutos.

A tecnologia ajuda nesses casos. Famílias que correriam o risco de se afastar agora se falam regularmente pela internet. Aplicativos de videoconferência são especialmente poderosos, pois enriquecem a comunicação com nossa expressão facial e nossa linguagem corporal. A videochamada foi uma espécie de salva-vidas para muitos de nós, particularmente durante o isolamento social da pandemia.

É bom lembrar, no entanto, que a tecnologia pode nos dar a ilusão de que estamos mantendo um contato *significativo* quando na verdade ele é mais superficial. Correntes misteriosas e sutis de sentimentos passam entre duas pessoas quando estão fisicamente próximas. As conversas íntimas com o pai, tarde da noite, descritas por Rachel DeMarco no Capítulo 5, não teriam acontecido se ela não estivesse na sala com ele, as luzes apagadas, o gato da família no colo.

E é possível que estejamos negligenciando oportunidades diárias de conexão familiar. Uma das principais é também uma das mais simples e antigas: o jantar em família.

Qualquer desculpa serve para reunir a família, e há evidências de que esses momentos de troca são especialmente benéficos para os filhos. Pesquisadores descobriram que jantares em família, quando regulares, estão associados a maior rendimento escolar e maior autoestima em crianças, além de menor tendência a abuso de substâncias, gravidez na adolescência e depressão.[14] Também há evidências de que comer em casa com mais frequência leva a hábitos alimentares mais saudáveis. Algumas culturas fazem das refeições o centro da vida familiar, mas no mundo ocidental as pessoas vêm fazendo refeições sozinhas mais do que nunca. Calcula-se que nos Estados Unidos os adultos façam metade de suas refeições sozinhos.[15] São muitas oportunidades perdidas de conexão. O jantar em família é uma oportunidade de nos atualizarmos sobre a vida uns dos outros. Mesmo que às vezes seja entediante, a rotina pode ter o incrível efeito de nos mostrar que não estamos sozinhos. Durante o jantar, adultos podem ensinar as crianças pequenas a se portar bem numa conversa e a escutar as experiências dos outros com curiosidade. Por outro lado, também podem aprender com os próprios filhos e se atualizar sobre as tendências culturais. E não subestime a importância de estar junto, mesmo que nem sempre haja uma boa conversa. Às vezes informações importantes são transmitidas não pelo que nossos familiares dizem, mas pela *sensação* de estarmos na mesma sala que eles. Mensagens de texto e gritos entre cômodos dificilmente conseguem competir com o que comunicamos em apenas quinze minutos sentados ao redor de uma mesa. Se a rotina da família não permitir jantares, o café da manhã pode servir para a mesma função. Todo ser humano precisa comer. Sempre que pudermos, devemos fazer isso juntos.

Finalmente, *lembre-se de que cada membro da família tem seu próprio tesouro enterrado*, coisas únicas que só ele pode fornecer aos demais, mas que podem estar escondidas bem diante dos olhos de todos. Considere, por exemplo, os avós que acumularam experiências de uma vida inteira. Eles desenvolveram uma noção de identidade geracional e conhecem os desafios que a família superou no passado, e tudo isso pode nos dar uma perspectiva que não encontraríamos em lugar algum. As histórias são importantes para criar vínculos e manter conexões.[16] Quais são as perguntas que você desejaria fazer aos parentes idosos antes que seja tarde demais? O que você gostaria de compartilhar com seus filhos? Pedir que os parentes mais velhos contem histórias de família pode ser uma forma de manter as pessoas conectadas. Vídeos curtos e fotos podem ser muito importantes, especialmente depois que as pessoas falecem. Novas maneiras de preservar a história e a conexão da família estão surgindo o tempo todo – é bom aproveitá-las.

Não são apenas as gerações mais velhas que têm memórias valiosas. Se você tem irmãos, as memórias de juventude que eles carregam podem enriquecer as suas. Se seus filhos são adultos, perguntar o que eles lembram da infância pode dar a você uma nova perspectiva sobre eles e sobre sua própria experiência como pai ou mãe. As memórias compartilhadas aprofundam conexões.

O Estudo de Harvard, de certo modo, é um experimento formidável nesse tipo de investigação familiar. Quando abrimos um arquivo individual e temos aquela sensação nostálgica de olhar um álbum de família, fazemos isso com espírito investigativo. Mas você não precisa de subsídios e do apoio de uma instituição acadêmica para garimpar os tesouros que existem em sua família. Basta curiosidade e tempo. Você pode ter algumas surpresas, boas e ruins, para enriquecer sua compreensão da própria história.

Os filhos de Neal McCarthy aproveitaram a memória do pai e tiveram várias conversas com ele sobre sua infância. Neal não contou tudo aos filhos – ao que parece, contou menos do que relatou ao Estudo de Harvard –, mas foi o suficiente para que soubessem que ele viveu momentos ótimos e outros dificílimos.

No fim das contas, o mais importante foi algo que eles viram de perto: ao formar a própria família, Neal não fugiu dos desafios, não perpetuou as coisas que dificultaram sua infância e deu a todos a bênção de sua presença constante. Mesmo quando cometia erros, ele não dava as costas. Permanecia lá. Quando questionada sobre o conselho que daria para a geração futura, sua filha Linda deu uma resposta inspirada no pai:

– Eu diria apenas para nunca esquecer o que esta vida realmente é. Não é sobre quanto dinheiro você ganha. Foi o que aprendi com meu pai. É sobre a pessoa que ele foi para mim, para meu filho, minhas irmãs e meu irmão, para os sete netos. Se eu puder ser metade disso, vou ficar bem.

9

UMA BOA VIDA NO TRABALHO

Como investir em vínculos

Julgue cada dia não pelo que você colhe, mas pelas sementes que você planta.

William Arthur Ward[1]

Questionário do Estudo de Harvard, 1979

> P: Se pudesse parar de trabalhar sem perder sua renda, você pararia? E o que passaria a fazer?

Nas próximas 24 horas, bilhões de pessoas em todo o mundo vão acordar e ir para o trabalho. Algumas irão para empregos pelos quais lutaram por toda a vida, mas a maioria terá pouca ou nenhuma escolha sobre o tipo de tarefa que fará ou sobre a quantidade de dinheiro que ganhará com isso. O objetivo do trabalho, para a maioria de nós, é principalmente prover nosso sustento e o de nossa família. Henry Keane, um dos participantes do Estudo de Harvard que moravam na periferia de Boston, trabalhou numa fábrica de automóveis em Michigan durante a maior parte da vida – não porque adorasse produzir carros, mas porque o emprego lhe proporcionava uma vida decente. Ele cresceu na pobreza e começou a trabalhar cedo. Não teve as mesmas facilidades que homens educados em Harvard como John Marsden (Capítulo 2) ou Sterling Ainsley (Capítulo 4), nem ganhou tanto dinheiro. No entanto, Henry foi mais feliz em sua vida do que John e Sterling. Como Henry, a maioria dos outros participantes da periferia tinha menos opções de carreira, trabalhava em empregos mais difíceis, ganhava menos dinheiro e se aposentava mais tarde do que os estudantes de Harvard. Tudo isso certamente afetou sua saúde e sua capacidade de prosperar. No entanto, os melhores salários e o maior status dos alunos de Harvard não garantiram a eles uma vida próspera. Muitos participantes que encontraram "empregos dos sonhos" – pesquisadores da área médica, autores de sucesso, ricos corretores de Wall Street – eram infelizes no trabalho. E houve participantes dos bairros pobres que tiveram empregos "sem importância" ou difíceis e obtiveram muita satisfação e tiraram muito significado do que faziam. Por quê? O que será que não estávamos vendo?

Neste capítulo vamos falar sobre um importante aspecto da vida profissional que muitos de nós costumamos esquecer, não importa qual seja o nosso emprego: o impacto que os relacionamentos profissionais têm em nossa vida. Não apenas porque eles são importantes para nosso bem-estar, como já discutimos, mas também porque são aspectos da nossa vida profissional sobre os quais temos algum controle e que têm o potencial de melhorar nossa experiência diária de imediato. Nem sempre podemos escolher o que fazemos para ganhar a vida, mas tirar proveito do trabalho pode ser mais acessível do que pensamos.

DOIS DIAS NA VIDA

Imaginemos alguns dias na vida de uma trabalhadora – vamos chamá-la de Loren – que está enfrentando uma série de desafios comuns que encontramos com frequência, tanto na vida dos participantes da pesquisa quanto em nosso trabalho clínico.

Há seis meses Loren trabalha num escritório de cobrança médica que cuida de vários consultórios. Seus colegas de trabalho, sentados em cubículos ao seu redor, são boas pessoas, mas ela não os conhece muito bem. A cada dia, o que ela mais deseja é terminar as contas e voltar para casa, onde a aguarda um conjunto totalmente diferente de desafios. Infelizmente, nos últimos tempos tem sido difícil terminar o expediente na hora certa, porque sua empresa acaba de assumir um novo conjunto de contas e, por meses, seu supervisor deixa o próprio trabalho na mesa de Loren, dando-lhe prazos irreais e culpando-a por ser muito lenta. Hoje o supervisor vai para casa uma hora mais cedo. Ela sai duas horas mais tarde.

Ao chegar em casa, seu marido e as duas filhas, de 9 e 13 anos, estão jantando. Comem pizza pela terceira vez na semana. Ela gosta de preparar o jantar para todos, gosta da agitação e de conversar com as crianças enquanto cozinha, mas não havia sido possível naquela semana, e a estratégia do marido é fazer o mínimo indispensável. Ela sempre pede a ele que prepare pelo menos uma salada. Ele não preparou. Ela não reclama.

Exausta, com a mente girando e ainda com as roupas de trabalho, ela se senta para passar alguns minutos com a família.

As filhas falam sobre a escola; ela mal escuta. O marido olha a tela do celular. Ela já havia conversado com ele antes sobre procurar um novo emprego – ele não se opôs –, mas nada mudou desde então e ela não tem energia para repetir a conversa naquela noite. Ela está pensando em tudo que deixou de fazer no trabalho e como provavelmente terá que ficar até tarde no dia seguinte. Sua filha mais velha pergunta se Loren pode levá-la a Minneapolis no fim de semana para fazer compras e Loren a interrompe:

– Vamos conversar sobre isso na sexta – diz ela –, quando meu cérebro estiver funcionando de novo.

Depois que a pizza acaba, todos se levantam da mesa. Ela não conseguiu uma fatia. Come um pouco da crosta que sobrou e prepara uma tigela de sopa para si mesma. É um dia como qualquer outro. Amanhã o processo recomeça.

Faz sentido pensar na vida profissional e na vida real como coisas separadas. Assim como Loren, muitos de nós achamos que são esferas de experiência totalmente diferentes. Trabalhamos para viver. Mesmo aqueles que são felizes por trabalharem com algo que adoram costumam pensar nas duas esferas como coisas distintas. Temos dificuldade para encontrar o equilíbrio correto entre a vida e o trabalho.

Mas será que estamos deixando de ver alguma coisa? Essa suposta separação entre trabalho e vida pessoal ajuda ou atrapalha a busca da felicidade? E se o valor do trabalho – mesmo daquele que não apreciamos – residir não apenas em ser pago, mas também nas sensações de estarmos vivos a cada momento do expediente e no sentimento de vitalidade que obtemos ao nos conectarmos com os outros? E se até mesmo o dia de trabalho mais comum apresentasse oportunidades reais para melhorar nossa vida e nos desse a sensação de estarmos conectados a um mundo mais amplo?

No dia seguinte, Javier, colega de trabalho de Loren, parece estressado. Até mais do que ela. Ele está sentado diante da mesa com os fones de ouvido, mas ela ouve seus suspiros e percebe que ele fica olhando o celular o tempo todo. Loren e Javier não são próximos, mas ela pergunta se está tudo bem.

No dia anterior ele sofreu um acidente de carro. Foi culpa dele. Todos estão bem, mas o carro está em péssimas condições e o seguro cobre apenas responsabilidade civil. Ele não tem como comprar um carro novo nem mesmo como consertar o antigo e o escritório é distante demais para chegar a pé. Hoje ele conseguiu carona com seu colega de quarto, mas não era uma solução permanente.

– O carro ainda anda?
– Muito mal... Eu não posso pegar a autoestrada com ele.
– Meu marido é mecânico e conserta carros de rali. Se você puder levar o seu até minha casa, ele vai dar um jeito por um precinho camarada, pelo menos para você conseguir dirigir de novo.
– Acho que não posso pagar.
– Vai sair barato ou de graça, se você não se importar com a aparência. Você pode ter que comprar algumas peças e uma caixa de cerveja. Acredite em mim, aquele homem poderia construir um carro com uma pilha de lixo. Pode levar lá. Ele me deve uma.

Eles começam a conversar, na verdade pela primeira vez. Trabalharam lado a lado por meses, mas presumiram que não tinham nada em comum. Ela é quinze anos mais velha, ele gosta de videogames e, na maioria das vezes, os dois se mantêm reservados. Loren menciona como seu trabalho está lento. Javier frequenta regularmente os fóruns on-line que discutem o software um tanto desatualizado que estão usando. Ele pergunta qual o tipo de problema que ela anda encontrando e percebe imediatamente que uma parte fundamental do trabalho dela poderia ser automatizada com a ajuda do software.

– Só um minuto – diz ele, e se senta à mesa dela. Dez minutos mais tarde, o software está resolvendo uma tarefa que levaria horas. Loren quase chora de alívio.

Acontece que os dois têm uma queixa sobre o sistema de arquivamento físico, que ocupa uma parede inteira do escritório e às vezes dificulta o trabalho. Javier diz que trabalhou recentemente num escritório semelhante onde faziam o arquivamento de outra forma.

Juntos, eles abordam o chefe e o convencem de que uma mudança no arquivo pode fazer grande diferença na produtividade. Ele concorda e incumbe os dois de desenvolver um plano de como fazer isso acontecer sem causar transtornos. Terá que ser feito em etapas, após o expediente, e dará muito trabalho. Mas, se ele aprovar o plano, eles receberão pelas horas extras.

No dia seguinte, quando Loren entra no escritório, um saco de papel está sobre sua mesa. É um pão de fermentação natural. Javier tem uma levedura caseira cultivada há gerações por sua família. Loren fica chocada ao saber que aquele jovem assa o próprio pão.

– Há mais de onde esse veio – diz ele.

Naquela noite, Loren acaba se atrasando um pouco, mas não tanto quanto nos outros dias. Ela liga para o marido e lhe pede que a espere para o jantar – ela fará sanduíches de bacon, alface e tomate com o pão caseiro.

Várias coisas importantes aconteceram aqui. Primeiro, Loren transformou um colega de trabalho num amigo improvável. O trabalho em equipe que surgiu dessa nova conexão, a experiência compartilhada, diminuiu imediatamente seu nível de estresse. Agora os dois estavam *juntos* na trincheira. Ela não sentiu apenas alívio por receber ajuda; sentiu alívio por *oferecer* ajuda.

Em segundo lugar, um projeto significativo começou a ser desenvolvido. Isso animou a rotina diária e seus resultados trariam melhorias à vida profissional de Loren. Ela se tornou uma participante ativa no escritório, trabalhando em prol de um pequeno objetivo escolhido por ela mesma. Os eventos que se desenrolaram também estabeleceram uma ligação entre uma realização e um *relacionamento*. Esse é um ponto crucial. A realização é mais significativa quando é *relacional*. Quando o que fazemos é importante para outras pessoas, é mais importante para nós. Podemos fazer algo em equipe que nos dê uma sensação de pertencimento, como Loren e Javier, ou fazer algo que beneficie diretamente os outros; em ambos os casos, há uma espécie de benefício social. Também sentimos satisfação ao compartilhar nosso sucesso pessoal com amigos e familiares: mais um benefício.

Finalmente, a crescente amizade de Loren com Javier possibilitou que seu *trabalho* se tornasse uma parte mais significativa de sua *vida*. Oferecer a ajuda do marido e ganhar um pão de presente talvez pareçam eventos triviais, mas, na verdade, abrem uma porta importante entre dois mundos – uma porta que permite que elementos positivos da vida fluam para o trabalho e vice-versa.

Raramente escolhemos nossos colegas de trabalho. Embora isso possa parecer uma desvantagem, também permite que pessoas que talvez nunca se encontrassem fora do ambiente profissional criem relacionamentos únicos e um tipo de entendimento que não seria possível de outra forma. Apesar das diferenças, colegas de trabalho como Javier e Loren podem experimentar um encontro de mentes.

TRABALHO *VERSUS* VIDA OU APENAS... VIDA?

Adultos de todo o mundo passam grande parte da vida trabalhando. Há diferenças entre os países devido a fatores econômicos e culturais, por exemplo, mas a vida profissional ainda representa uma parcela significativa do tempo vivido pela maioria das pessoas, independentemente da localização geográfica.

Em média, os britânicos não são aqueles que trabalham mais horas por ano (dos 66 países pesquisados em 2017, o campeão foi o Camboja), mas também não são os que trabalham menos (posição que pertence à Alemanha).[2] Por isso os cidadãos do Reino Unido são bons exemplos do trabalhador médio. No momento em que um indivíduo comum no Reino Unido chega aos 80 anos, terá passado cerca de 8.800 horas socializando com amigos, cerca de 9.500 horas em atividades com um parceiro ou parceira e mais de *112.000 horas* (13 anos!) no trabalho.[3] Algo parecido acontece nos Estados Unidos. De todos os americanos com 16 anos ou mais, 63% fazem parte da força de trabalho remunerada e há muitos outros que realizam atividades não remuneradas importantes, como criar filhos e cuidar de entes queridos. Isso soma centenas de milhões de horas de trabalho todos os dias no país.[4]

Quando chegaram aos 70 e 80 anos, alguns participantes do Estudo de Harvard lamentaram a quantidade de tempo dedicada ao trabalho. Existe o velho clichê de que, no leito de morte, ninguém deseja ter passado mais tempo no escritório. É um clichê por um bom motivo: costuma ser verdade.

Eu gostaria de ter passado mais tempo com a família. Trabalhei muito, assim como meu pai, que era workaholic. Agora estou preocupado que meu filho também seja.

James, 81 anos

Eu queria ter passado muito mais tempo com meus filhos e menos tempo no trabalho.

Lydia, 78 anos

É bem provável que eu tenha trabalhado mais do que deveria. Fiz um bom trabalho, mas ele me custou muito. Eu não tirava férias. Me sacrifiquei demais.

Gary, 80 anos

É um problema que muitos de nós enfrentamos. Precisamos trabalhar e sustentar a família, mas o trabalho tende a nos afastar dos nossos entes queridos. Talvez você esteja esperando que este livro lhe diga que é melhor se dedicar menos à vida profissional e mais à família e aos relacionamentos e que, para isso, talvez deva trabalhar menos horas. Mas a complicada interação entre vida profissional, lazer, relacionamentos, vida doméstica e bem-estar sugere soluções mais sutis. Nosso tempo no batente afeta o tempo em casa, nosso tempo em casa afeta o tempo no batente, e são nossos relacionamentos nesses dois espaços que formam a base dessa interação. Quando há um desequilíbrio, o problema às vezes pode ser encontrado na nossa maneira de lidar com todos esses relacionamentos.

Michael Dawkins, engenheiro civil e participante do Estudo, teve aquela experiência comum de lamentar a quantidade de tempo dedicada à profissão, apesar do fato de ter muito orgulho do que fazia e considerar o trabalho o objetivo central de sua vida.

– Adoro criar e aprender coisas novas e acompanhar minha evolução – disse ele. – Acho que significa muito concluir projetos e receber reconhecimento pelo que faço. A sensação é ótima.

No entanto, ele lamentava o modo como passava o tempo em casa e os efeitos que essa dedicação ao trabalho estavam causando no casamento.

– Algo estava se perdendo e eu nem notava – disse ele. – Mesmo em casa, eu vivia preocupado. Quando percebi, já era tarde.

Mas outros participantes foram capazes de prosperar em meio a toda essa complexidade, apesar de também se dedicarem ao trabalho. Veja o exemplo de Henry Keane. Embora ele nunca tenha falado muito para o Estudo sobre os automóveis que produzia, costumava dizer como apreciava o companheirismo na empresa. Considerava seus colegas uma segunda família. Rosa, sua esposa, que trabalhou com a folha de pagamento do município durante trinta anos, sentia-se do mesmo modo em relação a seus colegas e os dois costumavam organizar grandes churrascos para todos que conheciam nos dois empregos. É difícil imaginar que daqueles churrascos não tenha saído pelo menos um novo casal feliz.

Ou veja o caso de Leo DeMarco, nosso professor do ensino médio, que rejeitou várias promoções a cargos administrativos para continuar seu trabalho em sala de aula, porque as conexões com alunos e demais professores lhe davam muita alegria. Sua família sempre desejou que ele passasse mais tempo em casa, mas a convivência que tiveram foi valiosa e era inegável a força do vínculo entre eles.

Rebecca Taylor, uma das participantes do Estudo do Conselho Estudantil, teve uma experiência diferente e igualmente comum dessa complexa interação entre trabalho, casa e relacionamentos. Aos 46 anos, as circunstâncias colocaram Rebecca em apuros. Recentemente divorciada depois do abandono repentino do marido, ela estava agora criando dois filhos sozinha e trabalhando em período integral como enfermeira num hospital em Illinois. Seu filho, de 10 anos, e sua filha, de 15, ficaram arrasados com o abandono do pai. Rebecca fazia o possível para fornecer alguma estabilidade apesar da ausência dele. Mas, entre seus esforços em casa e suas responsabilidades no trabalho, Rebecca estava constantemente sobrecarregada. Parecia que ela nunca tinha tempo suficiente.

– Tudo que faço, tento fazer absolutamente da melhor maneira possível – disse ela a um entrevistador dois anos depois que o marido partira.

– Mas no momento tento apenas me manter de pé. Tenho feito cursos três vezes por semana para obter mais algumas certificações, e aí quando chego em casa só tenho tempo de fazer o jantar, preparar minhas leituras e talvez cuidar de alguma tarefa doméstica antes de dormir. Estou em falta com as crianças. Sei que percebem meu estresse, e isso não ajuda. Mas o trabalho define minha vida agora. Tem que ser assim, precisamos disso financeiramente. Não é uma tragédia, não quero fazer drama. Mas a rotina está frenética e o dinheiro mal dá para o básico. Às vezes tudo que quero é desistir.

Mas os filhos de Rebecca a apoiavam, e isso lhe deu um pouco de força no que parecia ser uma situação impossível.

– Às vezes chego em casa e eles já lavaram a roupa, tiraram o lixo e começaram a preparar o jantar. Os dois são muito proativos nesse sentido. Eles sabem que estamos todos no mesmo barco. É um alívio que eles se sintam assim, e isso nos aproxima. Meu filho tem apenas 10 anos; então, com tudo que está acontecendo, ele ainda é muito apegado a mim. Não me larga quando chego em casa e fica ansioso para me contar como foi o dia. Ele fala demais. E eu me esforço bastante para ouvi-lo. Só que às vezes é difícil dar essa atenção quando eu mesma tive um dia muito cansativo.

Uma preocupação especialmente comum é o efeito que a vida profissional tem quando se infiltra na nossa vida doméstica. Todos nós temos dias ruins no trabalho. Um desentendimento com um colega, a falta de reconhecimento, o menosprezo por causa do nosso gênero ou de outro elemento da nossa identidade, demandas que não podemos atender – todo tipo de coisa pode levar a emoções turbulentas que transportamos conosco quando termina o expediente e vamos para casa. Ou, se nossos deveres principais são em casa com os filhos, as emoções negativas podem perdurar depois que eles vão para a cama e concluímos as tarefas diárias aparentemente intermináveis.

Que efeito essas correntes emocionais cotidianas que emergem do trabalho têm sobre as outras áreas da nossa vida? Nossos cônjuges e familiares podem ter apenas uma vaga ideia do que estamos sentindo quando terminamos o expediente, mas muitas vezes são eles que sentem a força dessas emoções.

LEVANDO O TRABALHO PARA CASA

Na década de 1990, quando seu relacionamento com a futura esposa estava ficando mais sério, Marc começou a se preocupar com seu equilíbrio entre trabalho e vida pessoal. Ele trabalhava mais do que nunca e andava aflito não apenas por estar se distanciando das pessoas que amava, mas também por estar contaminando esses relacionamentos com as emoções trazidas do trabalho.

Inspirado por essas preocupações pessoais – como costuma acontecer com pesquisadores de psicologia –, Marc começou a usar suas horas de trabalho para investigar... as horas de trabalho e sua relação com as demais coisas da vida. Ele conduziu um estudo para tentar quantificar os efeitos de um dia de trabalho difícil nos relacionamentos amorosos.[5]

Casais com filhos pequenos preencheram questionários ao final do expediente e na hora de dormir durante vários dias. O estudo foi elaborado para lançar luz sobre a seguinte pergunta: quando chegamos em casa chateados, como isso afeta nossa interação com nosso cônjuge?

As descobertas não foram surpreendentes: dias complicados estavam ligados a abalos na rotina noturna do casal. Para as mulheres, um dia de trabalho difícil estava associado a um comportamento mais irritado e, para os homens, a um afastamento emocional.

Vários participantes do estudo, principalmente os homens, afirmaram não levar para casa o estresse provocado no trabalho. Mas o estudo mostrou que esse estresse acaba se infiltrando no nosso lar mesmo quando não percebemos. Responder com rispidez a uma pergunta inocente, ficar em transe na frente da TV ou do computador, abreviar demais uma conversa sobre os problemas do outro – podemos nos surpreender com quanto nossas emoções do trabalho influenciam nossa vida em casa. Quando nosso cônjuge chega aborrecido, no entanto, tendemos a colocar a culpa nele com a velha frase: *Não desconte em mim!*

Quando os sentimentos do trabalho se derramam sobre um relacionamento próximo, não há nada a fazer a não ser enfrentar essas emoções. Algumas das técnicas que discutimos no Capítulo 6 (sobre adaptação) e no Capítulo 7 (sobre intimidade) podem ser úteis aqui. O ciclo iniciado quando levamos o estresse do trabalho para casa é mais ou menos assim: chegamos em casa aborrecidos, frios e impacientes; nosso cônjuge ou nossos filhos reagem negativamente ao nosso comportamento; em seguida, também reagimos mal a essa recepção; e daí em diante é ladeira abaixo.

Interromper esse ciclo é difícil, mas podemos começar lidando diretamente com as emoções em cena. Sentimos o que sentimos, mas não precisamos deixar que as emoções nos dominem. Se voltamos para casa chateados, primeiro temos que *reconhecer* e *aceitar* que estamos aborrecidos, e reconhecer que isso decorre de algo que aconteceu durante o expediente. Assim que reconhecemos os fatos, dedicando um tempo a observar essas emoções – no estacionamento do trabalho, durante o trajeto ou no chuveiro de casa – e permitindo senti-las sem fazer julgamentos, conseguimos aparar algumas arestas, por mais contraditório que pareça. Não precisamos reviver todas as razões das emoções, todos os erros perpetrados e cair numa espiral de pensamentos negativos. E a tática oposta – tentar ignorar as emoções ou escondê-las do parceiro – geralmente aumenta a intensidade do estresse em nosso corpo.[6] Em vez disso, é mais útil que o primeiro passo seja simplesmente reconhecer os sentimentos e assumi-los.

Considere também aplicar algumas das lições que discutimos no Capítulo 5 (sobre prestar atenção). Quando chegamos em casa aborrecidos, muitas vezes só pensamos no trabalho. Mas, nesse ponto, provavelmente não há muito que possa ser feito em relação àquilo que nos aborreceu. Para sair de uma espiral de pensamentos perturbadores, tente perceber o ambiente, os sons, as texturas. Pergunte ao seu cônjuge "Como foi o *seu* dia?" e se esforce ao máximo para escutar. Realmente escute. Tudo isso é bem mais fácil na teoria, é claro. É preciso prática.

Se é seu parceiro que está voltando para casa aborrecido, irritado ou desatento, você pode aplicar algumas estratégias semelhantes. Tente não reagir na mesma hora, dê um passo para trás e exercite a curiosidade sobre o que pode estar acontecendo com ele. Respire fundo e faça novamente aquela pergunta simples: "Como foi o seu dia?", ou mude a pergunta para indicar que não é apenas força do hábito: "Parece que você teve um dia difícil. O que aconteceu?"

É inevitável que tenhamos dias complicados no trabalho (ou muitos seguidos).[7] Mas será que podemos fazer algo em relação ao que está por trás disso? Às vezes as emoções difíceis decorrem da natureza do trabalho em si, mas com a mesma frequência decorrem da natureza de nossos relacionamentos no trabalho, seja com um colega difícil, com um chefe exigente ou com clientes que nunca parecem estar satisfeitos. Muitas vezes pensamos que essas relações são imutáveis. Mas não precisam ser. Muitas das técnicas que discutimos até agora para relacionamentos familiares e amorosos também podem ser aplicadas ao mundo do trabalho. O modelo W.I.S.E.R. que vimos no Capítulo 6 também é útil no trato com colegas.

No caso de Victor Mourad, um dos participantes da periferia de Boston, o estresse que ele experimentava não vinha de interações difíceis no trabalho nem de um chefe exigente, mas de um problema endêmico no cenário profissional moderno: falta de interação significativa. Em outras palavras, dias de trabalho extremamente solitários.

UMA POBREZA DIFERENTE

Victor foi criado no North End de Boston, filho de imigrantes sírios. Pertencia a uma das diversas famílias de língua árabe no Estudo. O North End era um bairro predominantemente italiano, fato que muitas vezes fazia Victor se sentir deslocado quando criança.[8] Em todas as entrevistas ao longo da vida, ele impressionou os entrevistadores do Estudo de Harvard, que o consideravam inteligentíssimo e cronicamente inseguro. Na verdade, ele acreditava ser menos inteligente do que quase todos que conhecia. Quando pequeno, se um colega matasse aula ou fugisse de casa, ele pensava que o garoto era inteligente demais para a escola ou mais corajoso que ele.

– Victor é um menino franco, aberto e adorável, que cuida de tudo ao seu redor – disse ao Estudo um de seus professores do ensino médio. – Mas é uma pilha de nervos.

Victor fez vários bicos até os 20 e poucos anos, quando seu primo abriu uma pequena empresa de caminhões na região da Nova Inglaterra e lhe ofereceu um emprego. Victor recusou de início, mas, depois que se casou e a empresa do primo começou a prosperar e se expandir, ele mudou de ideia.

– Eu pensei: bem, gosto de passar um tempo sozinho. Dirigir caminhão não deve ser tão ruim assim – disse ele.

Depois de vários anos, Victor tornou-se sócio da empresa, compartilhando os lucros e continuando a dirigir. Estava orgulhoso por ter um trabalho decente e manter um alto padrão de vida para a esposa e os filhos, mas esse orgulho não atenuava seus sentimentos de isolamento. Às vezes ele passava dias a fio longe de casa e não tinha nenhum amigo de verdade para conversar com frequência. A única pessoa que ele conhecia bem no trabalho – seu primo – tinha pavio curto e muitas vezes os dois discordavam sobre a forma de conduzir a empresa. Vinte anos depois de começar no ramo, ele disse ao Estudo que o dinheiro que ganhava o impedia de tentar outra coisa, mas que o trabalho se tornara um verdadeiro fardo em sua vida.

– Se eu tivesse coragem, sairia – disse ele a um entrevistador do Estudo. – Mas um cara como eu não pode desistir; há muito dinheiro envolvido. Estou num beco sem saída.

Como Victor, nem sempre temos escolha sobre o trabalho que fazemos. As circunstâncias da vida e as necessidades financeiras podem diminuir nossas opções, e é comum nos vermos presos a empregos que não são totalmente satisfatórios. Não é por acaso que muitos dos empregos menos satisfatórios são também alguns dos mais solitários. No passado recente, os maiores níveis de isolamento eram relatados por motoristas de caminhão, vigilantes e outros profissionais do turno da noite. Agora é uma queixa também comum em setores emergentes e voltados para a tecnologia. Quem trabalha como autônomo ou freelancer, em aplicativos de transporte ou delivery, por exemplo, muitas vezes não tem colegas de trabalho. O varejo on-line é agora um imenso setor com milhões de trabalhadores, mas até mesmo empacotar e separar itens num centro de distribuição repleto de pessoas pode ser solitário. A rotina é tão frenética e os depósitos são tão vastos que muita gente pode nem sequer conhecer os colegas de turno pelo nome. Há poucas oportunidades para uma interação significativa.

E, claro, há o trabalho fundamental e antigo de criar filhos, uma ocupação que pode ser tão difícil e isolada como qualquer outra. Passar horas sem conversar com outro adulto, todos os dias, deixa qualquer um atordoado.

Se nos sentimos desconectados dos outros no trabalho, isso significa que nos sentimos solitários na maior parte do dia. É uma questão de saúde. Como mencionamos antes, a solidão aumenta o risco de morte tanto quanto o tabagismo ou a obesidade.[9] Se nos sentirmos sozinhos no trabalho, talvez caiba a nós mesmos a responsabilidade de buscar socialização na medida do possível. Para os pais que criam filhos em casa, levá-los para brincar numa praça (que em geral serve tanto para os pais quanto para as crianças) pode ser revigorante. Quem trabalha em centros de distribuição talvez possa interagir com os colegas pouco antes ou depois do expediente. Para o autônomo, pequenas interações com outras pessoas podem fazer bem, aliviando a solidão (no Capítulo 10 falaremos mais sobre a importância dessas interações "menores"). Se quisermos maximizar a felicidade no trabalho, talvez tenhamos que agir com empenho e propósito para realizar esse objetivo.

Porém a solidão no trabalho não atinge apenas aqueles que exercem funções isoladas. Mesmo pessoas ocupadas com empregos de grande interação social podem se sentir incrivelmente solitárias se não estabelecerem relações significativas com os colegas.

Há trinta anos a empresa Gallup realiza pesquisas sobre o engajamento no ambiente corporativo e uma de suas perguntas mais polêmicas é: *Você tem um melhor amigo no trabalho?*[10]

Alguns gestores e funcionários consideram a questão irrelevante ou absurda e, em alguns lugares, boas amizades no trabalho são vistas com cautela. Se os funcionários batem papo e parecem estar se divertindo juntos, alguns acham que isso significa que eles não estão trabalhando, o que prejudicará a produtividade.

Mas o que acontece é justamente o contrário. *Pesquisas apontam que as pessoas que têm um melhor amigo no trabalho são mais engajadas do que aquelas que não têm.*[11] O efeito é especialmente pronunciado em mulheres, que têm duas vezes mais chances de se dedicar ao emprego quando "concordam fortemente" que têm um melhor amigo no trabalho.

Quando estamos em busca de emprego, analisando salários e benefícios, a questão dos relacionamentos nem sempre é considerada. Mas esses vínculos são em si uma espécie de "benefício" também. Relacionamentos positivos no trabalho estão associados a mais saúde, menos estresse e menos impacto negativo na nossa vida doméstica. Eles também nos tornam mais felizes – simples assim.[12]

JOGO DESEQUILIBRADO NO TRABALHO E EM CASA

Buscar relacionamentos positivos no trabalho também tem suas armadilhas, e o mundo corporativo historicamente apresenta fardos e desafios adicionais para grupos marginalizados da sociedade. No início do século XX, em Boston, esses grupos incluíam imigrantes vindos de regiões pobres da Europa e do Oriente Médio, que compunham uma grande parcela amostral dos moradores da cidade. Incluíam também as mulheres que faziam parte do Estudo do Conselho Estudantil e, hoje em dia, mulheres e pessoas não brancas que continuam a enfrentar obstáculos no trabalho. É difícil se envolver em vínculos autênticos quando há desigualdade de poder e preconceitos.

– Estou preocupada – disse Rebecca Taylor, participante do Estudo do Conselho Estudantil mencionada anteriormente, numa entrevista em 1973. – O hospital está prestes a dispensar várias enfermeiras e eu posso ser uma delas. Outro dia ouvi uma conversa entre vários médicos do sexo masculino, todos concordando que não seria grande coisa se dispensassem enfermeiras porque elas tinham um marido provedor em casa. Eu os interrompi na mesma hora! Precisei interromper! Eu disse: *Isso é sério? Vocês não fazem ideia do que estão falando! Agem como se não tivéssemos nenhuma responsabilidade, como se todas nós tivéssemos o mesmo tipo de vida.* Aquilo realmente me enfureceu. É com esse tipo de mentalidade que eu preciso lidar e, até onde sei, a chefia pensa assim também. Eu posso facilmente perder meu emprego. Não sei o que vou fazer se isso acontecer.

Psicóloga numa área dominada por homens, Mary Ainsworth (a criadora do experimento "Situação Estranha", que discutimos no Capítulo 7), enfrentou seu quinhão de sexismo no ambiente de trabalho.[13] No início dos anos 1960, ela e outras colegas da Universidade Johns Hopkins eram obrigadas a comer num refeitório separado, e ela não recebia remuneração igual à de seus colegas do sexo masculino. No início da carreira, ela fora informada de que não tinha sido contratada para um cargo de pesquisa na Queen's, uma universidade do Canadá, por ser mulher. A área da psicologia – e até mesmo este livro – seria muito diferente se ela não tivesse perseverado.

Muito progresso já foi feito em muitas culturas de trabalho por todo o mundo, mas as desigualdades permanecem. Nos Estados Unidos, os papéis das mulheres na força de trabalho mudaram significativamente desde a década de 1960, com o acesso a uma variedade maior de empregos e mais horas de serviço. Mas não houve uma mudança correspondente nos papéis desempenhados na vida doméstica.[14] Em seu livro de 1989, *The Second Shift* (A dupla jornada), Arlie Hochschild demonstrou que, embora tenha havido uma revolução nos papéis femininos no local de trabalho, as responsabilidades no lar permaneceram basicamente as mesmas, especialmente entre os casais com filhos.

Mais de trinta anos depois, esses desequilíbrios nas responsabilidades familiares continuam a perdurar e aparecem com frequência na terapia de casais. Os homens muitas vezes acreditam que estão contribuindo igualmente em casa (e com certeza fazem mais do que seus pais jamais imaginaram fazer), quando em muitos casos o tempo dedicado às atividades domésticas é bem menor do que imaginam. A mulher prepara o jantar e o homem coloca os pratos no lava-louça (ela gasta uma hora; ele, alguns minutos). A mulher ajuda a criança com o dever de casa e o homem lê uma história na hora de dormir (ela gasta meia hora; ele, quinze minutos). Cada relacionamento é diferente, mas, do ponto de vista estatístico, são as mulheres que dedicam mais tempo às tarefas domésticas.[15]

E essa dificuldade não termina da porta de casa para fora. O movimento Me Too chamou a atenção necessária para o abuso e o assédio sexual ligados a hierarquias e desequilíbrios de poder no ambiente de trabalho. Mas mesmo num nível mais inócuo, quando o sexo não está envolvido, é arriscado cultivar relacionamentos autênticos com pessoas de diferentes níveis de autoridade, e isso é verdade tanto para mulheres quanto para homens. As discrepâncias de poder tendem a distorcer e, às vezes, a corromper todos os tipos de relacionamento.

Ellen Freund, esposa de um participante da primeira geração do Estudo, trabalhava com admissões numa universidade e descobriu o perigo de desequilíbrios de poder quando uma discrepância específica envenenou algumas de suas amizades no trabalho. Questionada em 2006 se tinha algum arrependimento, ela disse:

> Eu tenho arrependimentos, sim. Já se passaram algumas décadas, mas vou contar. Vários anos depois de entrar na universidade, trabalhei com quatro ou cinco mulheres mais ou menos da minha idade. Tecnicamente, elas eram minhas subalternas, mas nos tornamos boas amigas. Socializávamos o tempo todo. O novo diretor de admissões me pediu que fizesse uma avaliação confidencial dos integrantes da equipe – os pontos fortes e fracos. Fiz isso e fui totalmente honesta. A gerente do escritório achou que eu tinha sido traiçoeira. Ela copiou o memorando e colocou na mesa de cada uma daquelas minhas colegas. Depois disso, nunca mais desenvolvi um relacionamento próximo com ninguém com quem trabalhei na universidade. E isso me

acompanha até hoje. Acabou com minha amizade com elas. Nunca sequer conversamos sobre o assunto. Elas perceberam que o que eu disse era verdade. Tentei ao máximo ser justa. E o que eu disse provavelmente não prejudicou a carreira de nenhuma delas. Mas certamente destruiu nossa amizade.

Questionada se evitara de propósito estreitar laços com outros colegas após esse incidente, Ellen disse:
– Com toda a certeza. Eu queria ser livre para lidar com as pessoas da maneira mais profissional possível. Não queria ser influenciada por relacionamentos pessoais nem que pensassem isso de mim.

Ellen optou por se desvencilhar das amizades no trabalho, separar as "relações pessoais" daquelas que ela considerava "profissionais". É uma estratégia comum e compreensível. Se reduzirmos nossas conexões sociais e nos abrirmos pouco para os colegas, evitaremos determinado tipo de problema no trabalho. Mas isso também pode abrir uma nova gama de problemas – como sentimentos de isolamento e solidão. No caso de Ellen, essa decisão definiu sua vida profissional pelo resto de sua carreira e ela acabou se arrependendo. O que poderia ter feito diferente? Enfrentar a dificuldade – conversar com cada uma das colegas para ver se as mágoas poderiam ser amenizadas – poderia ter permitido que ela mantivesse pelo menos alguns dos relacionamentos que tanto prezava.

Essas decisões afetam o ambiente de trabalho de várias maneiras. Além de prejudicarem a qualidade do tempo que passamos trabalhando, também dificultam a transferência de conhecimento, impedindo o crescimento da equipe e, em especial, dos profissionais mais jovens. Um dos tipos de relacionamento mais valiosos no trabalho também tem um desequilíbrio de poder: é a relação entre mentor e pupilo.

MENTORIA E A ARTE DA GENERATIVIDADE

Quando o professor do ensino médio Leo DeMarco era jovem, ele sonhava em se tornar escritor de ficção. Mas, por fim, esse sonho cedeu ao seu entusiasmo pelo ensino e ele encontrou significado em ajudar seus alunos a perseguir seus sonhos de escrever.

– Encorajar os outros – disse ele – era mais importante do que fazer eu mesmo.

Leo, como todos os professores, estava numa posição única, pois seu trabalho era especificamente o de servir de mentor para seus alunos. Mas em qualquer profissão existem os que estão apenas começando e aqueles que já estão na estrada há muito tempo. Uma relação de mentoria pode ser benéfica tanto para o mentor quanto para o pupilo. Como mentores, conseguimos ser generativos, isto é, contribuir para o desenvolvimento das futuras gerações. É uma alegria muito particular poder estender nossa influência e sabedoria para os mais jovens. Podemos retribuir os benefícios que recebemos em nossa carreira – ou os benefícios que *gostaríamos* de ter recebido. Também podemos aproveitar a energia e o otimismo próprios de quem está iniciando a carreira e nos expor às novas ideias que os jovens costumam trazer. Como pupilos, por outro lado, somos capazes de desenvolver nossas habilidades e avançar mais depressa do que se tivéssemos que aprender tudo sozinhos. Alguns trabalhos, de fato, exigem esse tipo de relacionamento. Existem muitas funções em que é impossível aprender sem algum tipo de instrução ou acompanhamento próximo de alguém mais experiente. Abrir-se para esses relacionamentos e cultivá-los torna a experiência bem mais rica para todos os envolvidos.

Nós dois, Bob e Marc, nos beneficiamos de diversos mentores que moldaram nossa carreira e também nossa vida. Na verdade, em momentos diferentes, fornecemos orientação um ao outro.

Quando nos conhecemos, Bob era oficialmente o chefe de Marc, pois era o diretor do programa em que Marc fazia estágio de psicologia. Marc era mais de uma década mais novo que Bob, embora mais avançado no treinamento de pesquisa. Logo depois que eles se conheceram, Bob decidiu se candidatar a uma bolsa que lhe permitiria realizar sua própria investigação. Tinha uma carreira estabelecida como psiquiatra clínico e educador. Para fazer pesquisa, teria que deixar seu cargo administrativo e começar da estaca zero. Alguns colegas o desaconselharam, dizendo que era tarde demais e que a transição seria muito difícil. Bob foi em frente sem lhes dar ouvidos. Mas ele tinha um problema; uma parte significativa do pedido de subsídio incluía análises estatísticas complicadas, que eram tão desconhecidas para Bob quanto o grego antigo. Foi aí que ele ofereceu sua amizade e um suprimento vitalício de biscoitos de chocolate para Marc em troca de orientação.

Era um relacionamento complexo: Bob era o chefe de Marc e teve que admitir uma certa vulnerabilidade ao pedir ajuda. Marc também era vulnerável, pois Bob era consideravelmente mais velho e tinha muito mais segurança. Mas aprendemos um com o outro. Numa direção fluiu o conhecimento estatístico e, na outra, uma riqueza de experiência. No fim, Bob conseguiu a bolsa e fez a transição para a pesquisa (embora há muitos anos Marc não ganhe um biscoitinho sequer).

À medida que envelhecemos e passamos de pupilos a mentores, de alunos a professores, surgem novas oportunidades de conexão, e essas oportunidades podem vir de lugares surpreendentes. Orientar as gerações mais jovens e compartilhar sabedoria e experiência faz parte do fluxo natural da vida profissional e pode tornar quase qualquer tipo de cargo mais gratificante. A satisfação de ser generativo torna mais viável a boa vida no trabalho.

TRANSIÇÕES NO TRABALHO

À medida que avançamos pelos estágios da vida, também passamos por transições no trabalho, seja com promoções, demissões, novos empregos ou com o nascimento dos filhos. A cada grande transição, nunca é demais recuar e reavaliar nossa nova vida do ponto de vista mais amplo: *Como meus relacionamentos no trabalho e fora dele estão sendo afetados por essa mudança? Existem escolhas que posso fazer para manter conexões com pessoas importantes para mim? Existem novas oportunidades de conexão que estou deixando de ver?*

Uma das transições mais impactantes no trabalho também é uma das últimas: a aposentadoria. Essa é uma transição complicada e cheia de desafios interpessoais. A aposentadoria "ideal" – na qual um trabalhador passa os anos exigidos no mesmo emprego, aposenta-se com uma pensão completa e depois leva uma vida de lazer – nunca foi muito comum (e na era moderna está praticamente extinta).

O Estudo de Harvard perguntava frequentemente aos participantes sobre a aposentadoria. Um número considerável de homens era categórico ao afirmar que a vida estava ligada demais ao trabalho para sequer cogitar a hipótese de parar. "Eu nunca vou me aposentar!", diziam. Alguns não queriam, outros não se sentiam financeiramente capazes de se aposentar e outros tantos apenas tinham dificuldade de imaginar uma vida sem trabalho. A situação profissional de alguns participantes era muito difícil de definir. Muitos se recusavam a pensar no assunto, deixavam em branco as perguntas sobre aposentadoria quando preenchiam os questionários ou indicavam que estavam aposentados apesar de continuarem trabalhando quase em tempo integral; para eles, ao que parecia, a aposentadoria era apenas um estado de espírito.

Quando nos aposentamos, pode ser um desafio encontrar novas fontes de significado e propósito, mas isso é crucial. Aqueles que se saem melhor encontram maneiras de substituir as conexões sociais que os sustentaram por tanto tempo no trabalho por novos "companheiros". Mesmo quando não gostamos de trabalhar, mesmo quando só trabalhamos para nosso sustento, eliminar esse grande provedor de rotina pode deixar um enorme buraco na nossa vida social.

Um participante, ao ser questionado se sentia falta do trabalho que realizara por quase cinquenta anos num consultório médico, respondeu:

– Não sinto falta de absolutamente nada, exceto das pessoas e das amizades.

Leo DeMarco teve um sentimento semelhante. Logo depois da aposentadoria, um entrevistador do Estudo lhe fez uma visita e escreveu o seguinte comentário em suas anotações:

Perguntei a Leo o que era mais difícil na aposentadoria e ele disse que sentia falta dos colegas e que procurava manter contato com eles. "Conversar sobre trabalho alimenta minha alma." Ele disse que ainda gostava de falar sobre a formação de jovens. "É maravilhoso ajudar alguém a adquirir habilidades." Ele me disse então: "Ensinar é um compromisso humano quase absoluto." Falou que ensinar os jovens "iniciava todo um processo de exploração". Disse que as crianças pequenas sabem brincar e que "o adulto tem que se lembrar de como fazer isso durante a aprendizagem". Disse que era difícil para adolescentes e adultos se lembrarem de como brincar por causa dos outros "compromissos" na vida.

Leo tinha acabado de se aposentar quando disse isso e ainda tentava entender o que significava estar afastado do magistério. Ele fazia um balanço de sua carreira, pensando em como aquilo o afetava e de que exatamente sentia falta. Seu comentário sobre os adultos se lembrarem de como brincar tinha relação com algo que ele mesmo enfrentava. Naquele momento em que o trabalho deixara de ser o centro de sua vida, a diversão poderia voltar a se tornar importante.

Para muitos de nós, num nível emocional mais profundo, é no trabalho que nos sentimos importantes – para nossos colegas de trabalho, para nossos clientes e até para nossa família –, porque ganhamos nosso sustento. Quando esse senso de importância se esvai, temos que encontrar novas maneiras de ter relevância para os outros. Novas formas de fazer parte de algo maior que nós mesmos.

Henry Keane é um bom exemplo disso. Fora obrigado a se aposentar abruptamente devido a mudanças em sua fábrica. De repente ele se viu com tempo e energia de sobra. Por isso procurou algumas oportunidades de voluntariado onde sentia que poderia ser útil. Primeiro começou a trabalhar numa casa de repouso para veteranos de guerra e depois participou de ONGs como a Legião Americana. Ele também foi capaz de dedicar mais tempo a seus hobbies, reformando móveis e praticando esqui cross-country. Mesmo assim não parecia suficiente. Faltava alguma coisa.

– Eu preciso trabalhar! – explicou ele ao Estudo quando estava com 65 anos. – Nada muito substancial, mas espero encontrar alguns trabalhos que me mantenham ocupado e aumentem minha renda. Descobri que adoro trabalhar e estar perto das pessoas.

Não era tanto pela necessidade de dinheiro – Henry recebia uma pensão decente e estava feliz com essa renda. A questão era que ganhar dinheiro de alguma forma faria com que suas atividades parecessem importantes; alguém estava pagando por seus serviços. Cada um deve encontrar sua forma de ser importante para os outros.

A percepção de Henry sobre o desejo de estar perto das pessoas também nos ensina uma lição valiosa – não sobre a aposentadoria, mas sobre o trabalho em si: as pessoas com quem trabalhamos são importantes. Faz bem olhar ao redor no ambiente de trabalho e apreciar aqueles colegas que agregam valor à nossa vida. Como o mundo profissional costuma estar tão envolto em questões financeiras, em estresse e preocupação, os relacionamentos que ali desenvolvemos às vezes não recebem a atenção devida. Muitas vezes só percebemos quão significativos são quando se desfazem.

A EVOLUÇÃO NATURAL DO TRABALHO

Nos arredores da Filadélfia, não muito longe de onde Marc mora, há um grande terreno que antes era ocupado por uma fazenda familiar.[16] As pessoas que moravam perto da fazenda podiam passar de carro pela manhã e ver pastos verdejantes, com gado pastando. Quando a Segunda Guerra Mundial começou, a fazenda foi vendida para o governo dos Estados Unidos e convertida num enorme complexo industrial para a produção de projéteis de artilharia e protótipos de aviões. A vista mudou para prédios e pistas, com caminhões e aviões taxiando. Depois da guerra, vários tipos de manufatura continuaram no local até o fim da década de 1990, quando o terreno foi vendido e transformado em campo de golfe. Construíram-se residências ao redor do campo, e das janelas se viam árvores, muita grama e carrinhos de golfe em movimento, em vez de um parque industrial. Trinta anos depois, após novas mudanças na economia, o campo de golfe foi vendido e, enquanto este livro está sendo escrito, grande parte do terreno vem sendo convertida num centro de triagem de uma transportadora. Em breve, quando as pessoas que vivem nas proximidades olharem pela janela, a grama e os carrinhos de golfe terão sido substituídos por um vasto depósito e veículos de entrega. Não é uma situação excepcional. Em todo o país, em todos os setores da economia, estamos presenciando essas evoluções.

Os anos mais formativos de nossos participantes da periferia de Boston, desde a infância até a pré-adolescência, ocorreram durante a Grande Depressão. Crescer numa época em que não era possível ter garantias de segurança financeira moldou sua maneira de conduzir a própria vida profissional. Para eles, o trabalho costumava servir menos para viver bem e mais para evitar o desastre.

As provações econômicas continuam sendo relevantes hoje em dia, quando enfrentamos desafios econômicos, ambientais e tecnológicos que causam incertezas sobre o futuro próximo. A incerteza que Henry Keane ou Wes Travers teriam sentido ao enfrentar a pobreza na era da Depressão está diretamente relacionada à incerteza que uma criança da Geração Z pode ter sentido ao ver sua família ser despejada da casa de sua infância durante a crise financeira de 2008 ou àquela que os jovens enfrentam enquanto emergimos da pandemia de Covid-19.

Apesar dos avanços tecnológicos, muitos ainda trabalham em empregos extenuantes e têm dificuldades para atender às suas necessidades mais básicas. A prosperidade idealizada que se esperava alcançar com a internet e a era da informação tem se limitado a certos setores e pessoas, deixando outros em situação pior do que antes. Novas tecnologias estão mudando a frequência com que interagimos com os outros no trabalho. A inteligência artificial está eliminando algumas funções e trabalhadores com sistemas de automação, criando mais interação com máquinas e menos com seres humanos. Avanços nas tecnologias de comunicação fazem o trabalho remoto se tornar bem mais comum para empregos nos negócios, na mídia, na educação, e uma mentalidade eternamente alerta ameaça transformar a vida doméstica dos trabalhadores numa extensão da esfera profissional. Investigar como essas mudanças afetaram nossa saúde social não tem sido uma prioridade, para dizer o mínimo. No entanto, a qualidade dos nossos relacionamentos está entre os fatores mais importantes para a saúde e o bem-estar.

No Capítulo 5, encorajamos você a lembrar que o tempo que resta a cada um de nós é um recurso finito e de quantidade desconhecida. Se quisermos aproveitar ao máximo nossas horas – muitas das quais gastas no trabalho –, devemos lembrar que *o trabalho é uma importante fonte de socialização e conexão*.[17] *Mude a natureza do trabalho e você mudará a natureza da vida.*

A pandemia de Covid-19 não poderia ter deixado isso mais claro. Trancadas em casa, milhões de pessoas demitidas, dispensadas ou obrigadas a trabalhar remotamente sentiram depressa a falta das conexões diárias com as quais estavam acostumadas. Ficamos isolados de nossos companheiros, clientes e colegas.[18] Bob e Marc, por exemplo, começaram a usar ferramentas remotas para dar aulas, trabalhar com colegas e até mesmo atender pacientes. Acostumar-se a isso levou algum tempo. Era melhor do que nada, mas não era o mesmo de antes.

Mais desenvolvimento tecnológico é inevitável.[19] Por causa das vantagens econômicas (redução de custos por não manter um escritório), dos horários flexíveis e do tempo reduzido de deslocamento para os funcionários, sem dúvida haverá mais empregos com opções remotas ou parcialmente remotas. Isso pode fazer sentido do ponto de vista financeiro e por algumas razões logísticas, mas como será que vai afetar o bem-estar dos trabalhadores?

A oportunidade de trabalhar remotamente pode ter efeitos positivos. Para alguns, significa mais flexibilidade e mais contato com a família. É especialmente favorável para pais e mães que gostariam de passar mais tempo em casa, para quem não tem acesso a creches e para quem gasta muito tempo e dinheiro com o deslocamento até o trabalho.

Mas há também o outro lado da moeda. Trabalhar em casa nos distancia de contatos sociais importantes. Podemos sentir uma libertação inicial e amar a nova conveniência, mas, como discutimos no Capítulo 5, os prejuízos que experimentamos com os novos avanços tecnológicos costumam ser ocultados pelos ganhos, e esses prejuízos são potencialmente graves. Mais pesquisas são necessárias, mas a perda de contato pessoal à medida que transferimos o máximo de atividade profissional para casa pode ter um impacto significativo na saúde mental e no bem-estar dos trabalhadores. Embora os pais possam obter alguns benefícios do home office por estarem mais disponíveis para a família, podem também ficar sobrecarregados, obrigados a trabalhar e a cuidar dos filhos ao mesmo tempo. E é provável que esse fardo recaia sobre as mães e aqueles que dispõem de menos recursos e estrutura para dar atenção às crianças.

Ao enfrentarmos essa realidade, podemos e devemos nos perguntar: como essas mudanças tecnológicas no local de trabalho afetam nossa *saúde social*? Se a automação significa mais interação com máquinas e menos com pessoas, haveria um jeito de cultivar novos ambientes sociais no trabalho? Se o trabalho remoto se tornar uma prática mais disseminada, como poderemos substituir o contato pessoal que costumávamos ter?

Nosso cérebro, ajustado para novidades e perigos, pega fogo quando estimulado pelas maravilhas da nova tecnologia e pelo estresse no ambiente de trabalho. Em comparação com essas duas coisas, as correntes sutis de nossos relacionamentos positivos, tão importantes para nosso bem-estar, provavelmente serão ofuscadas. Para que nossos relacionamentos – tanto no trabalho quanto em casa – prosperem neste novo ambiente, temos que valorizá-los e cuidar deles. Somos os únicos que podem fazê-lo. Se não o fizermos, e se o Estudo de Harvard ainda existir daqui a oitenta anos, então, quando a geração mais jovem de hoje alcançar os 80 anos e os entrevistadores perguntarem se houve algo de que se arrependeram em suas vidas, talvez olhem para trás, como alguns da nossa primeira geração citados anteriormente, e percebam que algo crucial foi perdido.

MÁXIMO PROVEITO NO EXPEDIENTE

Pensamos com frequência que temos muito tempo para fazer mudanças, muito tempo para descobrir como melhorar nossa vida no trabalho ou equilibrar atividades profissionais e domésticas: *Se eu conseguir superar esta dificuldade atual, esta questão atual, terei tempo para pensar no assunto. Posso deixar para amanhã.* Mas cinco ou dez anos acabam passando depressa demais. Conduzimos entrevistas individuais com os participantes do Estudo de Harvard a cada dez ou vinte anos. Parece muito, mas sempre que solicitávamos uma nova entrevista os participantes costumavam dizer algo como: *Já faz tanto tempo assim?* Uma década parecia passar num piscar de olhos.

No Capítulo 5 falamos sobre a ilusão comum de que sempre haverá tempo para as coisas que precisamos fazer e que, na realidade, só temos o momento presente. Se estamos sempre imaginando que haverá tempo *depois*, um dia olharemos em volta e perceberemos que não há depois. A maioria dos nossos *agoras* terá passado.

Então amanhã, quando você se levantar e for trabalhar, faça a si mesmo as seguintes perguntas:

- Quem são os colegas de quem mais gosto e o que eles têm de valioso? Estou lhes dando o devido valor?
- Quem é diferente de mim de alguma forma (porque pensa diferente, teve uma criação diferente, teve experiências diferentes) e o que posso aprender com essa pessoa?
- Se estou tendo um conflito com um colega, o que posso fazer para amenizá-lo? Será que o modelo W.I.S.E.R. pode ser útil?
- Que tipos de conexão no trabalho estou deixando de aproveitar? Será que posso torná-las mais frequentes ou mais produtivas?
- Eu realmente conheço meus colegas de trabalho? Existe alguém que eu gostaria de conhecer melhor? Como posso me aproximar deles? (Você pode até escolher aquela pessoa com quem parece ter menos em comum e fazer questão de mostrar interesse, perguntando sobre alguma foto de família, um animal de estimação ou a estampa da camiseta que ela está usando.)

Então, quando voltar para casa, pense em como você se sente e como as experiências do dia de trabalho podem influenciar sua vida doméstica. Pode ser que essa influência em geral seja boa. Mas, se não for, será que há pequenas mudanças que podem ser feitas? Que tal dez minutos ou meia hora para si mesmo, ou uma curta caminhada ou natação antes de chegar em casa? Será que ajudaria desligar o smartphone por um período específico para evitar que o trabalho invada o tempo em família?

Às vezes preferiríamos estar fazendo algo diferente em vez de trabalhar. Mas essas horas são uma grande oportunidade social. Muitos dos homens e mulheres mais felizes do Estudo de Harvard tiveram relacionamentos positivos com seu trabalho e seus colegas, quer estivessem vendendo pneus, dando aulas no jardim de infância ou realizando cirurgias, e foram capazes de equilibrar (muitas vezes depois de muita dificuldade e negociação) a vida profissional com a doméstica. Entenderam que era tudo uma coisa só.

– Quando olho para trás e penso na minha vida profissional – disse Ellen Freund, a administradora da universidade, numa entrevista ao Estudo em 2006 –, às vezes gostaria de ter prestado mais atenção nas pessoas que trabalharam para mim ou ao meu redor e menos nas questões do momento. Eu amava meu trabalho. De verdade. Mas acho que eu era uma chefe difícil, impaciente e exigente. Acho que meio que gostaria... agora que você mencionou... de ter conhecido todo mundo um pouco melhor.

Nossa vida não espera do lado de fora quando entramos no trabalho. Não fica na beira da estrada quando subimos na boleia do nosso caminhão. Nem espia pela janela da escola quando encontramos nossos alunos no primeiro dia de aula. Cada dia de trabalho é uma experiência pessoal importante e, se pudermos enriquecê-lo com relacionamentos, só temos a ganhar. Trabalho também é vida.

10
TODA AMIZADE É COLORIDA

Meus amigos são minha "propriedade". Perdoe-me então a avareza de acumulá-los.

Emily Dickinson[1]

Ananda, um dos discípulos do Buda, disse ao mestre um dia:
— Percebi que metade do caminho para a vida santa é feita de boas amizades.
— Não, Ananda — disse o Buda. — Amigos não são metade da vida santa. Eles são a vida santa inteira.

Upaddha Sutta[2]

Sem amigos, ninguém escolheria viver.

Aristóteles, *Ética a Nicômaco*[3]

Questionário do Estudo de Harvard, 1989

> P: Pense em seus dez melhores amigos (sem contar familiares e parentes próximos). Quantos deles você colocaria em cada uma das seguintes categorias?
> (1) Amigo íntimo: compartilhamos a maioria de nossas alegrias e tristezas.
> (2) Amigo próximo: temos interações frequentes que surgem de interesses compartilhados.
> (3) Amigo casual: não nos procuramos.

Quando Louie Daly estava na casa dos 50 anos, um entrevistador do Estudo perguntou a ele sobre seu amigo mais antigo.

– Acho que não tenho nenhum – disse ele. – O amigo mais próximo que já tive foi um cara chamado Morris Newman. Fomos colegas de quarto no meu primeiro ano de faculdade. Foi Mo quem me apresentou ao jazz, minha paixão até hoje. Ficamos extremamente próximos por um ano, até que ele foi reprovado. Depois disso, trocamos muitas cartas durante uns dez anos. Então ele parou de escrever. Há cinco anos comecei a sentir falta de Mo, então paguei 500 dólares a uma agência de detetives para encontrá-lo. Conseguiram encontrá-lo e voltamos a nos corresponder. Um belo dia, cerca de três meses depois, fui até a caixa de correio e havia uma carta lá, mas não era de Mo. Era do advogado dele me dizendo que Mo havia falecido de repente.

Quando perguntaram para quem ele telefonaria caso tivesse um problema, Louie respondeu:

– Sou muito autossuficiente. Não preciso tanto das pessoas.

Leo DeMarco relatou uma experiência diferente. Quando perguntado por um entrevistador se tinha um melhor amigo, Leo disse sem hesitar:

– Ethan Cecil.

Eles se conheciam desde a escola primária e ainda eram próximos. Ethan morava a algumas horas de distância e pegava o carro para visitá-lo de vez em quando; ele se sentava e começava a falar. Enquanto Leo discutia essa amizade, o telefone tocou e Leo atendeu, dando início a uma conversa muito animada. Quando desligou, ele disse:

– Era Ethan.

O que significa, em nossa vida adulta, ter um amigo? O que significa *ser* um amigo? Qual a real importância das amizades em nossa vida?

Quando somos crianças, as amizades costumam ser fundamentais, em parte porque são muito intensas. A força da conexão entre dois amigos na infância (ou mesmo no início da idade adulta) é rivalizada apenas pela intensidade da mágoa se a amizade der errado. Quando nos sentimos amados, nosso coração dispara com uma sensação de pertencimento, e, quando nos sentimos injustiçados ou intimidados, isso nos deixa feridas profundas.

Mudamos à medida que envelhecemos e, em consequência, os vínculos com os amigos também mudam. As amizades, tão centrais durante o início da idade adulta, enfraquecem nos primeiros anos de casamento ou quando os filhos nascem, mas ressurgem durante períodos de crise conjugal ou depois da morte de um ente querido.

Tudo isso é natural. Mas, além do fluir das marés da vida, cada um de nós tem uma forma habitual de abordar as amizades. Com frequência, essa abordagem não é tão consciente, mas quase automática. Damos às nossas amizades o que parece natural dar a elas em vez de pensarmos naquilo de que precisam. À medida que envelhecemos e a vida se torna mais atarefada, temos que tomar decisões sobre o tempo limitado de que dispomos e nossos amigos costumam vir por último. As responsabilidades com a família e o trabalho ganham prioridade em relação ao telefonema para um velho amigo; essas responsabilidades vêm antes do café com um novo colega, do jogo de cartas semanal ou da reunião do clube de leitura. *Com certeza é ótimo sair e se divertir com os amigos*, podemos pensar enquanto decidimos para onde nosso tempo deve ir, *mas tenho coisas mais importantes para fazer*. Ou então: *Minhas amizades sempre estarão ali... posso recuperá-las quando as crianças crescerem... quando o trabalho diminuir... quando eu tiver um tempo extra.*

A verdade é que nossos amigos são muito mais importantes para nossa saúde e nosso bem-estar como adultos do que pensamos. É incrível, de fato, como os efeitos das amizades podem ser poderosos em nossa vida adulta, dependendo da quantidade de atenção que recebem. Os amigos podem nos levantar quando estamos deprimidos, podem nos reconectar com nossa própria história e, talvez o mais importante, podem nos fazer rir; às vezes nada é tão benéfico para a saúde quanto um pouco de diversão.

Durante séculos, filósofos observaram os efeitos profundos da amizade. O filósofo romano Sêneca escreveu que o valor dos amigos vai muito além do que eles podem fazer por nós. Não cultivamos amigos apenas para ter alguém que fique ao nosso lado quando estamos doentes ou para nos socorrer quando estamos com problemas. "Quem pensa nos próprios interesses e busca amizade com isso em vista está cometendo um grande erro", escreveu Sêneca. "Qual é o meu objetivo ao fazer uma amizade? Ter alguém por quem morrer, alguém que eu possa seguir para o exílio."[4]

Sêneca falava do fato de que os benefícios das amizades às vezes são obscuros e difíceis de serem observados. Talvez por isso essas relações sejam muitas vezes negligenciadas. Boas amizades nem sempre chamam por nós ou enfiam-se debaixo do nosso nariz, à espera de atenção. Às vezes simplesmente passam em silêncio para o segundo plano da nossa vida e desaparecem aos pouquinhos.

Não precisa ser assim. Se olharmos com mais atenção, poderemos descobrir que andamos ignorando oportunidades potencialmente divertidas de dar atenção aos amigos e despertar nosso universo social – oportunidades que estão escondidas bem diante dos nossos olhos e podem melhorar profundamente a qualidade da nossa vida. Amizades podem não *exigir* nosso cuidado, mas não se cuidam sozinhas.

UM CAMINHO DIFÍCIL EM BOA COMPANHIA

Trinta anos atrás, quando nós dois – Bob e Marc – nos conhecemos, nossa conexão era basicamente profissional. Uma vez por semana almoçávamos e conversávamos sobre coisas como modelos estatísticos, métodos de pesquisa e projeto de estudo. Embora as conversas fossem principalmente sobre assuntos de trabalho (e de vez em quando sobre a política do escritório e uma fofoca ou outra), cada um de nós tinha uma sensação crescente de que o outro era alguém que queria conhecer melhor. Assim, mesmo quando não tínhamos negócios urgentes a tratar, continuávamos nos encontrando para almoçar toda semana no mesmo horário. E, claro, descobrimos cada vez mais assuntos para conversar – nossa família, nossos hobbies, nossas memórias de infância.

A certa altura, propusemos um jantar com nossas esposas. Felizmente, a esposa de Bob, Jennifer, e a esposa de Marc, Joan, descobriram que gostavam da companhia uma da outra. Joan e Jennifer tiveram que presenciar algumas conversas sobre análise estatística, mas aceitaram esse fardo e, num tempo relativamente curto, nós quatro nos tornamos bons amigos – ainda que sem muita intimidade. Certo dia, depois de um intervalo de alguns meses, Bob e Jennifer convidaram Marc e Joan para jantar. Joan estava na sua primeira gravidez, faltava pouco mais de um mês para o parto e ela e Marc estavam nervosos com o nascimento iminente. Bob e Jennifer já tinham dois filhos pequenos, por isso Marc e Joan estavam ansiosos para ouvir do outro casal alguns conselhos e palavras de encorajamento.

Entretanto, no final do expediente de quinta-feira, pouco antes do horário marcado para o jantar, Marc recebeu uma ligação atordoada de Joan.

Durante um check-up de rotina, o médico dissera que ela precisava ir ao hospital imediatamente para uma cesariana de emergência. Marc saiu correndo do trabalho e quase atropelou Bob no caminho.

– É Joan e o bebê – disse Marc. – Ela está numa ambulância a caminho do hospital.

Quando Marc chegou, Joan estava sendo conectada a monitores e se contorcia em agonia. Os médicos explicaram que ela sofria de um tipo perigoso de pré-eclâmpsia e corria risco de vida. O fígado mostrava sinais de falência; a pressão arterial, visível na tela, disparava; e Joan não parava de pedir a Marc e às enfermeiras que garantissem a ela que a pressão logo baixaria. Marc e Joan ouviram os médicos dizendo que Joan e o bebê provavelmente morreriam se a cesariana não fosse realizada de imediato.

Enquanto preparavam Joan para a cirurgia, Marc ligou para Bob para dar notícias. Bob deixou claro que estaria disponível a qualquer momento para ir ao hospital e fazer companhia a Marc. Os eventos se desenrolaram tão depressa naquela noite que Bob nem teve a chance de ir ao hospital, mas, em meio à preocupação mais visceral que Marc já havia experimentado, a ajuda oferecida por Bob foi incrivelmente poderosa e reconfortante. As famílias de Marc e Joan estavam muito longe para chegar a tempo, e o apoio de um amigo era mais que necessário.

A cesariana transcorreu sem problemas e Marc esteve ao lado de Joan para testemunhar o nascimento do filho e compartilhar o alívio quando a pressão arterial da esposa começou a voltar ao normal. Ambos se alegraram quando o filho chorou pela primeira vez – na verdade, ele soltou um guincho. Nascido um mês antes do tempo, era pequeno como um pássaro (pesando pouco mais de 2 quilos), mas saudável. Joan e Marc estavam tão cansados que nem conseguiram decidir o nome do bebê. Marc deu a notícia para Bob e disse que eles iam tentar dormir um pouco.

No dia seguinte, Bob cancelou seus compromissos e foi visitar Joan, Marc e o recém-nomeado Jacob no hospital.

A recuperação de Joan foi lenta, mas depois de cinco longos dias eles voltaram para casa. O casal tem um vídeo de Joan saindo do hospital e Jacob se remexendo numa cadeirinha ao partir. Não é um vídeo da melhor qualidade – é um pouco tremido –, afinal Bob não é o melhor cinegrafista do mundo.

Foram dias tão confusos para Marc que ele pensou neles mais tarde e percebeu que fez uma diferença real ter Bob por perto, mesmo sem que houvesse nada que pudesse fazer para ajudar Joan. Também mostrou a Marc que a amizade deles não se resumia apenas a estatística, pesquisa e bons jantares. Bob ofereceu apoio para ele e Joan quando realmente importava. E Marc sabia que, quando fosse necessário, ele também estaria lá para ajudar Bob.

Essa é apenas uma das muitas histórias da nossa amizade – a amizade que agora, 26 anos depois, deu origem a este livro. Quando você pensa nos momentos mais difíceis da sua vida, talvez venham à sua mente histórias parecidas. Quando a adversidade acontece – e mais cedo ou mais tarde ela acontece –, muitas vezes são nossos amigos que nos ajudam, que nos protegem contra as intempéries da vida.

O poder da amizade não se limita a fornecer material para boas histórias ou para reflexão filosófica; a ciência mostra claramente o verdadeiro efeito que ela tem. Os amigos amenizam nossa percepção das dificuldades – fazendo com que pareçam menos estressantes – e, mesmo quando experimentamos estresse extremo, eles podem diminuir o impacto e a duração desse infortúnio. Sentimos o estresse, mas com a ajuda de amigos conseguimos administrá-lo melhor. Menos estresse e melhor gerenciamento levam a menos desgaste em nosso corpo.

Amigos, em suma, nos mantêm mais saudáveis.

No Capítulo 2 discutimos uma análise de 2010 conduzida por Julianne Holt-Lunstad e colaboradores. Eles reuniram 148 estudos e uma vasta quantidade de dados para analisar o efeito que as conexões sociais têm na saúde e na longevidade.[5] Parte desses estudos se concentravam especificamente na amizade. Aqui estão alguns de seus achados:

- Um grande estudo longitudinal na Austrália descobriu que idosos com mais de 70 anos que tinham uma forte rede de amigos também tinham 22% menos probabilidade de morrer durante o período do estudo, que era de dez anos.[6]
- Um estudo longitudinal com 2.835 enfermeiras com câncer de mama descobriu que as mulheres que tinham dez ou mais amigos eram quatro vezes mais propensas a sobreviver do que aquelas sem amigos íntimos.[7]

- Um estudo longitudinal com mais de 17 mil homens e mulheres com idades entre 29 e 74 anos na Suécia descobriu que conexões sociais mais fortes diminuíam em quase 25% o risco de morte por qualquer causa num período de seis anos.[8]

A lista continua. Quando aumentamos nossa conexão com os amigos, isso tem um efeito mensurável no nosso corpo, que precisa do que as amizades fornecem. A necessidade humana de amigos e cooperação é uma importante peça evolutiva, algo que tornou os seres humanos uma espécie bem-sucedida. Ter amigos, ter um grupo ao qual pertencemos, sempre tornou mais provável a sobrevivência em ambientes perigosos, e os amigos também protegem nossa saúde em ambientes modernos estressantes. Por mais fortes, independentes e autossuficientes que sejamos, ainda estamos biologicamente programados para a amizade. Quando as coisas ficam sérias, mesmo os mais durões procuram um ombro amigo.

UM TESOURO REPLETO DE TEMPOS DIFÍCEIS

De certa forma, o Estudo de Harvard investiga de um modo único a conexão entre amizade e adversidade, porque guarda um verdadeiro tesouro: as memórias de tempos difíceis. Todos os participantes da nossa primeira geração viveram durante a Grande Depressão. Quase toda a coorte da periferia de Boston tinha um passado humilde (para dizer o mínimo) e às vezes trágico, e boa parte dos alunos da Harvard College cresceu em circunstâncias econômicas ou sociais desafiadoras. Na coorte universitária, 89% lutaram na Segunda Guerra Mundial, como já mencionamos, e cerca de metade esteve envolvida em combate. Muitos dos participantes da periferia, alguns anos mais jovens, lutaram na Guerra da Coreia. Alguns enfrentaram situações em que tiveram que matar ou morrer e outros testemunharam a morte de amigos. Alguns voltaram para casa com o que desde então tem sido chamado de transtorno de estresse pós-traumático (TEPT).

Qual o papel das amizades em meio a esses desafios? Essas experiências têm alguma lição a nos ensinar?

Têm, sim. A partir dos relatos em primeira mão dos participantes sobre suas experiências de combate e conexões com colegas militares, descobrimos que aqueles homens que tinham amizades mais positivas com seus companheiros e que serviram em unidades de combate mais coesas e conectadas tinham menos probabilidade de experimentar sintomas de TEPT após a guerra. As amizades, em outras palavras, eram como uma espécie de escudo protetor. Ter amigos bons e confiáveis protegeu esses homens durante alguns dos eventos mais difíceis de suas vidas.

Alguns desses relacionamentos perduraram. Uma das perguntas que fizemos aos participantes foi sobre seu contato posterior com os amigos que fizeram durante a guerra. Alguns ainda trocavam cartões de Natal com os antigos companheiros, ainda falavam com eles ao telefone de vez em quando e continuaram a viajar para visitá-los até o fim da vida. Alguns chegaram a relatar que mantinham contato com as esposas dos antigos camaradas.

A maioria, porém, perdeu contato com esses companheiros, assim como perdeu contato com outros amigos. À medida que a vida avançava, os desafios continuavam chegando, mas eles tiveram que enfrentá-los sem o apoio de amigos íntimos. Como Neal McCarthy (do Capítulo 8), há participantes do Estudo que serviram na guerra, mas nos contaram que suas experiências mais difíceis ocorreram durante a vida civil. Divórcios, acidentes, mortes de cônjuges ou filhos e outros tipos de experiência intensa e estressante pesaram sobre eles. Mas, à medida que envelheciam, iam dando menos atenção às amizades, até que se deparavam, sozinhos, com experiências estressantes. Ao contrário do que acontecia quando estavam em combate, eles não tinham colegas a quem recorrer ou com quem compartilhar suas dificuldades. Não havia ninguém para ajudá-los.

AMIZADES ENFRAQUECIDAS

Ao examinar os arquivos do Estudo, não demoramos muito para encontrar homens que no fim da vida se arrependeram do rumo tomado por suas amizades. Houve casos de extremo isolamento e solidão, como os de Sterling Ainsley (Capítulo 4) e Victor Mourad (Capítulo 9), mas todo o

Estudo é permeado por um sentimento mais comum de desconexão, em que os homens avançam pelos estágios da vida adulta com cada vez menos amizades íntimas. Ao falar sobre suas amizades – coisa que raramente faziam fora do Estudo –, esses homens quase sempre alegavam que a falta de amizades íntimas se devia à sua autossuficiência e independência. Ao mesmo tempo, muitos revelavam o desejo de estar mais perto dos amigos.

– Muitos homens como eu se arrependem de não ter tido mais amigos de verdade – disse um participante. – Nunca tive um amigo realmente próximo. Minha esposa tem mais amigos do que eu.

Embora essa queixa no Estudo seja particularmente comum entre os homens, não há evidências relevantes para apoiar a crença de que eles sejam de alguma forma "programados" para a independência emocional e o estoicismo, avessos à intimidade. É mais provável que esse jeito de lidarem com as amizades (e com os relacionamentos em geral) seja em grande parte resultado de forças culturais. Por exemplo, os padrões de amizade entre indivíduos LGBTQIAPN+ geralmente diferem daqueles de seus colegas heterossexuais, e é provável que haja diferenças geracionais no modo como os homens conduzem sua vida social à medida que envelhecem.

Pesquisas indicam que as diferenças nos padrões de amizade entre homens e mulheres são realmente pequenas. Vários estudos longitudinais já mostraram que adolescentes do sexo masculino de diferentes origens se conectam intimamente com amigos de maneiras que desafiam os estereótipos de gênero. Por exemplo, a psicóloga Niobe Way estudou amizades entre adolescentes negros, latinos e asiático-americanos que, como nossos participantes da periferia de Boston, cresceram em circunstâncias modestas numa metrópole.

"Compartilhar segredos ou ter conversas íntimas com um melhor amigo era como os rapazes nos meus estudos definiam uma grande amizade", escreveu Way. Por exemplo:

> Mark, aluno do primeiro ano, disse o seguinte: "Meu melhor amigo pode me contar qualquer coisa e eu posso contar tudo para ele. Eu meio que sei tudo sobre a vida dele. [...] A gente está sempre à vontade um com o outro e não temos segredos. Compartilhamos nossos problemas." [...] Segundo Eddie, estudante do segundo ano: "O que a gente tem é tipo um vínculo. Guardamos os segredos um do outro.

É assim: quando algo importante acontece, sei que posso contar para ele e que ele não vai tirar sarro da minha cara. Posso contar, por exemplo, que a minha família está passando por algum problema ou algo parecido." Enquanto os meninos falavam sobre basquete ou videogame com os outros colegas, com os melhores amigos eles conversavam, compartilhavam segredos.⁹

À medida que os rapazes chegam ao fim da adolescência e iniciam a idade adulta, as amizades costumam se tornar mais reservadas e menos livres. Parte dessa transformação é uma resposta às mudanças da vida e ocorre tanto com homens quanto com mulheres – empregos e relacionamentos românticos se interpõem no caminho. Para os homens, no entanto, muitas vezes há um conjunto extra de poderosas forças culturais em ação. Em muitas culturas do mundo, os meninos são encorajados a mostrar independência e masculinidade à medida que ficam mais velhos e começam a se preocupar que a proximidade emocional de amigos os faça parecer menos masculinos. Com o tempo, certas intimidades entre amigos acabam se perdendo.

A amizade feminina entre adolescentes certamente está sujeita a muitas de suas próprias pressões e restrições, mas em diversas culturas se espera que as mulheres continuem a manter e nutrir essas trocas íntimas depois da adolescência. Essas expectativas podem ajudar a manter os vínculos de amizade, mas também podem impor às mulheres o fardo de serem as responsáveis por manter os relacionamentos nos trilhos.

Em 1987, o Estudo enviou um questionário para os participantes da primeira geração e outro para suas respectivas esposas, quando era o caso. Naquele ano o Estudo estava particularmente interessado na relação do casal com os amigos.

Foi perguntado aos homens: *Qual o seu nível de satisfação com sua quantidade de amigos (além da sua esposa) e sua proximidade com eles?* Trinta por cento disseram que não estavam satisfeitos e gostariam de muito mais. Quando as esposas responderam a uma pergunta semelhante, apenas 6% disseram que não estavam satisfeitas.

Mais ou menos nessa mesma época, a socióloga Lillian Rubin estava fazendo um trabalho importante analisando por que homens e mulheres pareciam conduzir suas amizades de maneira diferente.

As mulheres, descobriu Rubin, eram mais propensas do que os homens a manter contato com os amigos. A natureza de seus relacionamentos também era diferente – os homens costumavam organizar amizades em torno de atividades, enquanto as mulheres eram mais propensas a manter proximidade emocional e a compartilhar pensamentos e sentimentos íntimos. Elas tinham mais amizades *cara a cara*; eles, amizades *lado a lado*.

Os achados de Rubin foram corroborados por análises posteriores, mas, à medida que mais e mais pesquisas foram feitas sobre o tópico, uma coisa ficou clara: *as diferenças entre o que homens e mulheres buscam nas amizades são menores do que supõem os estereótipos culturais.*[10]

Por exemplo, estudos apontam que as mulheres geralmente esperam mais do que os homens que suas amizades envolvam confidências íntimas, mas essa diferença é pequena. Em psicologia, pequenas diferenças entre grupos significam que a sobreposição é a regra, não a exceção. Como um todo, as pesquisas mostram que a maioria das pessoas, independentemente da identificação de gênero, deseja e precisa de tipos semelhantes de proximidade e intimidade com seus amigos.

AS AMIZADES NO CERNE DO ESTUDO DE HARVARD

Quando os participantes do Estudo recebem um questionário pelo correio, ele não vem apenas com um envelope de retorno. Vem acompanhado por uma carta amigável da nossa equipe de pesquisadores. Ao longo dos anos, houve muita correspondência entre a equipe e os participantes, e uma rápida leitura dessas cartas revela a profundidade das conexões que foram feitas. Na mente dos integrantes da primeira geração, um nome específico no final dessas cartas veio a ser sinônimo do Estudo de Harvard: Lewise Gregory Davies.

Assistente social de formação, Lewise ingressou no Estudo em seus primeiros dias, quando Arlie Bock estava apenas começando a pesquisa. À medida que o Estudo se expandia, Lewise ia se envolvendo cada vez mais no contato com os participantes. Eles passaram a conhecê-la pelo nome, escreviam bilhetes pessoais com notícias de suas vidas (mesmo que os questionários cobrissem a maioria dos detalhes) e, se atrasassem a devolução de um questionário, ela entrava em contato para encorajá-los. Lewise os via como amigos, até como uma espécie de segunda família. Muitos deles respondiam aos questionários e aceitavam dar entrevistas por lealdade pessoal a ela.

Lewise acabou se aposentando, mas depois que seu marido morreu ela sentiu falta dos amigos que fez no Estudo e retomou seu trabalho. Foi esse compromisso pessoal com o Estudo, de Lewise e de outros, que ajudou a manter o engajamento de quase 90% dos pesquisados no Estudo ao longo de oito décadas. Nossos participantes sabiam que eram importantes não apenas para o Estudo e para a pesquisa – boa parte da qual eles nunca veriam –, mas também para Lewise. Em 1983, depois de se aposentar pela segunda vez, Lewise escreveu uma breve mensagem a todos os participantes do Estudo agradecendo-lhes uma última vez por uma das experiências mais marcantes de sua vida:

> Queridos amigos,
> Durante muitos anos eu valorizei minha amizade com vocês e suas famílias. As lembranças foram como uma luz em minha vida. Sua lealdade e sua devoção ao Estudo me tocaram profundamente. Que os próximos anos sejam ricos em felicidade e realizações para vocês e para aqueles a quem vocês amam.
> Com todo o carinho,
> de sua boa e velha amiga,
> *Lewise*

Era um relacionamento que poderia parecer sem importância. Muitos dos participantes encontraram Lewise pessoalmente apenas uma ou duas vezes e alguns talvez nunca a tenham visto. Mas ela fazia parte de suas vidas e muitos ficaram felizes por tê-la conhecido. Embora pudesse parecer um relacionamento breve e insignificante, na verdade não era nada disso. Como Rosa Keane no Capítulo 9, Lewise cultivou fortes vínculos no trabalho e viveu um crescimento pessoal nesse processo. Se não fosse por todas essas pequenas conexões e pelos sentimentos fugazes mas positivos que as acompanhavam, o Estudo de Harvard provavelmente não estaria aqui até os dias de hoje.

A IMPORTÂNCIA DOS RELACIONAMENTOS "SEM IMPORTÂNCIA"

Henry Keane, marido de Rosa, quando questionado sobre sua definição de amigo verdadeiro, deu uma resposta com a qual muitos de nós provavelmente concordaríamos:

– Um verdadeiro amigo é alguém com quem sempre podemos contar para nos fazer companhia ou nos ajudar, se necessário.

É o tipo de amizade que os cientistas sociais chamariam de "laço forte". São as pessoas que sabemos que estarão ao nosso lado quando as coisas derem errado, que nos levantam quando estamos deprimidos e a quem estamos preparados para apoiar em seus momentos difíceis. Quando a maioria de nós pensa em "amigos importantes", esses são os relacionamentos que vêm à mente.

Mas um relacionamento, para ser valioso, não precisa ser muito frequente ou íntimo. Na verdade, poucos percebem que *alguns de nossos relacionamentos mais benéficos podem ser com pessoas com quem não passamos muito tempo ou que não conhecemos tão bem*. Mesmo as interações com completos estranhos trazem benefícios ocultos.

Imagine a mais comum e simples das interações: ir a um café e pedir um expresso. Quando você faz isso, com que frequência conversa com o atendente? Com que frequência pergunta com interesse genuíno como ele está ou como está indo o trabalho naquele dia? Você pode ou não ter o hábito de fazer isso, mas de qualquer forma a maioria de nós provavelmente não daria "importância" a essas interações. Mas será que estamos certos? Ou elas importam de alguma forma?

Num estudo fascinante, pesquisadores dividiram um conjunto de participantes (que queriam um café) em dois grupos: um deles foi instruído a interagir com o atendente, e o outro, a ser o mais breve possível. Como o estudo com "desconhecidos num trem" que mencionamos no Capítulo 2, os pesquisadores descobriram que as pessoas que sorriam, faziam contato visual e tinham uma interação social com o atendente – nesse caso, um completo desconhecido – saíam se sentindo melhor e com maior sensação de pertencimento do que aquelas instruídas a serem o mais breves possível. Resumindo, ter um momento amigável com um desconhecido foi animador.[11]

Pequenos momentos assim levantam o astral e ajudam a contrabalançar parte do estresse que sentimos. Um deslocamento chato pode ser amenizado por uma breve conversa com o segurança. Uma sensação de desconexão pode ser aliviada quando cumprimentamos o carteiro. Essas pequenas interações podem afetar nosso humor e nossa energia ao longo do dia. Se adquirirmos o hábito de procurar esses momentos de ânimo diários, com o tempo eles podem ter efeitos de longo alcance. Não só para nós, mas para nossas redes sociais como um todo. Foi demonstrado que o contato casual repetido ajuda a formar amizades mais próximas. E às vezes até mesmo o contato mais casual pode nos proporcionar experiências completamente novas.[12]

O LONGO ALCANCE DOS LAÇOS "FRACOS"

As amizades casuais talvez sejam os mais negligenciados dos relacionamentos. Não ocupam tanto o nosso tempo nem impactam nossa vida da maneira mais óbvia. Mas diversas pesquisas têm investigado os benefícios dessas interações (que os cientistas sociais chamam de "laços fracos", expressão que não está entre nossas favoritas, pois às vezes não há nada de fraco nesses laços). Estamos falando dos relacionamentos aos quais não podemos recorrer quando estamos em perigo, mas que, no entanto, salpicam nossos dias com alto astral e energia e fazem com que nos sintamos parte de uma comunidade maior.

O sociólogo Mark Granovetter fez uma importante pesquisa para demonstrar o significado crucial desses vínculos casuais.[13] As pessoas que conhecemos apenas superficialmente, argumenta Granovetter, criam pontes importantes para novas redes sociais. Essas pontes permitem um fluxo de ideias diferentes e muitas vezes surpreendentes; possibilitam a circulação de informações que, de outro modo, seriam indisponíveis, gerando oportunidades. Granovetter demonstrou, por exemplo, que pessoas que cultivam laços casuais estão mais propensas a encontrar empregos melhores. Quando se aumenta a complexidade do sistema social, uma variedade mais ampla de coisas pode acontecer. Laços casuais também podem levar a um senso mais ampliado de comunidade. Quanto mais conversamos com gente de fora de nossas bolhas, quanto mais nos conectamos e humanizamos essas experiências, mais empáticos conseguimos ser quando surgem conflitos.

Olhe para o gráfico do seu "universo social", do Capítulo 4. Se não o preencheu, pense apenas por um momento no universo de suas amizades e nos tipos de interação diária que você tem. Você mantém relacionamentos que abrem as portas para outros grupos sociais? Tem amigos que expõem você a ideias novas ou diferentes? Seria possível cultivar alguns desses laços "fracos" em seu universo social?

Os relacionamentos casuais também são os mais mutáveis. Costumam surgir e ir embora à medida que nossa vida vai mudando. Os vínculos dos participantes do Estudo de Harvard com Lewise Gregory e com outros membros da equipe se mantiveram graças a anos de devoção e esforços sistemáticos. A maior parte dos relacionamentos distantes ou casuais não recebe esse tipo de atenção.

No Capítulo 3 falamos sobre o modo como nossos relacionamentos mudam à medida que mudamos de posição na vida, e isso é especialmente verdadeiro para os amigos. Muitas vezes, lacunas em nosso mapa de amizades se abrem porque nossa vida não acomoda mais facilmente um determinado tipo de relacionamento. De jovens adultos com tempo para sair com amigos quase todas as noites e fins de semana nos transformamos em pais de crianças pequenas com quase nenhum momento de lazer. Ou paramos de ter dias de trabalho cheios de reuniões com colegas para aproveitar a tão esperada liberdade da aposentadoria, quando nos encontramos de repente mais sozinhos do que imaginávamos. À medida que avançamos no tempo, nossa vida social nem sempre acompanha o ritmo.

UM AMIGO PARA CADA MOMENTO (OU PARA A VIDA INTEIRA)

Passeie pela sua cidade ou pelo seu bairro num dia ensolarado e você verá exemplos de amizade em todas as fases da vida: adolescentes praticando esportes; adultos tomando um café ou correndo juntos; um grupo de pais numa pracinha, todos com crianças da mesma idade; octogenários jogando xadrez no parque.

Nosso estágio de vida tem muita influência sobre as amizades que fazemos e a importância que lhes damos. Um novo amigo geralmente surge numa fase específica da vida e pode nos ajudar a atravessar esse momento.

Adolescentes criam vínculos descobrindo coisas novas juntos e compartilhando pensamentos e sentimentos. Estudantes universitários, sozinhos pela primeira vez, unem-se para enfrentar desafios comuns, confiando uns nos outros ao longo do caminho. Pais de primeira viagem anseiam por conselhos sobre como criar os filhos e procuram pessoas que já tenham passado pela mesma experiência e possam oferecer apoio emocional e prático (Marc e Joan, por exemplo, continuaram recorrendo a Bob e Jennifer, que certa vez até tomaram conta do bebê para que o casal pudesse ter um encontro romântico depois que Joan se recuperou do parto). E, como discutimos, dar ajuda pode nos fazer tão bem quanto recebê-la, de modo que pais mais experientes (como Bob e Jennifer) se beneficiam ao *fornecer* esse tipo de apoio. Vínculos nascidos em determinado estágio da vida podem ser fortes porque esses amigos passaram por algo poderoso juntos. Quando a vida muda novamente, como sempre acontece, pode ser que essas amizades desapareçam. Mas, às vezes, mesmo um curto período de conexão intensa pode forjar amizades que duram décadas e perduram por muitos outros estágios.

Nem sempre passamos pelas fases da vida em sincronia com nossos amigos. Podemos ter amigos que estavam afinados conosco no passado, mas que de repente parecem ter saído de sintonia com a nossa vida. Se quisermos manter essas relações, talvez tenhamos que nos esforçar para entender como anda a vida desses amigos.

Isso acontece o tempo todo com adultos solteiros cujos amigos já estão casados e com filhos. De repente eles se descobrem em mundos diferentes. As conversas passam a girar em torno de bebês e fraldas, e os amigos sem filhos podem se sentir abandonados. Talvez não haja exatamente ciúme, e sim um sentimento de perda de uma conexão que parecia estar ali, imutável, para sempre.

No entanto, a cada transição de fase é natural que certas amizades se percam pelo caminho. Um tema comum entre os participantes do Estudo, sejam homens ou mulheres, é a perda de amigos após a aposentadoria. Como discutimos no Capítulo 9, para alguns de nós o trabalho é a base do nosso universo social. Quando paramos de trabalhar, nossa saúde social pode sofrer consequências.

Foi o que aconteceu com Pete Mills, um dos nossos participantes universitários. Assim que se aposentou da carreira de advogado, ele percebeu com alguma preocupação que toda a sua vida social tinha sido construída em torno do trabalho e que ele precisava ser proativo para se reconectar socialmente. Em busca de novas amizades, ele e a esposa começaram a jogar boliche.

"Perguntei com que frequência recebiam os amigos em casa", escreveu uma entrevistadora em seu relatório.

Na segunda-feira passada, disse Pete, eles receberam vinte pessoas com "bebidas e muitos aperitivos" depois do boliche. Na sexta à noite, convidaram seis amigos para jantar. Ele varre a casa enquanto ela tira o pó dos móveis.

Perguntei o que os dois faziam juntos que lhes trazia mais alegria. "A gente socializa bastante", disse ele. O grupo de boliche se reúne uma vez por mês. E há também um grupo de leitura teatral, que também se reúne com regularidade. "Ela lê as falas dela bem baixinho. Eu leio bem alto", disse ele, provocando.

Perguntei sobre a relação que eles tinham com pessoas fora da família. "Estamos sempre falando com alguém", disse ele. "E mantemos contato com muitos dos nossos velhos amigos. Dá bastante trabalho. Mas a gente precisa tomar essa iniciativa, porque ninguém mais toma." Perguntei quem ele considerava seu amigo mais próximo. Ele pensou um pouco e mencionou um casal que costumam encontrar com frequência para visitar museus, falar de viagens e rever fotos antigas. "Há várias pessoas nesse grupo de leitura teatral", disse ele, "que são amigas muito próximas". Ele também se sente íntimo de seu "único colega de quarto sobrevivente" da época da faculdade, que hoje mora em Cambridge, mas reconheceu que pararam de se ver com frequência. "Provavelmente nossos amigos mais próximos estão por aqui agora", disse ele. A maioria são pessoas que ele e a esposa conheceram depois que Pete se aposentou.

Pete é um ótimo exemplo de alguém que se esforça para fazer e cultivar amizades. E ele tinha razão: manter contato com velhos amigos dá trabalho demais e muita gente nem tenta, de tão difícil. Mas ele e sua esposa estavam dispostos a encarar o desafio e gostavam particularmente de grandes encontros. Não somos todos assim. Nem todo mundo gosta de receber vinte pessoas em casa de vez em quando – e quem gosta talvez seja a exceção. Mas a questão aqui é entender o tipo de conexão que nos ajuda a prosperar. Estamos aproveitando ao máximo essas conexões? Em caso negativo, há algo que possamos fazer para seguir nessa direção?

O CAMINHO À FRENTE

> A escuta é uma coisa magnética e estranha, uma força criativa. [...] os amigos que realmente nos ouvem são aqueles a quem nos dirigimos. [...] Quando alguém nos escuta, isso nos reinventa, nos desdobra e nos expande.
>
> Brenda Ueland[14]

As amizades estão entre os relacionamentos mais fáceis de negligenciar. Ao longo da vida dos participantes do Estudo de Harvard, temos visto amizades se deteriorarem repetidas vezes, tanto para homens quanto para mulheres, devido à negligência. Parte do que torna as amizades maravilhosas é também o que as torna passageiras: elas são voluntárias. Mas isso não as torna menos significativas. Portanto, você precisa estar determinado a manter as amizades que já tem e a fazer novas.

Uma das perguntas mais comuns que as pessoas nos fazem é: *De quantos amigos eu preciso? Cinco? Dez? Um?*

Infelizmente não podemos responder a essa pergunta por você! As pessoas são muito diferentes. Você pode se sentir melhor com dois amigos próximos ou com diversos amigos com quem pratica atividades diferentes e a quem convida para grandes confraternizações. Dependendo da fase da vida, você pode precisar de coisas distintas. Pode ser que comece a se engajar em causas importantes e desenvolva novos amigos e grupos de amizade em torno delas. Para descobrir o que é melhor e mais gratificante para você, será necessário fazer uma autorreflexão. Mas aqui estão algumas coisas para pensar em relação aos amigos em sua vida:

Amizades estão sujeitas aos mesmos problemas que afetam os relacionamentos familiares: conflito crônico, tédio, falta de interesse ou de atenção.

Aprenda a ouvir seus amigos. Como sugere Brenda Ueland, escutar faz bem ao ouvinte e a quem está sendo ouvido. Absorver verdadeiramente a experiência de alguém encoraja tanto o ouvinte quanto o falante a se "desdobrar", a emergir de sua concha, e graças a isso nossa vida costuma ficar mais rica. Todos nós temos pontos sensíveis que dificultam o desenvolvimento de conversas mais íntimas, mas as recompensas valem o esforço. Por exemplo, as pessoas costumam ser muito reservadas quando têm uma doença. Gostariam de conversar sobre isso, mas não querem sobrecarregar os amigos. Para abrir essa porta, basta que você demonstre interesse quando alguém mencionar uma questão de saúde.

Quando somos ouvidos, nos sentimos compreendidos, cuidados e *vistos*. Quando você simplesmente se dispõe a ouvir um amigo, pode acabar criando um ambiente no qual você mesmo será visto e ouvido... mas, para isso, tem que ser corajoso o suficiente para se abrir. Existem amizades em que uma pessoa é mais propensa a ouvir e a outra é mais propensa a falar. Descubra qual das duas você é e veja se consegue equilibrar as coisas. As amizades mais fortes fluem nos dois sentidos.

Reveja seus rompimentos. As amizades podem nos causar mágoas que guardamos por muito tempo. Mas brigas entre amigos não precisam ser permanentes. Às vezes basta um simples pedido de desculpa ou uma bandeira branca – uma mensagem de texto gentil, um convite para um almoço, uma rápida ligação no aniversário – para reparar uma ferida do passado. Às vezes nos apegamos mais ao rancor do que à amizade. Deixar de lado os ressentimentos pode nos livrar desse fardo.

Por fim, pense em suas rotinas sociais. Muitas vezes caímos em rotinas com os amigos que vemos com mais frequência. Falamos sobre os mesmos assuntos, os mesmos problemas, repetidamente. Você tem algum amigo que poderia lhe oferecer muito mais? Há algo mais que você possa oferecer? Talvez haja mais coisas que você queira saber sobre o passado de determinada amiga. Ou algo novo que vocês possam explorar juntos.

Você pode estar pensando que tudo que discutimos neste capítulo está além do seu alcance. Talvez esteja se sentindo sozinho, mas já se acostumou com isso. Velhos hábitos sociais são difíceis de mudar, e todos nós temos nossos obstáculos pessoais, como timidez ou medo de multidão, que podem dificultar o processo. Talvez você sinta que é tarde demais.

Se você se identifica com isso, não está sozinho. Uma noção comum entre os participantes do Estudo de Harvard, independentemente do gênero, é que em algum momento da vida adulta torna-se impossível mudar a natureza de nossas amizades. Queixas de solidão geralmente são seguidas por declarações como "Acho que é assim mesmo..." ou "Minha vida é tão cheia que não sobra tempo para os amigos". Mesmo numa resposta escrita num questionário formal, quase podemos ouvir o tom de voz resignado dos participantes.

Andrew Dearing foi um deles. No fundo, ele tinha certeza de que sua vida nunca mudaria. Como muitas pessoas – e talvez como você –, ele acreditava que era tarde demais.

É TARDE DEMAIS PARA MIM

Dentre os participantes do Estudo, Andrew Dearing foi um dos que tiveram uma vida mais difícil e solitária. Quando criança, seu pai era ausente, a mãe e os irmãos viviam se mudando de um lugar para outro e ele não conseguia manter amizades duradouras. No início da idade adulta, fazer amizades significativas continuou sendo difícil e ele tinha 34 anos quando se casou. Sua esposa era bastante crítica e avessa à maioria dos eventos sociais. Não queria ver ninguém e não queria que ele visse ninguém. Eles nunca saíam e raramente tinham alguém para visitar. O casamento foi um dos maiores estresses de sua vida.

A única coisa que o fazia feliz era o trabalho. Ele era relojoeiro e gostava de desmontar relógios antigos e de cuco e fazê-los funcionar novamente. As pessoas sempre vinham com histórias de família sobre as peças e ele gostava de ressuscitar essas relíquias para os clientes. Quando questionado, com quase 50 anos, sobre a idade em que planejava se aposentar, ele escreveu: "Não sei. Trabalho desde os 8 anos. O trabalho me manteve vivo e a aposentadoria parece o fim da estrada. Então eu gostaria de continuar trabalhando."

Todavia, durante a maior parte de sua vida adulta ele relatou níveis muito baixos de felicidade e satisfação. Aos 45 anos, num momento de profundo desespero, Andrew tentou o suicídio. Vinte anos depois, ele ainda passava por dificuldades. "Pensei em acabar com tudo", escreveu na margem de um questionário.

Quando já tinha 60 e poucos anos, o Estudo pediu-lhe que descrevesse os amigos mais próximos e o que eles significavam na sua vida. Andrew escreveu simplesmente: "Ninguém." Quando questionado sobre o que fazia para se divertir, admitiu: "Não faço nada. Fico em casa o tempo todo. Só saio para trabalhar."

Quando tinha 67 anos, a visão de Andrew havia se deteriorado a ponto de ele não conseguir mais executar trabalhos minuciosos nos relógios. Foi obrigado a se aposentar. Pouco depois, ele foi a um terapeuta pela primeira vez na vida. Lá, discutiu como se sentia sozinho no mundo e como estava triste por ter que deixar seu trabalho. Andrew compartilhou que vinha tendo pensamentos suicidas. O terapeuta perguntou se ele já havia pensado em deixar a esposa. Não, ele não havia pensado. Achava que seria cruel com ela. Mas ele saiu do consultório com isso na cabeça e, no ano seguinte, aos 68 anos, Andrew se separou e foi morar sozinho num apartamento, embora não tenha chegado a assinar o divórcio.

Ao mesmo tempo que vivia o alívio por estar livre das restrições de seu casamento, Andrew se sentia mais solitário do que nunca. Por capricho, decidiu que começaria a frequentar a academia perto de casa e se exercitar para se distrair. Começou a ir todos os dias e percebeu que sempre via as mesmas pessoas por lá. Certo dia ele cumprimentou outro cliente assíduo e se apresentou.

Três meses depois, Andrew conhecia todo mundo na academia e tinha mais amigos do que jamais tivera. Todos os dias ele ansiava pela hora de ir malhar e começou a encontrar alguns de seus novos amigos fora da academia. Descobriu que alguns deles compartilhavam de seu amor por filmes antigos e passaram a se reunir para assistir aos seus clássicos favoritos.

Uns dois anos depois, quando perguntado num questionário se se sentia sozinho, Andrew escreveu: "Sim, com frequência." Afinal, ele estava morando sozinho. Mas, quando questionado sobre quão ideal era sua vida numa escala de 1 a 7, Andrew circulou "6", ou seja, "perto do ideal". Embora ainda se sentisse sozinho, sua vida era muito mais satisfatória do que antes e ele quase não conseguia imaginar que poderia melhorar.

Oito anos depois, em 2010, Andrew ainda era próximo de muitos dos mesmos amigos, expandira ainda mais seu círculo social e demonstrava grande alívio por ter mudado de vida. Quando lhe perguntaram, anos antes, com que frequência saía de casa para ver outras pessoas ou recebia visitas, ele respondera: "Nunca."

Agora, quando se encontrava na casa dos 80 e a mesma pergunta lhe foi feita, ele respondeu: "Diariamente."

Uma vez que as circunstâncias da vida, assim como as pessoas, variam muito ao longo do tempo, é difícil afirmar o que é e o que não é possível na vida de alguém. Mas Andrew era uma das pessoas mais isoladas e solitárias do Estudo e encontrou alívio. Mudou de rotina, conectou-se aos outros e, no processo, se abriu para o mundo de um jeito que o fez se sentir valorizado.

Vivemos num mundo que anseia por mais conexão humana. Às vezes podemos sentir que estamos à deriva pela vida, que estamos sozinhos e que já passamos do ponto em que poderíamos fazer qualquer coisa para mudar de panorama. Andrew tinha se sentido assim. Aliás, ele acreditava que já havia passado desse ponto havia muito, muito tempo. Mas estava errado. Não era tarde demais. Porque, para falar a verdade, nunca é tarde demais.

Conclusão

NUNCA É TARDE DEMAIS PARA SER FELIZ

Questionário do Estudo de Harvard, 1983

> P: Toda investigação altera o que está sendo investigado. Nas últimas décadas, que alterações o Estudo de Harvard promoveu na sua vida?

Em 1941, Henry Keane tinha 14 anos e era saudável. Embora vivesse num bairro marcado pela pobreza e essa privação tenha levado muitas das crianças que ele conhecia a ter problemas com a lei, Henry conseguiu evitar esse caminho. Interessado em entender o motivo, um jovem pesquisador de Harvard subiu os três andares do prédio de Henry num dia chuvoso para conversar com o garoto e seus pais sobre a participação num projeto de pesquisa de ponta. Os pesquisadores esperavam verificar regularmente sua saúde física e conversar sobre sua vida ao longo de vários anos para ver o que eles poderiam aprender sobre a trajetória de meninos das áreas mais pobres de Boston. Cerca de quinhentos outros adolescentes de sua idade também estavam sendo recrutados na periferia, a maioria vinda de famílias de imigrantes, como a de Henry.

Os pais de Henry estavam céticos, mas o pesquisador parecia digno de confiança. Então acabaram concordando.

Alguns anos antes, dois rapazes de 19 anos, Leo DeMarco e John Marsden, ambos alunos do segundo ano da Harvard College, marcaram uma consulta no escritório do Serviço de Saúde Estudantil para se encontrar com Arlie Bock, que os inscreveu num estudo semelhante, que investigava o que determinava a prosperidade entre os jovens. Após a primeira entrevista de duas horas, Arlie pediu que ambos voltassem na semana seguinte.

– Eu sinceramente não consigo entender – disse John – o que mais o senhor ainda tem para me perguntar. Nunca pensei que eu teria assunto para falar sobre mim por mais de duas horas.

Os dois estudos deveriam durar vários anos. Talvez dez, se conseguissem mais financiamento.

Esses três rapazes tinham a vida inteira pela frente. Olhando para as fotos de admissão nos dias de hoje, nós – Bob e Marc – sentimos uma espécie de admiração e nostalgia, como se estivéssemos olhando o retrato de um velho amigo. Nenhum dos participantes fazia ideia dos desafios que enfrentariam; nenhum deles fazia ideia de onde a vida os levaria.

Alguns rapazes como eles, participantes do Estudo, morreram na guerra que se aproximava. Outros morreram de complicações relacionadas ao alcoolismo. Há quem tenha ficado rico e até famoso.

Algumas vidas foram felizes. Outras não foram.

Oitenta anos depois, sabemos agora que Henry e Leo estão no grupo feliz. Eles se tornaram homens ativos e saudáveis, com visões de mundo positivas e realistas. Examinamos seus arquivos – suas vidas – e, dentro do fluxo normal de má sorte, tragédia e tempos difíceis, vemos alguns golpes de sorte. Eles se apaixonaram, adoravam seus filhos, encontravam significado em suas comunidades. Levaram uma vida amplamente positiva e se sentiram gratos por terem vivido.

John está no grupo infeliz. Começou a vida com privilégios, incluindo riqueza material, e viveu também alguns golpes de sorte. Foi um aluno brilhante, cursou Harvard e realizou seu sonho de se tornar um advogado de sucesso. Mas sua mãe morreu quando ele tinha 16 anos e ele também sofreu bullying por muitos anos quando criança. Com o tempo, desenvolveu certa cautela com as pessoas e uma atitude habitualmente negativa em relação ao mundo. Tinha dificuldade em se relacionar com os outros e, quando encontrava obstáculos, seu instinto era se afastar das pessoas mais próximas a ele. Casou-se duas vezes e nunca sentiu que era verdadeiramente amado.

Como poderíamos ter ajudado John se pudéssemos voltar ao dia em que ele tirou aquela foto aos 19 anos? Poderíamos usar um pouco do que o

Estudo aprendeu com John para ajudá-lo a lidar com sua vida? *Veja bem*, poderíamos dizer a ele: *Essa é a vida de alguém que acompanhamos no Estudo. Ele viveu para que você pudesse se sair melhor.*

Mas é claro que muitas das descobertas mais significativas vieram *depois* que os participantes já haviam percorrido um longo caminho. Portanto, eles não tiveram o benefício da pesquisa nos momentos em que ela mais os ajudaria.

É por isso que escrevemos este livro: para compartilhar com você o que não pudemos compartilhar com eles. Porque uma coisa que o grande corpo de pesquisa sobre a felicidade humana demonstra claramente – a partir do nosso estudo longitudinal e de dezenas de outros – é que *não importa quantos anos você tem, onde você está no ciclo da vida, se é casado ou não, introvertido ou extrovertido; todos podem fazer mudanças positivas em suas vidas.*

John Marsden é um pseudônimo. Sua profissão e outros detalhes foram alterados para proteger sua identidade. O verdadeiro homem por trás do nome infelizmente já faleceu. É tarde demais para ele. Mas, se você está lendo este livro, não é tarde demais para você.

O TRANSCORRER DE UMA VIDA EXAMINADA

Há um questionamento muito comum sobre o Estudo de Harvard: será que as perguntas afetaram a maneira como os participantes viveram? Será que os dados foram distorcidos por uma espécie de "efeito Heisenberg" psicológico, com a vida dos participantes tendo sido moldada pelo simples fato de fazerem essa autorreflexão?

Essa foi uma pergunta que despertou o interesse de Arlie Bock e de todos os diretores e pesquisadores subsequentes. Por um lado, é impossível responder. Como diz o ditado, não se pode entrar duas vezes no mesmo rio: não há como saber como seria a vida de cada participante se eles não tivessem participado do Estudo. Os próprios participantes, no entanto, tinham algumas opiniões a respeito disso.

Uma das respostas mais comuns era: "Lamento, mas acho que não teve influência nenhuma."

Ou então: "Desculpe, mas a única influência é que às vezes converso sobre isso."

John Marsden respondeu simplesmente: "Nenhuma."

Joseph Cichy (do Capítulo 7) também escreveu "Nenhuma" e justificou: "Não recebi nenhum feedback que eu pudesse interpretar como um aviso ou uma orientação para minha vida."

Outros, porém, admitiram usar o Estudo para refletir sobre sua vida e sobre as diferentes maneiras de viver.

"O Estudo me fez reavaliar minha vida a cada dois anos", escreveu um participante.

Outro detalhou sua política de autoavaliação: "Isso me faz examinar e reconsiderar a situação atual, fazer um balanço, esclarecer direções e prioridades e avaliar meu casamento, que depois de 37 anos se tornou uma parte tão fundamental da minha vida a ponto de se tornar inquestionável."

"O Estudo me faz refletir um pouco", escreveu Leo DeMarco. "Fico contente quando examino minhas circunstâncias; tenho uma esposa adorável que geralmente tolera minhas fraquezas. As perguntas me fazem perceber que existem outros estilos de vida, outras opções, outras experiências que *poderiam ter acontecido*, mas não aconteceram."

O fato de os participantes terem sido afetados pelas perguntas do Estudo é em si uma lição útil para o restante de nós. Podemos não receber um telefonema dos pesquisadores a cada dois anos nos enchendo de perguntas, mas ainda podemos reservar um momento de vez em quando para considerar onde estamos e onde gostaríamos de estar. É nesses momentos, quando retraçamos nossos passos e olhamos nossa vida, que podemos dissipar a névoa e escolher um caminho a seguir.

Mas qual caminho?

Tendemos a pensar que sabemos o que nos realiza, o que é bom e o que é ruim. Achamos que ninguém nos conhece tão bem quanto nós mesmos. O problema é que somos tão bons em sermos nós mesmos que nem sempre vemos que pode haver outra maneira de ser.

Lembre-se da sabedoria do mestre zen Shunryu Suzuki: "Na mente do iniciante existem muitas possibilidades, mas na mente do especialista existem poucas."

Fazer perguntas honestas sobre nós mesmos é o primeiro passo para reconhecer que podemos não ser especialistas na nossa própria vida. Quando aceitamos isso, e aceitamos que talvez não tenhamos todas as respostas, entramos no reino das possibilidades. E isso é um passo na direção certa.

EM BUSCA DE ALGO MAIOR

Em 2005, tivemos um almoço com os participantes da periferia de Boston, que na época estavam na casa dos 70 anos. Havia uma mesa para South Boston, outra para Roxbury, West End, North End, Charlestown e todos os outros bairros representados no Estudo. Alguns dos participantes até se conheciam da escola ou por terem crescido na mesma vizinhança. O almoço foi no West End e alguns vieram do outro lado do país, vestidos com seus melhores ternos e gravatas, enquanto outros simplesmente dobraram a esquina, vestidos com o que quer que estivessem usando naquele dia. Alguns trouxeram a esposa e os filhos, muitos dos quais também haviam se juntado ao Estudo.

A dedicação de nossos participantes ao Estudo tem sido gratificante. Dos integrantes da primeira geração, 84% continuaram contribuindo por toda a vida. Estudos longitudinais normalmente têm uma taxa de abandono muito maior e não chegam nem perto de cobrir uma vida inteira.[1] Além do mais, 68% dos filhos concordaram em participar do Estudo na segunda geração – uma taxa de participação surpreendentemente alta. Mesmo os primeiros participantes que já faleceram há muito tempo fizeram contribuições que afetarão a pesquisa nos próximos anos. Eles nos deixaram amostras de sangue, que, em combinação com seus dados psicológicos e de saúde e com as avaliações históricas dos bairros de Boston, estão sendo usadas para investigar como o chumbo e outros contaminantes ambientais afetam a saúde a longo prazo. À medida que se aproximavam do fim da vida, alguns até concordaram em doar o próprio cérebro ao Estudo. Atender a esses pedidos não foi fácil para as famílias, que, num momento de luto, confiaram ao Estudo os restos mortais de seus entes queridos. Graças a toda essa dedicação, a vida dos participantes continua sendo importante e seu legado permanecerá.

Este tem sido um projeto recíproco de melhoria de vida. Nós, membros da equipe de pesquisadores ao longo das gerações, fomos abençoados pela conexão com os participantes. Por sua vez, a criatividade e o comprometimento dos membros de nossa equipe permitiram que centenas de famílias fizessem parte de algo único na história da ciência. Lewise Gregory, que mencionamos no Capítulo 10 e trabalhou para o Estudo durante a maior parte da vida, é um dos melhores exemplos disso. Nossos participantes responderam a questionários durante alguns dos momentos mais conturbados e difíceis de suas vidas não apenas porque acreditavam na pesquisa, mas também porque se sentiam leais a Lewise e a outros integrantes da equipe. Um estudo que lentamente revelou o valor dos relacionamentos foi sustentado, no fim das contas, pelos relacionamentos.

Ao longo dos anos, essas relações formaram uma espécie de comunidade invisível. Alguns participantes não conheceram mais ninguém no Estudo até muito tarde na vida e outros nunca conheceram ninguém envolvido. Mas eles sentiam uma conexão com o Estudo. Alguns, cautelosos com as revelações, relutaram no início, mas continuaram assim mesmo. Outros esperavam receber ligações do Estudo e gostavam da experiência de serem interrogados e ouvidos. E a maioria tinha orgulho de fazer parte de algo maior que eles. Pensavam no Estudo como parte de sua própria generatividade, parte de sua própria marca no mundo, e estavam certos de que a vida deles acabaria sendo útil para pessoas a quem nunca conheceriam.

Isso reflete uma preocupação que muitos de nós temos: *Será que tenho importância?*

Alguns de nós já viveram a maior parte da vida e se pegam olhando para trás; outros têm quase a vida toda pela frente e olham adiante. Todos nós, independentemente da idade, devemos lembrar que essa questão de ter importância, de deixar algo para as gerações futuras e de fazer parte de algo maior não é apenas uma questão de conquista pessoal – é sobre o que significamos para os outros. E nunca é tarde para começar a deixar a própria marca.

PREENCHA AS LACUNAS

Se considerarmos toda a história humana, a "ciência da felicidade" é uma ideia recente. De modo lento mas seguro, ela tem descoberto respostas úteis para o que faz as pessoas prosperarem ao longo da vida. Novas descobertas, novos insights e novas estratégias de como transpor a pesquisa da felicidade para a vida real continuam a evoluir. Se quiser acompanhar nossos esforços mais recentes, visite a página da Lifespan Research Foundation, em inglês (www.lifespanresearch.org).

O principal desafio da pesquisa da felicidade está em como aplicar as descobertas à vida real, pois a trajetória de cada pessoa é única e não se encaixa perfeitamente em nenhum modelo. As descobertas e as ideias que apresentamos neste livro são baseadas em pesquisas, mas a ciência não pode conhecer a turbulência ou as contradições que você sente em seu coração. Ela não pode quantificar a agitação que você sente quando determinado amigo telefona. Não pode saber o que mantém você acordado à noite, ou de que você se arrepende, ou como você expressa amor. A ciência não pode dizer se você está falando muito ou pouco com seus filhos, ou se deve se reconectar com determinado membro da família. Não pode dizer se seria melhor para você ter uma conversa franca enquanto toma uma xícara de café, joga uma partida de basquete ou dá um passeio com um amigo. Essas respostas só podem vir por meio da reflexão e da descoberta do que funciona para você. Para que qualquer lição neste livro seja útil, você precisará aplicá-la à sua experiência singular de vida.

Mas aqui está o que a ciência *pode* lhe dizer:

Bons relacionamentos nos mantêm mais felizes, mais saudáveis e nos ajudam a viver mais.

Isso é verdade durante a vida inteira, e em todas as culturas e contextos, o que significa que é quase certamente verdade para você e para quase todos os seres humanos que já habitaram e habitam este planeta.

O QUARTO FATOR DA EDUCAÇÃO

Poucas coisas afetam tanto a qualidade de vida quanto nossa conexão com os outros. Como já dissemos várias vezes, os seres humanos são antes de tudo animais *sociais*. As implicações desse fato podem ser muito mais vastas do que imaginamos.

A educação básica costuma ser tratada como uma tríade: leitura, escrita e cálculo. Como a educação infantil se destina a preparar os alunos para a vida, acreditamos que deve haver um quarto fator na educação básica: *relacionamentos*.

O ser humano não nasce com a necessidade biológica de ler e escrever, embora essas habilidades sejam fundamentais para a sociedade hoje. Não nascemos com a necessidade de aprender matemática, embora o mundo moderno não existisse sem ela. No entanto, nascemos com a necessidade de nos conectar com os outros. Como essa necessidade de conexão é fundamental para uma vida próspera, acreditamos que a saúde social deve ser ensinada às crianças e ser um tema central nas políticas públicas, juntamente com exercícios físicos, bons hábitos alimentares e outras recomendações de saúde. Tornar a saúde social um pilar da educação é especialmente importante agora que as tecnologias estão em rápida evolução, afetando a maneira como nos comunicamos e como desenvolvemos habilidades interpessoais.

A boa notícia é que o mundo parece estar dando atenção a esse tema. Centenas de estudos recentes têm mostrado que relacionamentos positivos fazem bem à saúde, e citamos muitos deles neste livro. Há também cursos de aprendizagem socioemocional, que se concentram em ajudar os alunos a identificar e gerenciar emoções e aprimorar suas habilidades de relacionamento.[2] Esses programas estão sendo testados em escolas de todo o mundo. Independentemente de idade, raça, gênero ou classe social, os alunos desses programas demonstraram comportamentos mais positivos com os colegas, tiveram melhor desempenho acadêmico, menos desvios de conduta, menor propensão ao uso de drogas e menor sofrimento emocional. Esses programas são um passo na direção certa e seu impacto mostra que a ênfase nos relacionamentos compensa. Esforços para levar as mesmas lições para adultos em organizações, empresas e centros comunitários também estão em andamento.[3]

A ADVERSIDADE NO CAMINHO DE UMA BOA VIDA

Estamos vivendo um momento de crise mundial. A conexão com nossos semelhantes assume uma nova urgência. A pandemia de Covid-19 destacou imensamente essa necessidade. À medida que a doença se espalhou e os lockdowns começaram, muitas pessoas buscaram solidificar seus relacionamentos mais importantes para aumentar a sensação de vínculo e segurança. Conforme a quarentena se estendia por semanas e meses, as pessoas foram sentindo os efeitos do isolamento social de maneiras estranhas e às vezes profundas. Nosso corpo e nossa mente, inextricavelmente entrelaçados, reagiram ao estresse do isolamento. Pessoas em todo o mundo sentiram impactos na própria saúde. Crianças em idade escolar perderam o contato regular com amigos e professores; adultos interromperam a convivência com colegas de trabalho; adiaram-se casamentos; amizades foram deixadas de lado; e quem tinha acesso à internet teve que se contentar com interações diante de uma tela. De repente ficou claro que escolas, cinemas, restaurantes e estádios não abrigam apenas aulas, filmes, refeições e jogos. Abrigam encontros com outras pessoas.

Crises globais continuarão a impactar nosso bem-estar coletivo. Mas, enquanto lutamos para enfrentar esses desafios, devemos lembrar que cada um de nós tem apenas o momento presente e o lugar onde estamos. São a nossa abordagem momento a momento e as ligações que estabelecemos – com familiares, amigos, vizinhos e muitos outros – que servirão de baluarte contra quaisquer crises que viermos a enfrentar.

Quando eram crianças, os participantes do Estudo de Harvard não poderiam imaginar as dificuldades que enfrentariam na vida e no mundo como um todo. Leo DeMarco não teria como prever a chegada da Segunda Guerra Mundial. Henry Keane não teria como evitar a pobreza que a Grande Depressão trouxe para sua família. E nós não temos como antecipar com exatidão os desafios que enfrentaremos no futuro. Mas sabemos que eles virão.

Milhares de histórias do Estudo de Harvard nos mostram que não encontramos a boa vida proporcionando a nós mesmos lazer e facilidade. Pelo contrário, a boa vida surge a partir do enfrentamento dos desafios inevitáveis; surge quando estamos plenamente presentes em todos os momentos da nossa vida. Essa felicidade aparece, silenciosamente, à medida que aprendemos a amar e a nos abrir para o amor, à medida que crescemos com nossas experiências e nos solidarizamos uns com os outros na inevitável sequência de alegrias e tristezas em cada vida humana.

UMA DECISÃO FINAL

Então como avançar rumo a uma boa vida? Primeiro, reconheça que a boa vida não é um destino. Ela é o próprio caminho e as pessoas o trilham com você. Conforme for avançando, decida, segundo após segundo, para quem e para que você quer dedicar sua atenção. Semana após semana, priorize seus relacionamentos e escolha estar com as pessoas que importam. Ano após ano, encontre propósito e significado nas vidas que você enriquece e nos relacionamentos que cultiva. Desenvolva sua curiosidade e se aproxime dos outros – familiares, parceiros, colegas de trabalho, amigos, conhecidos e até mesmo desconhecidos – a cada pergunta interessada, a cada momento de atenção verdadeira. Assim você vai fortalecendo a base de uma boa vida.

Temos uma sugestão final para estimular você a começar.

Pense em alguém, em apenas uma pessoa importante para você. Alguém que pode não saber quanto realmente significa na sua vida. Pode ser um cônjuge, uma namorada, um amigo, uma colega de trabalho, um irmão, uma mãe, um filho ou até mesmo um treinador ou uma professora do passado. Essa pessoa pode estar sentada ao seu lado enquanto você lê ou ouve este livro, pode estar ali na cozinha lavando a louça ou em outra cidade, outro país. Pense sobre a vida dela. Qual tem sido sua batalha? Pense no que ela significa para você, no que já fez por você. Onde você estaria sem essa pessoa? Quem você seria?

Agora pense nos agradecimentos que faria a ela se soubesse que nunca mais a veria na vida.

E neste momento – agora mesmo – vá falar com ela. Pegue o telefone. Diga.

AGRADECIMENTOS

Este livro comprova uma verdade fundamental: somos sustentados por uma teia de relacionamentos que dão sentido e alegria à nossa vida. Somos profundamente gratos às muitas pessoas cuja bondade e sabedoria nos permitiram criar este trabalho.

Nós dois começamos nossa amizade e colaboração há quase três décadas no Massachusetts Mental Health Center, quando éramos pesquisadores no laboratório de Stuart Hauser. O estudo longitudinal que ele conduzia com adolescentes nos apresentou as riquezas que podem ser encontradas quando acompanhamos uma vida ao longo do tempo e Stuart também nos ensinou o valor de ouvir o que as pessoas têm para contar.

George Vaillant, professor de Bob na Escola de Medicina de Harvard, foi o terceiro diretor do Estudo de Harvard sobre o Desenvolvimento Adulto. Suas descobertas moldaram a maneira como o mundo enxerga o ciclo da vida humana e, ao confiar esse precioso projeto longitudinal à geração seguinte de pesquisadores, George nos deu um presente capaz de atravessar eras. É claro que nosso trabalho só foi possível graças ao empenho dos diretores anteriores: Clark Heath, Arlie Bock e Charles MacArthur, pioneiros no estudo da coorte da Harvard College, e Eleanor e Sheldon Glueck, que originaram o estudo da periferia de Boston. Nenhuma dessas pesquisas poderia acontecer sem financiamento, e o Estudo de Harvard não teria sido possível sem o apoio do National Institute of Mental Health, do National Institute on Aging, da William T. Grant Foundation, do Harvard Neuro-Discovery Center, da Fidelity Foundation, da Blum-Kovler Foundation, da Weil Memorial Charitable Foundation e de Ken Bartels e Jane Condon.

A realização de um estudo longitudinal com tamanha profundidade exige a dedicação e a paciência de uma aldeia inteira. Seus membros fiéis – como Lewise Gregory, Eva Milofsky e Robin Western – mantiveram elos vitais com os participantes durante décadas. E essa aldeia prossegue incluindo um exército de talentosos bolsistas de doutorado e mestrado, alunos de graduação e até mesmo alguns alunos do ensino médio – tantos que nem poderíamos citar pelo nome –, que estimulam nosso trabalho com sua curiosidade e suas novas perspectivas. Estender o estudo aos filhos dos nossos participantes originais só foi possível com a orientação de um conjunto notável de colegas: Margie Lachman, Kris Preacher, Teresa Seeman e Ron Spiro. Nosso colega Mike Nevarez continua a usar sua precisão de engenheiro e sua expertise em medicina para supervisionar a aplicação de análises biológicas e ferramentas digitais do século XXI em nosso estudo de segunda geração.

Quando a palestra que Bob deu no TEDx em 2015 viralizou, ficou claro que muitas pessoas estavam ansiosas para aprender o que a ciência do desenvolvimento pode nos revelar sobre o sucesso de uma vida humana. Nosso amigo e colega John Humphrey teve a brilhante ideia de criar e liderar a Lifespan Research Foundation (www.lifespanresearch.org), uma organização sem fins lucrativos com a missão de usar as descobertas da pesquisa para permitir que as pessoas levem uma vida mais saudável, cheia de significado, conexão e propósito. Sua morte em maio de 2022 foi uma perda que ainda sentimos, mas continuamos inspirados por sua energia e pela paixão que ele demonstrava ao usar a pesquisa para ajudar os outros. A equipe da fundação – composta por John, Marianne Doherty, Susan Friedman, Betsy Gillis, Linda Hotchkiss, Mike Nevarez, Connie Steward, entre outros – nos permitiu selecionar descobertas de pesquisas que se escondem em periódicos acadêmicos e traduzi-las em ferramentas fáceis de usar por aqueles que buscam sabedoria com base na ciência do bem-estar.

Uma boa vida também contou com outra aldeia: Doug Abrams, da Idea Architects, esboçou uma ideia que acabou sendo quase exatamente o que o livro se tornou. Sua crença no projeto e a experiência da sua equipe – especialmente de Lara Love, Sarah Rainone e Rachel Neumann – iluminaram o caminho sombrio de esboçar e elaborar um livro sobre o trabalho de nossa vida. Rob Pirro compartilhou conosco seu profundo conhecimento das perspectivas filosóficas sobre a felicidade. Fomos abençoados com vários e generosos leitores do manuscrito: Cary Crall, Michelle Francl, Kate Petrova e Jennifer Stone fizeram comentários inestimáveis e ajudaram a aprimorar nossas ideias e palavras.

Na Simon & Schuster, num momento de grande incerteza no mundo, Jonathan Karp e Bob Bender botaram fé neste livro. Seu entusiasmo pelo projeto foi realmente contagiante e tivemos a sorte de trabalhar com Bob, um editor experiente cuja mão firme e gentil moldou o texto original com cuidado e sabedoria. Agradecemos também a Johanna Li, que nos guiou pelo design gráfico, e a Fred Chase, nosso copidesque. Saliann St-Clair, Jemma McDonagh, Brittany Poulin e Camilla Ferrier, da Marsh Agency, e Caspian Dennis e Sandy Violette, da Abner Stein, nos ajudaram a levar o livro ao mundo inteiro por meio de contratos internacionais. E somos gratos às mais de vinte editoras estrangeiras que perceberam o valor de levar o livro a pessoas de todo o mundo.

Talvez não tivéssemos coragem de escrever este livro se não fosse por tantas pessoas que acreditaram no projeto. Tal Ben-Shahar, Arthur Blank, Richard Layard, Vivek Murthy, Laurie Santos, Guy Raz, Jay Shetty, Tim Shriver e Carol Yu estavam entre aqueles que nos encorajaram quando poderíamos ter ficado com medo. Nossos colegas Angela Duckworth, Eli Finkel, Ramon Florenzano, Peter Fonagy, Julianne Holt-Lunstad e Dominik Schoebi, que são exemplos de como divulgar a pesquisa científica para o mundo em uma linguagem acessível e impactante, também nos incentivaram desde o início.

Mark Hitz esteve no centro deste projeto desde sua origem. Observador perspicaz e empático da experiência humana, bem como escritor de imensa habilidade e sutileza, Mark aprendeu a dançar conosco num mundo que era completamente novo para ele. Seu ouvido foi fundamental para a música da linguagem que você ouviu ao longo do livro. Ele nos ajudou a dar vida às descobertas científicas usando as histórias que encontrou nas incontáveis páginas do Estudo. E tudo isso foi feito com a persistência e a paciência que só poderiam vir de seu profundo respeito pelas pessoas que nos contaram suas histórias. Seremos sempre gratos a Mark por ter dedicado seu talento a esta colaboração.

Nossa maior dívida é para com as mulheres e homens que já participaram e participam ainda hoje do Estudo de Harvard sobre o Desenvolvimento Adulto. Como começar a agradecer às gerações de pessoas que ofereceram suas histórias de vida para que o mundo pudesse ter uma compreensão mais rica e profunda da condição humana? Ao compartilhar suas vidas, elas dão um presente à ciência e a todos nós. Elas nos lembram que a humanidade pode ser generosa e que é essencial valorizarmos o que todos temos em comum. Jamais poderemos pagar essa dívida, mas nossa esperança é que possamos retribuir, mesmo que só um pouquinho, com a publicação deste livro.

BOB

Quer se trate de sorte ou carma, é um mistério maravilhoso o modo pelo qual encontramos as pessoas que moldam nossa vida. Fui abençoado com a atenção e os cuidados de muitos mentores excelentes. A professora Barbara Rosenkrantz me empolgou com seu interesse profundo por documentos históricos mofados. Phil Isenberg, Carolynn Maltas, John Gunderson e um exército de maravilhosos professores clínicos me ensinaram a empregar essa mesma curiosidade nas histórias de vida das pessoas que vêm ao meu consultório em busca de alívio para o sofrimento mental. Avery Wiseman foi um modelo de psicanalista acadêmico e Tony Kris e George Fishman me ajudaram a encontrar coragem para encaixar a prática clínica e a pesquisa empírica em dias de trabalho recompensadores. Dan Buie e Jil Windsor são almas raras que fazem as pessoas se sentirem verdadeiramente vistas e, no processo, trazem à tona o que há de melhor nelas – inclusive em mim.

Nas últimas quatro décadas, tive o prazer de trabalhar com várias centenas de alunos de psiquiatria, e nossa paixão compartilhada pelo que motiva as pessoas me dá esperança de um futuro em que sempre haverá alguém com quem conversar. Todos os dias encontro pessoas em minha prática psicoterapêutica, e sua coragem em compartilhar suas preocupações mais profundas me mostrou que os caminhos para uma vida boa e rica são praticamente infinitos.

A meditação zen é outra maneira pela qual exploro a experiência de ser humano, e ela tem mudado minha vida. Meus professores zen, David Rynick e Michael Fieleke, são colegas que me mostram o que significa não ter medo de estar presente na vida de alguém momento após momento. E, ao me dar a transmissão do dharma, minha professora Melissa Blacker me confiou uma ferramenta inestimável e atemporal, que uso para despertar, em tudo que encontro, a vida que desejo.

O Departamento de Psiquiatria do Hospital Geral de Massachusetts, em Boston, continua a ser o lar profissional de minha pesquisa, meu ensino e minha produção escrita. Maurizio Fava, Jerry Rosenbaum e John Herman estão entre aqueles que tornam emocionante e gratificante fazer parte dessa comunidade de clínicos acadêmicos, juntamente com o corpo docente do Programa de Psicodinâmica.

John Makinson trouxe sua sabedoria divertida e sua vasta experiência editorial para esta nova etapa da nossa amizade de cinquenta anos, que nunca para de me surpreender e encantar. Arthur Blank entendeu que eu precisava escrever este livro muito antes que eu mesmo soubesse: com seu jeito gracioso e criativo, insistiu que os achados que compartilhávamos em periódicos acadêmicos deveriam ser levados a um público mais amplo. John Bare planejou claramente como isso poderia acontecer.

A família em que nasci teve tudo a ver com minha formação e com este livro. Meu pai, David, foi a pessoa mais curiosa que já conheci – infinitamente fascinado pelas experiências de todos que cruzaram seu caminho. Minha mãe, Miriam, demonstrava empatia e conexão em tudo que fazia. E a importância que meu irmão, Mark, dava à história da família me ensinou o valor de perscrutar os caminhos que nos trouxeram até o presente. Por 36 anos, minha esposa, Jennifer Stone, tem sido o centro do meu mundo – uma conselheira sábia em questões clínicas, uma editora cuidadosa, uma companheira disposta e uma parceira que torna a criação dos filhos uma colaboração prazerosa. Meus dois filhos me ensinam, me desafiam e me mantêm humilde – Daniel, com uma mente analítica que às vezes me deixa de queixo caído, e David, com uma energia lúdica e percepções aguçadas que sempre renovam minha visão de mundo.

E, claro, meu coautor, Marc Schulz. A história da nossa amizade é contada no livro, mas não faz jus a três décadas de encontros semanais, visitas familiares e viagens para conferências por todo o mundo. Um telefonema semanal típico trata de assuntos tão variados quanto as dificuldades dos filhos na escola e a descoberta das melhores técnicas estatísticas para analisar o elo entre trauma infantil e saúde adulta. Encontrar um amigo cujas habilidades complementam e estendem as minhas é provavelmente um acontecimento único na existência – e um golpe de sorte que nunca deixei de valorizar.

Essas são as pessoas que me lembram todos os dias que uma boa vida pode ser construída com bons relacionamentos.

MARC

Uma boa vida se baseia nas conexões que fazemos ao longo da vida. Cresci com o apoio de pais e avós amorosos que me encorajaram a explorar e encontrar alegria no mundo. Minha mãe é uma fotógrafa talentosa que me ensinou o valor de observar e ouvir atentamente os outros e a emoção proporcionada pela criatividade. Ela também me mostrou o prazer que se pode ter em ensinar e orientar os outros. Meu pai compartilhou comigo seu apetite intenso por aprender e usar o conhecimento para entender os eventos do mundo e da nossa própria vida, e me ensinou a aproveitar até o mais trivial dos momentos. Também fui abençoado por padrastos solidários, receptivos e amorosos que enriqueceram minha vida imensamente.

Meus avós, especialmente Gladys e Hank, foram figuras poderosas na minha juventude e sou grato por terem me incentivado e acreditado em mim. Meus pais e avós, cada um à sua maneira, forneceram modelos valiosos de como lidar com os desafios da vida e como priorizar os relacionamentos. Também tenho a sorte de ter três irmãos extraordinários que me deram a oportunidade de aprender sobre a família e a vida de diferentes perspectivas. Julie, Michael e Suzanne, obrigado por seu apoio e por estarem sempre presentes.

Amigos íntimos da infância e da faculdade me mostraram o valor das conexões fortes e provaram que elas podem ser sustentadas apesar da distância geográfica e das circunstâncias da vida. David Hagen, de quem sinto muita falta, é um velho amigo que realmente incorporava o que significa ser um companheiro por toda a vida.

Comecei meu estudo formal sobre a felicidade ainda na graduação. Explorei ideias da sociologia, da antropologia, da teoria política e da filosofia numa época em que estava apenas tentando descobrir meu caminho. Os professores Jerry Himmelstein e George Kateb me ajudaram, pacientemente, a desbravar aquelas leituras e me levaram a pensar de maneiras novas e interessantes.

Apesar da minha incerteza na época, decidi estudar psicologia clínica na Universidade da Califórnia em Berkeley. Hoje percebo que essa foi uma das grandes decisões da minha vida. Comecei a aprender sobre o progresso e as dificuldades humanas de um jeito completamente novo. Trabalhar com clientes e descobrir como ajudá-los a alcançar seus objetivos também contribuiu para meu crescimento, pelo que sou eternamente grato. Devo profundos agradecimentos a notáveis mentores e supervisores que tive durante minha formação clínica. Phil e Carolyn Cowan foram mentores de grande importância que me ensinaram muito sobre pesquisa, trabalho clínico, relacionamentos e vida, incluindo o verdadeiro valor de ouvir e ser curioso sobre as experiências dos outros. Dick Lazarus foi um pensador extraordinariamente incisivo e criativo. Ele e os Cowan me mostraram como pesquisar elementos centrais da nossa vida, difíceis de serem quantificados, como emoções e relacionamentos. A sabedoria desses e de muitos outros professores permeia as páginas deste livro.

Bryn Mawr College é meu lar acadêmico há mais de 25 anos e sou extremamente privilegiado por fazer parte de uma comunidade tão vibrante e solidária. Sou grato aos colegas dentro e fora do Departamento de Psicologia pelo apoio e pelo compromisso com o ensino, o aprendizado e a pesquisa. Kim Cassidy foi minha colega durante toda a minha jornada em Bryn Mawr e sou grato por seu apoio, seu encorajamento e sua amizade ao longo desses anos. Fora da área da psicologia, minhas colaborações com Michelle Francl, Hank Glassman e Tim Harte expandiram meu pensamento e ajudaram a fundamentar as ideias que apresentamos neste livro.

Ao longo dos anos tive o prazer de ensinar e trabalhar de perto com centenas de alunos extraordinários, em todos os níveis de formação. Meu vínculo com os alunos enriqueceu minha vida de maneiras difíceis de descrever. Agradeço a todos vocês, especialmente aos alunos de graduação e pós-graduação que fizeram pesquisas comigo e ajudaram a lançar novas ideias ou lapidar as antigas. Um agradecimento especial a Kate Petrova, com quem tive o prazer de trabalhar por quase cinco anos e que me ajudou a refinar meu pensamento sobre muitas das ideias apresentadas nesta obra. Kate também ajudou a planejar a próxima fase de pesquisa do Estudo de Harvard. Mahek Nirav Shah desempenhou um papel fundamental na organização de materiais e na seleção de histórias pessoais para este livro.

Escrever *Uma boa vida* com Bob foi um verdadeiro prazer, assim como todas as colaborações e aventuras nas quais nos envolvemos ao longo de quase três décadas. Bob tem inteligência, perspicácia, criatividade, gentileza e competência, uma combinação de tirar o fôlego. Sinto imensa felicidade por sermos amigos e colegas de trabalho há tanto tempo. Não tenho dúvida de que, graças à nossa colaboração e amizade, cheguei muito mais longe do que conseguiria se trilhasse esse caminho sozinho.

Minha esposa e meus dois filhos são tudo para mim. Eles dão significado e alegria à minha vida e fazem de mim um sujeito muito, muito sortudo. Jacob e Sam são a melhor distração que eu poderia ter. Eles se tornaram jovens gentis e atenciosos, que enchem os pais de alegria e orgulho. Jacob tem profundo interesse pela experiência dos outros e pelas grandes questões morais e éticas, e fico maravilhado com seu dom de comunicar ideias complicadas. Sam percebe padrões e conexões que escapam a outros olhos e adora aprender sobre o mundo natural de maneiras inspiradoras. Meu relacionamento com eles e as coisas que eles me ensinam tornaram *Uma boa vida* um livro melhor.

Joan tem sido uma companheira formidável por mais de três décadas. Ela encoraja meus projetos, aumenta minha confiança quando preciso e traz mais alegria à minha vida do que eu mereço. Com gentileza, inteligência e bom senso, Joan me ajuda a focar no que é realmente importante na vida. Formar uma família com ela foi meu melhor projeto e estou ansioso para encararmos juntos qualquer coisa que o resto da vida tenha a nos oferecer.

NOTAS

Capítulo 1 – O que faz uma vida ser boa?

1. Samuel Clemens, mais conhecido pelo pseudônimo Mark Twain, escreveu isso numa carta para Clara Spaulding em 20 de agosto de 1886: https://en.wikiquote.org/wiki/Mark_Twain.
2. Informação obtida no trabalho de Twenge e colegas (2012), "Generational differences in young adults' life goals, concern for others, and civic orientation, 1966-2009".
3. O psicólogo Carl Rogers também via a busca por qualidade de vida como uma jornada. Em 1961, em *Tornar-se pessoa*, ele escreveu: "A boa vida é um processo, não um estado de ser. É uma direção, não um destino."
4. Elizabeth Loftus, da Universidade de Washington, conduziu um extenso trabalho nessa área. Para saber mais sobre ela e seus artigos acerca da "distorção de memória", consulte Zagorski (2005), "Profile of Elizabeth F. Loftus".
5. Experimentos controlados com diferentes condições distribuídas aleatoriamente são outro método importante para entender a saúde e o comportamento humano. Os experimentos geralmente se desenrolam em curtos intervalos de tempo, mas podem ser usados para estudar alguns fenômenos a longo prazo.
6. Veja Gustavson e colegas (2012), "Attrition and generalizability in longitudinal studies".
7. Essa é a única pessoa citada no livro, além dos participantes do Estudo de Harvard, cujo nome foi alterado para proteger sua privacidade.
8. O Centro de Estudos Longitudinais da University College London é o lar de quatro desses cinco estudos extraordinários (https://cls.ucl.ac.uk/cls-studies). A jornalista científica Helen Pearson escreveu um relato sobre os Estudos de Coorte Britânicos em 2016: *The Life Project*.
9. Veja Olsson e colegas (2013), "A 32-year longitudinal study of child and adolescent pathways to well-being in adulthood".
10. Werner (1993), "Risk, resilience, and recovery".
11. Cacioppo e Cacioppo (2018), "The Population-Based Longitudinal Chicago Health, Aging and Social Relations Study (CHASRS)".
12. Novick e colegas (2021), "Health-related social needs and kidney risk factor control in an urban population".
13. Os dados originais e materiais de estudo foram redescobertos recentemente e estão sendo mantidos pelo Estudo de Harvard para arquivamento futuro. O Estudo do Conselho Estudantil foi planejado e iniciado pelo dr. Earl Bond e continuado

pela dra. Rachel Dunaway Cox. O livro de Cox, *Youth into Maturity*, de 1970, documenta o estudo.
14. Luo e Waite (2014), "Loneliness and mortality among older adults in China".
15. A pesquisa do Estudo Longitudinal Mills (Helson e colegas, 2002, "The growing evidence for personality change in adulthood"), mencionada anteriormente no capítulo, forneceu evidências de que a personalidade continua a evoluir na idade adulta.
16. Cacioppo e Patrick (2008), *Solidão*.
17. Veja Vaillant e Mukamal (2001), "Successful aging".
18. Veja Waldinger e Schulz (2010), "What's love got to do with it?".
19. Para saber mais sobre o estudo Envelhecimento Saudável em Bairros de Diversidade ao Longo da Vida, consulte Novick e colegas (2021), "Health-related social needs and kidney risk factor control in an urban population". Para conhecer as descobertas do Estudo de Chicago sobre Saúde, Envelhecimento e Relações Sociais, consulte Cacioppo e colegas (2008), "The Chicago Health, Aging, Social Relations Study". Para se aprofundar nos achados do Estudo Dunedin, consulte Olsson e colegas (2013), "A 32-year longitudinal study of child and adolescent pathways to well-being in adulthood".

Capítulo 2 – Por que os relacionamentos importam?

1. Farson e Keyes (2002), *Whoever Makes the Most Mistakes*.
2. Cacioppo e colegas (2014), "Evolutionary mechanisms for loneliness".
3. Epley e Schroeder (2014), "Mistakenly seeking solitude".
4. Veja, por exemplo, Wilson e Gilbert (2005), "Affective forecasting: knowing what to want"; e Wilson e Gilbert (2003), "Affective forecasting".
5. É o que afirma a pesquisa e teoria seminal de Daniel Kahneman e Amos Tversky (conhecida como Teoria da Perspectiva), que levou Kahneman a ser reconhecido com um Prêmio Nobel. Veja Kahneman e Tversky (1979), "Prospect theory". Veja também McGraw e colegas (2010), "Comparing gains and losses"; e Sandstrom e Boothby (2021), "Why do people avoid talking to strangers?".
6. Discurso de formatura de Wallace em 2005 na Kenyon College, conforme citado em "David Foster Wallace on life and work", *Wall Street Journal*, 19 de setembro de 2008.
7. Aristóteles escreveu isso no capítulo 5 da *Ética a Nicômaco*, em 350 a.C. A citação pode ser encontrada on-line, em inglês, numa tradução de W. D. Ross: http://classics.mit.edu//Aristotle/nicomachaen.html.
8. Essa citação de Benjamin Franklin aparece na página 128 do livro de Samuel Austin Allibone (1880), *Prose Quotations from Socrates to Macaulay.*
9. Citação de Maya Angelou, postada em sua página do Facebook em 1º de maio de 2009.
10. O psicólogo Abraham Maslow desenvolveu um modelo de necessidades humanas, conhecido como "Hierarquia de Necessidades de Maslow", muitas vezes representado por uma pirâmide ou triângulo dividido em cinco seções, com necessidades fisiológicas como comida, água e descanso na parte inferior, "realização pessoal" no topo e "pertencimento social" no meio. Embora esse modelo tenha sido criticado por sua ênfase na realização pessoal, sua perspectiva de que

as áreas mais significativas da vida dependem de necessidades mais básicas foi corroborada ao longo de muitos anos de pesquisa. Qualquer resposta honesta para a pergunta *O que realmente importa?* deve primeiro abordar as necessidades fisiológicas e de segurança. Acreditamos que o terceiro nível de Maslow, "pertencimento social", está no lugar certo apenas porque está no centro de tudo.
11. Veja Kahneman e Deaton (2010), "High income improves evaluation of life but not emotional well-being".
12. A renda familiar média nos Estados Unidos em 2010, quando o estudo de Kahneman e Deaton foi publicado, era de 78.180 dólares, de acordo com o Federal Reserve Bank of St. Louis: https://fred.stlouisfed.org/series/MAFAINUSA646N.
13. O controle sobre o próprio trabalho, que geralmente é menor em empregos de menor status, foi um importante preditor de disparidades de saúde nos Estudos Britânicos Longitudinais de Whitehall. Funcionários com menos controle sobre seu salário e seu horário de trabalho ficavam mais doentes. Veja Marmot e colegas (1997), "Contribution of job control and other risk factors to social variations in coronary heart disease incidence". Veja também Bosma e colegas (1997), "Low job control and risk of coronary heart disease in Whitehall II (Prospective Cohort) Study".
14. Veja Kahneman e Deaton (2010), "High income improves evaluation of life but not emotional well-being".
15. Sennett e Cobb (1972), *The Hidden Injuries of Class*.
16. Veja Verduyn e colegas (2015), "Passive Facebook usage undermines affective well-being". Veja também White e colegas (2006), "Frequent social comparisons and destructive emotions and behaviors".
17. Uma versão dessa oração costuma ser utilizada pelos Alcoólicos Anônimos e outros programas de doze passos.
18. Veja House e colegas (1988), "Social relationships and health".
19. Essas disparidades continuam a existir. Nos Estados Unidos, pessoas brancas vivem 3,6 anos a mais que pessoas negras (Roberts e colegas, 2020, "Contributors to the Black-White life expectancy gap in Washington, D.C."). E nesse país, para indivíduos nascidos em 2016, a expectativa de vida geral é de 78,7 anos. Na Finlândia, é de 81,4. Fonte: https://data.worldbank.org/indicator/SP.DYN.LE00.FE.IN?end=2019&locations=FI&start=2001.
20. Holt-Lunstad e colegas (2010), "Social relationships and mortality risk".
21. U.S. Department of Health and Human Services, Centers for Disease Control and Prevention, National Center for Chronic Disease Prevention and Health Promotion, Office on Smoking and Health (2014): "The health consequences of smoking – 50 years of progress": www.cdc.gov/tobacco/data_statistics/sgr/50th-anniversary/index.htm.
22. Em 2015, Julianne Holt-Lunstad e colegas publicaram outra meta-análise mostrando que o isolamento social e a solidão estavam associados a maior risco de morte. Veja Holt-Lunstad e colegas (2015), "Loneliness and social isolation as risk factors for mortality".
23. Diversas pesquisas apontam que os vínculos sociais estão associados à saúde física e psicológica. Eis três exemplos:
    No estudo Envelhecimento Saudável em Bairros de Diversidade ao Longo da Vida, com uma coorte de 3.720 adultos negros e brancos em Baltimore, com

idades entre 35 e 64 anos, os participantes que relataram receber mais apoio social também relataram menos depressão. Veja Novick e colegas (2021), "Health-related social needs and kidney risk factor control in an urban population".

No estudo de coorte de nascimentos em Dunedin, Nova Zelândia, as conexões sociais na adolescência previram melhor o bem-estar na vida adulta do que o desempenho acadêmico. Veja Olsson e colegas (2013), "A 32-year longitudinal study of child and adolescent pathways to well-being in adulthood".

No Estudo de Chicago sobre Saúde, Envelhecimento e Relações Sociais, aqueles que estavam em relacionamentos satisfatórios relataram níveis mais altos de felicidade. Veja Cacioppo e Cacioppo (2018), "The Population-Based Longitudinal Chicago Health, Aging, and Social Relations Study (CHASRS)".

24. Estimativa obtida a partir de um interessante trabalho feito por Lyubomirsky e colegas (2005), "Pursuing happiness".
25. Wallace (2018), "David Foster Wallace on life and work".
26. Arendt (1958), *A condição humana*.

Capítulo 3 – Os relacionamentos na sinuosa estrada da vida

1. Da fábula "O horóscopo", de La Fontaine (2007).
2. Para saber mais sobre os estágios da vida segundo os gregos, consulte Overstreet (2009), "The Greek concept of the 'seven stages of life' and its new testament significance". Para investigar a origem dos estágios da vida de Shakespeare, veja Baldwin (1944), *William Shakespeare's Small Latine and Lesse Greeke*.
3. Para obter um resumo dos sete estágios de existência do islã, consulte www.pressreader.com/nigeria/thisday/20201204/281977495192204.
4. Veja Tan (2004), "The taming of the bull".
5. Veja Chakkarath (2013), "Indian thoughts on psychological human development".
6. Essas ideias foram introduzidas numa série de publicações, incluindo os seguintes livros: Erikson (1950), *Infância e sociedade*; Erikson (1959), *Identity and the Life Cycle*; e Erikson e Erikson (1997), *The Life Cycle Completed*.
7. Veja Neugarten (1976), "Adaptation and the life cycle".
8. Veja Jaffe (2018), "Queer time".
9. Além dos trabalhos de Joan e Erik Erikson e de Bernice Neugarten citados anteriormente, aqui está uma pequena seleção de livros e um artigo sobre o ciclo da vida: Sheehy (1996), *Novas passagens*; Levinson (1996), *The Seasons of a Woman's Life*; Vaillant (2002), *Aging Well*; e Baltes (1997), "On the incomplete architecture of human ontogeny".
10. A metáfora de Bromfield da corda bamba e a citação que se segue vem de seu livro de 1992, *Playing for Real*, p. 180-181.
11. Veja Wolf (2002), *Get Out of My Life, but First Could You Drive Me and Cheryl to the Mall?*.
12. Veja Allen e colegas (1994), "Longitudinal assessment of autonomy and relatedness in adolescent-family interactions as predictors of adolescent ego development and self-esteem".
13. Essa citação foi incluída no livro de Rachel Dunaway Cox (1970) sobre o Estudo do Conselho Estudantil, *Youth into Maturity*, p. 231.

14. Essa participante está se referindo a uma história, muitas vezes atribuída a Mark Twain, que é mais ou menos assim: "Quando eu era um garoto de 14 anos, meu pai era tão ignorante que eu mal suportava ficar perto dele. Mas, quando fiz 21, fiquei estarrecido com quanto ele havia aprendido em sete anos."
15. Arnett (2000), "Emerging adulthood".
16. Vespa (2017), "The changing economics and demographics of young adulthood, 1975-2016".
17. Fung e Carstensen (2003), "Sending memorable messages to the old".
18. Essas ideias foram articuladas por Laura Carstensen como parte de sua Teoria da Seletividade Socioemocional, e em sua pesquisa ela produziu muitas das evidências que as sustentam. Veja, por exemplo, Carstensen e colegas (1999), "Taking time seriously", e Carstensen (2006), "The influence of a sense of time on human development".
19. Veja Carstensen e colegas (1999), "Taking time seriously".
20. Veja Bandura (1982), "The psychology of chance encounters and life paths".
21. Veja Caspi e Moffitt (1995), "The continuity of maladaptative behavior".

Capítulo 4 – Saúde social: seus relacionamentos em boa forma

1. Citação retirada do livro de John Steinbeck de 1962, *Viajando com Charley*.
2. Kiecolt-Glaser é uma das maiores especialistas do mundo sobre o efeito do estresse no sistema imunológico. Ela discutiu sua pesquisa acerca do estresse em cuidadores numa palestra WexMed de 2016: www.youtube.com/watch?v=hjU-W2YClOYM. A pesquisa sobre cuidadores e cicatrização de feridas foi publicada num artigo de 1995 de Kiecolt-Glaser e colegas, "Slowing of wound healing by psychological stress".
3. Seguem duas análises acadêmicas sobre o impacto da solidão: Hawkley e Cacioppo (2010), "Loneliness matters"; e Cacioppo e Cacioppo (2012), "The phenotype of loneliness". Cacioppo e Patrick (2008) escreveram um livro para o público geral – *Solidão* – que resume pesquisas relevantes.
4. Sobre supressão do sistema imunológico: Pressman e colegas (2005), "Loneliness, social network size, and immune response to influenza vaccination in college freshmen". Sobre sono menos eficaz: Griffin e colegas (2020), "Loneliness and Sleep". Sobre função cerebral diminuída: Shankar e colegas (2013), "Social isolation and loneliness".
5. Holt-Lunstad e colegas (2010), "Social relationships and mortality risk".
6. Holt-Lunstad e colegas (2015), "Loneliness and social isolation as risk factors for mortality".
7. Matthews e colegas (2019), "Lonely young adults in modern Britain".
8. Esse estudo, conhecido como BBC Loneliness Experiment, foi resumido por Claudia Hammond em "Who feels lonely?", em maio de 2018: www.bbc.co.uk/programmes/articles/2yzhfv4DvqVp5nZyxBD8G23/who-feels-lonely-the-results-of-the-world-s-largest-loneliness-study. Manuela Barreto e colegas (2021) conduziram um artigo acadêmico sobre as principais descobertas desse estudo, "Loneliness around the world". Essas descobertas também sugerem que a solidão é mais prevalente em sociedades com valores mais individualistas (em vez de coletivistas) e que os homens são mais propensos a sentir solidão. Tais achados estão resumidos num artigo de Matthews e colegas (2019). É importante, é claro, observar

que essas descobertas correlacionais também podem indicar que estratégias de enfrentamento mais precárias, problemas de saúde mental e comportamentos de risco para a saúde física contribuem para a solidão. É provável que os processos causais operem nos dois sentidos.
9. Jeffrey e colegas (2017), "The cost of loneliness to UK employers".
10. IPSOS (2020), "2020 predictions, perceptions and expectations", p. 39.
11. Lee e colegas (2019), "High prevalence and adverse health effects of loneliness in community-dwelling adults across the lifespan".
12. Jeste e colegas (2020), "Battling the modern behavioral epidemic of loneliness".
13. Um resumo das influências evolutivas sobre a sociabilidade pode ser encontrado em Cacioppo e colegas (2014), "Evolutionary mechanisms for loneliness".
14. Uma eficaz dramatização desse cálculo pode ser encontrada num anúncio de 2018 para um licor espanhol, Ruavieja: www.youtube.com/watch?v=kma1bPDR-rE.
15. Nielsen Report (2018), "Q1 2018 total audience report".
16. Veja Waldinger e Schulz (2010), "What's love got to do with it?".
17. Kenny Rogers, "You Can't Make Old Friends", faixa 1 de *You Can't Make Old Friends*, Warner Music Nashville, 2013.
18. Informações de um relatório de Wendy Wang (2020) que usa dados do censo americano e da pesquisa nacional "More than one-third of prime-age Americans have never married".
19. Veja uma discussão sobre essa pesquisa em Murayama (2018), "The science of motivation".
20. Dalai Lama na conferência do American Enterprise Institute, "Economics, happiness, and the search for a better life", em fevereiro de 2014.
21. Park e colegas (2017), "A neural link between generosity and happiness".
22. Consulte os relevantes trabalhos de Overall e Simpson (2015), "Attachment and dyadic regulation processes"; Cohn e colegas (1992), "Working models of childhood attachment and couple relationships"; e Kumashiro e Arriaga (2020), "Attachment security enhancement model".
23. Emerson (1876), *Letters and Social Aims*, p. 280.

Capítulo 5 – Atenção aos relacionamentos: o melhor investimento

1. Citação retirada do ensaio de Emerson sobre presentes, que pode ser encontrado na versão on-line de Great Books criada por Bartleby.com para a edição Harvard Classics de *Essays and English Traits* (1844), p. 2.
2. Questões retiradas da versão compacta do Questionário de Cinco Facetas de Mindfulness, criado por Bohlmeijer e colegas (2011), "Psychometric properties of the Five-Facet Mindfulness Questionnaire in depressed adults and development of a short form".
3. Veja Weil (2002), *A gravidade e a graça*.
4. Veja Tarrant (1998), *A luz dentro da escuridão*.
5. Whillans e colegas (2017), "Buying time promotes happiness". Veja também um artigo destinado ao público geral sobre a pressão do tempo e a infelicidade: Whillans (2019), "Time poor and unhappy".
6. Giattino e colegas (2013), "Working hours". Veja também Thompson (2014), "The myth that Americans are busier than ever".

7. Rheault (2011), "In U.S., 3 in 10 working adults are strapped for time".
8. Para saber mais sobre a natureza subjetiva da nossa experiência de tempo livre, consulte Sharif e colegas (2021), "Having too little or too much time is linked to lower subjective well-being". Eles descobriram que a quantidade de tempo livre que temos não é o único fator importante: *o que fazemos* com esse tempo também é crucial.
9. Veja Killingsworth e Gilbert (2010), "A wandering mind is an unhappy mind".
10. Buschman e colegas (2011), "Neural substrates of cognitive capacity limitations".
11. Fallows (2013), "Linda Stone on maintaining focus in a maddeningly distractive world".
12. Veja uma discussão sobre as preocupações do passado com o progresso tecnológico em Orben (2020), "The Sisyphean cycle of technology panics".
13. Verduyn e colegas (2017), "Do social network sites enhance or undermine subjective well-being?".
14. Duas de nossas pesquisas demonstram ligações entre experiências interpessoais na infância e qualidade dos relacionamentos na vida adulta: Waldinger e Schulz (2016), "The long reach of nurturing family environments"; e Whitton e colegas (2008), "Prospective associations from family-of-origin interactions to adult marital interactions and relationship adjustment".
15. Essa é uma área de pesquisa em rápida expansão. Veja, por exemplo, outros trabalhos relevantes: Petrova e Schulz (2022), "Emotional experiences in digitally mediated and in-person interactions"; Vlahovic e colegas (2012), "Effects of duration and laughter on subjective happiness within different modes of communication"; Wohn e LaRose (2014), "Effects of loneliness and differential usage of Facebook on college adjustment of first-year students"; e Verduyn e colegas (2017), "Do social networks sites enhance or undermine subjective well-being?".
16. Magan (2020), "Isolated during the pandemic seniors are dying of loneliness and their families are demanding help".
17. Veja algumas discussões sobre a forma como a pandemia de Covid-19 afetou a solidão e a saúde mental em: Hwang e colegas (2020), "Loneliness and social isolation during the COVID-19 pandemic"; Czeisler e colegas (2020), "Mental health, substance use and suicidal ideation during the COVID-19 pandemic"; Killgore e colegas (2020), "Loneliness: a signature mental health concern in the era of COVID-19"; e Cronin e Evans (2021), "Excess mortality from COVID and non-COVID causes in minority populations". Apesar dos amplos efeitos dos lockdowns, a tendência de solidão permeia todo o período da pandemia e os estudos não são totalmente consistentes. Por exemplo, uma proeminente revisão sugere que a solidão não aumentou globalmente (em média) durante o primeiro ano da pandemia: Aknin e colegas (2022), "Mental health during the first year of the COVID-19 pandemic".
18. Veja discussões sobre essa pesquisa em: Verduyn e colegas (2015), "Passive Facebook usage undermines affective well-being"; e Kross e colegas (2013), "Facebook use predicts declines in subjective well-being in young adults".
19. Verduyn e colegas (2015), "Passive Facebook usage undermines affective well-being".
20. Birkjær e Kaats (2019), "Does social media really pose a threat to young people's well-being?".
21. Veja o relevante trabalho de Verduyn e colegas (2015), "Passive Facebook usage undermines affective well-being"; e a pesquisa de Oberst e colegas (2015), um

estudo com mais de 1.400 adolescentes na América Latina: "Negative consequences from heavy social networking in adolescents".
22. Barrick e colegas (2020), "The unexpected social consequences of diverting attention to our phones".
23. Hanh (2016), *O milagre da atenção plena*.
24. Buchholz (2015), "Exploring the promise of mindfulness as medicine".
25. Williams e colegas (2007), *The Mindful Way Through Depression*.
26. Veja Zanesco e colegas (2019), "Mindfulness training as cognitive training in high-demand cohorts"; e Jha e colegas (2019), "Deploying mindfulness to gain cognitive advantage".
27. Nesse estudo de Cohen e colegas (2012), metade dos casais era formalmente casada e os outros estavam em relacionamentos sérios e duradouros. Do total, 31% tinham escolaridade até o ensino médio e 29% eram pessoas não brancas. Veja Cohen e colegas (2012), "Eye of the beholder".

Capítulo 6 – Segurando o rojão: como se adaptar aos desafios interpessoais

1. Letra de "Anthem", de Leonard Cohen, músico e poeta. Pode ser encontrada em seu álbum *The Future* (1992), faixa 5. A composição de Cohen tem muitas influências e provavelmente remonta aos *Ensaios* de Ralph Waldo Emerson: "Há uma fenda em cada coisa que Deus fez."
2. Vaillant (2015), *Triumphs of Experience*, p. 50.
3. Dois exemplos de pesquisas relevantes são: Gable (2006), "Approach and avoidance social motives and goals"; e Impett e colegas (2010), "Moving toward more perfect unions".
4. Descrevemos esse estudo em Waldinger e Schulz (2010), "Facing the music or burying our heads in the sand?", juntamente com outras pesquisas relevantes.
5. Richard S. Lazarus, em *Emotion and Adaptation* (1991), forneceu um convincente e influente argumento: todas as nossas reações aos desafios devem ser adequadas às demandas da situação. A pesquisa e as ideias de George Bonanno também defenderam eloquentemente as vantagens de responder aos desafios de maneira flexível. Veja, por exemplo, Bonanno e Burton (2013), "Regulatory flexibility", e Bonanno e colegas (2004), "The importance of being flexible". Com base nas ideias de Lazarus e Bonanno, fornecemos evidências que associam flexibilidade a satisfação nos relacionamentos: Dworkin e colegas (2019), "Capturing naturally occurring emotional suppression as it unfolds in couple interactions".
6. Veja discussões mais completas sobre esse tema em Lazarus (1991), *Emotion and Adaptation*; e Moors e colegas (2013), "Appraisal theories of emotion".
7. Citação datada de 135 d.C. do *Manual de Epiteto*. Elizabeth Carter (http://classics.mit.edu/Epictetus/epicench.html) oferece uma tradução ligeiramente diferente: "Os homens são perturbados não por coisas, mas pelos princípios e noções que eles formam a respeito das coisas."
8. Citação atribuída à escritura budista *Samyutta Nikaya*, em Bancroft (2017), *The Wisdom of the Buddha*, p. 7.
9. O modelo que apresentamos baseia-se em outros modelos existentes de enfrentamento de emoções e desafios, incluindo o importante trabalho de Lazarus

e Folkman (1984), *Stress, Appraisal, and Coping*, e de Crick e Dodge (1994), "A review and reformulation of social-information processing mechanisms in children's development".
10. Essa ideia vem de várias teorias influentes sobre a emoção, incluindo a obra fundamental de Lazarus (1991), *Emotion and Adaptation*. Veja também um resumo em Schulz e Lazarus (2012), "Emotion regulation during adolescence".
11. Veja Okumura (2010), *Realizing Genjokoan*.
12. Os benefícios do autodistanciamento foram muito explorados por Ethan Kross e Ozlem Aduk. Veja, por exemplo, o livro de Kross (2021), *A voz na sua cabeça*, e um relevante resumo da pesquisa em Kross e colegas (2005), "When asking 'why' does not hurt".
13. Citação do livro de Suzuki (2011), *Mente zen, mente de principiante*.
14. Veja Nevarez e colegas (2017), "Friendship in war".
15. Veja Someshwar (2018), "War, what is it good for?".

Capítulo 7 – A pessoa ao seu lado: como as relações amorosas moldam nossa vida

1. L'Engle (1980), *Walking on Water*, p. 182-183.
2. Platão (1999), *The Symposium*, p. 22-24.
3. Dados extraídos de Chamie (2021), "The end of marriage in America?", e Parker e colegas (2019), "Marriage and cohabitation in the U.S.".
4. Parece que James e Maryanne compartilhavam seu gosto por Lewis Carroll:
    "Chegou a hora", disse a Morsa,/ De falar de mil coisas:/ De sapatos... e navios... e cera quente.../ De repolhos... e reis... e grandes casas/ E por que o mar tanto ferve.../ E se os porcos têm asas." – "A Morsa e o Carpinteiro"
    Lewis Carroll, *Alice através do espelho e o que ela encontrou por lá*.
5. Encontre pesquisas relevantes em Hill-Soderlund e colegas (2008), "Parasympathetic and sympathetic responses to the strange situation in infants and mothers from avoidant and securely attached dyads"; Spangler e Schieche (1998), "Emotional and adrenocortical responses of infants to the strange situation"; e Orben e colegas (2020), "The Sisyphean cycle of technology panics".
6. James Coan mencionou essa pesquisa num TEDx Talk de 2013, "Why we hold hands", em Charlottesville, Virgínia. A pesquisa é apresentada em Coan e colegas (2006), "Lending a hand".
7. Os fundamentos dessa conclusão vêm de diversas fontes, incluindo pesquisas básicas que ligam o pensamento às emoções e à excitação emocional: por exemplo, Smith (1989), "Dimensions of appraisal and physiological response in emotion". Veja também o trabalho de Krause e colegas (2016), "Effects of the adult attachment projective picture system on oxytocin and cortisol blood levels in mothers".
8. Veja Lazarus (1991), *Emotion and Adaptation*.
9. Pesquisa resumida em Waldinger e colegas (2004), "Reading others' emotions".
10. Nesse estudo também comparamos as avaliações dos nossos avaliadores inexperientes com especialistas em codificar emoções e encontramos uma correspondência muito alta entre os dois grupos.

11. As pesquisas sobre o efeito que as diferenças causam numa relação amorosa fundamentam-se principalmente na terapia de casal. Veja, por exemplo, os trabalhos de Johnson (2013), *Love Sense*; Wile (1988), *Depois da lua de mel*; e Schulz e colegas (2006), "Promoting healthy beginnings".
12. Relacionamentos (e especialmente relações amorosas) desempenham um papel fundamental em nosso nível de satisfação em qualquer momento específico da vida. Veja uma discussão sobre felicidade conjugal e felicidade geral a longo prazo em McAdams e colegas (2012), "The role of domain satisfaction in explaining the paradoxical association between life satisfaction and age".
13. Em 1967, Thomas Holmes e Richard Rahe desenvolveram uma escala para medir o estresse associado às mudanças na vida. Essa escala incluía eventos como casamento, novo emprego, gravidez, morte de um amigo próximo e aposentadoria. Eles deram a cada evento uma pontuação de "unidades de mudança de vida" de 0 a 100 e descobriram que as pessoas com pontuações totais mais altas apresentavam mais doenças físicas. Essa escala tem sido usada em muitos contextos e em várias populações diferentes, e demonstrou sua utilidade com o passar dos anos. O interessante é que a escala não se baseia em quão "negativo" ou "positivo" é um evento, mas sim na quantidade de mudança que ele causa.
14. Veja, por exemplo, Schulz e colegas (2006), "Promoting healthy beginnings".
15. *Journal I* de Thoreau, 25 de julho de 1839, p. 88.
16. Veja, por exemplo, Kross (2021), *A voz na sua cabeça*, e Kross e Ayduk (2017), "Self-distancing". Para conhecer pesquisas que relacionam autodistanciamento a atenção plena, consulte Petrova e colegas (2021), "Self-distancing and avoidance mediate the links between trait mindfulness and responses to emotional challenges".

Capítulo 8 – Assuntos de família

1. Citação do livro de Jane Howard, *Families*, de 1998, p. 234.
2. Veja Levesque (2010), "The West End through time". Muitos dos bairros de nossos participantes da periferia de Boston foram demolidos durante o período de renovação urbana, que começou na década de 1950. Este site descreve muito bem as mudanças no West End ao longo do tempo: http://web.mit.edu/aml2010/www/throughtime.html.
3. Sigmund Freud e muitos de seus adeptos na psicanálise enfatizaram o papel das experiências da primeira infância na formação da personalidade e no funcionamento adulto. Um livro de 1998 de Judith Rich Harris (*Diga-me com quem anda...*) tornou público o debate sobre a maneira como a primeira infância molda um adulto, afirmando que a maior parte dessa influência pode ser explicada pela genética. Defensores de ambos os lados continuam esse debate até hoje.
4. Citação de Donne (1959), *Devotions Upon Emergent Occasions*, p. 108-109.
5. Veja, por exemplo, Huang e Gove (2012), "Confucianism and Chinese families".
6. Bailey (2013), *Butch Queens Up in Pumps*.
7. Bailey (2013), *Butch Queens Up in Pumps*, p. 5.
8. Selma Fraiberg, psicanalista e assistente social americana, escreveu com colegas um artigo importante em 1975, intitulado "Ghosts in the nursery", sobre a influência dos legados da infância.

9. Emmy Werner e Ruth S. Smith resumiram essa pesquisa em dois livros: *Overcoming the Odds* (1992) e *Journeys from Childhood to Midlife* (2001).
10. Werner e Smith (1979), "An epidemiologic perspective on some antecedents and consequences of childhood mental health problems and learning disabilities", p. 293.
11. Estudo resumido em Werner (1993), "Risk, resilience, and recovery".
12. Werner e Smith (1979), "An epidemiologic perspective on some antecedents and consequences of childhood mental health problems and learning disabilities".
13. Faz bem reconhecer desafios e falar sobre eles, e as evidências são fornecidas por Waldinger e Schulz (2016), "The long reach of nurturing family environments".
14. Essas descobertas estão resumidas em Fishel (2016), "Harnessing the power of family dinners to create change in family therapy".
15. Relatado por Byron (2019), "The pleasures of eating alone".
16. Barbara H. Fiese discute o valor de contar histórias em família e outros rituais num livro de 2006, *Family Routines and Rituals*, e num artigo de 2002 escrito com colegas, "A review of 50 years of research on naturally occurring family routines and rituals".

Capítulo 9 – Uma boa vida no trabalho: como investir em vínculos

1. As origens dessa citação são controversas. Muitas vezes é atribuída a Robert Louis Stevenson, escritor do século XIX, mas é mais provável que tenha vindo um pouco mais tarde, de William Arthur Ward. A versão de Stevenson costuma ser citada como: "Não julgue cada dia pela colheita que você faz, mas pelas sementes que planta." Veja uma discussão sobre a origem da citação em: https://quoteinvestigator.com/2021/06/23/seeds/#note-439819-1.
2. Giattino e colegas (2013), "Working hours".
3. Pesquisas sobre o uso do tempo têm sido feitas em diversos países. Nos Estados Unidos, o Bureau of Labor Statistics (Secretaria de Estatísticas do Trabalho) mede regularmente a quantidade de tempo que as pessoas gastam em várias atividades. Essas pesquisas costumam ser usadas como dados brutos para calcular estimativas do tempo total gasto em atividades ao longo da vida. Essas estimativas variam dependendo dos dados exatos utilizados e do método empregado para as projeções. Nosso exemplo foi retirado de um artigo de Gemma Curtis em 2017 (e modificado pela última vez em abril de 2021), "Your life in numbers".
4. U.S. Bureau of Labor Statistics (outubro de 2021): https://data.bls.gov/timeseries/LNS11300000.
5. Esse estudo está resumido em Schulz e colegas (2004), "Coming home upset".
6. James Gross e colegas conduziram pesquisas importantes sobre o impacto que emoções suprimidas têm no nosso corpo. Veja, por exemplo, Gross e Levenson (1993), "Emotional suppression", e Gross (2002), "Emotion regulation". Essas pesquisas indicam que, quando tentamos esconder nossas emoções, nosso sistema cardiovascular mostra sinais de excitação e suamos mais (outro sinal de excitação fisiológica interna). Outras pesquisas apontam que, quando tentamos ignorar ou evitar fortes emoções repetidamente, isso costuma aumentar a intensidade das emoções e as dificuldades relacionadas a elas. Um exemplo dessas pesquisas é Hayes e colegas (2004), "Measuring experiential avoidance".

7. Algumas pessoas, devido ao seu status social ou econômico, podem ser mais suscetíveis aos efeitos negativos do trabalho. Por exemplo, um estudo conduzido na Louisiana por Rung e colegas (2020), "Work-family spillover and depression", sugere que mulheres negras podem ser particularmente vulneráveis ao efeito negativo do trabalho sobre a vida familiar.
8. Saiba mais sobre a história dos imigrantes italianos em Boston em Puleo (2007), *The Boston Italians*.
9. Veja as conclusões da revisão meta-analítica de Holt-Lunstad e colegas (2010) em "Social relationships and mortality risk".
10. Mann (2018), "Why we need best friends at work".
11. Veja as descobertas relatadas por Annamarie Mann para a Gallup, "Why we need best friends at work" (2018), e um estudo de Christine Riordan e Rodger W. Griffeth, examinando como as amizades influenciam a satisfação e o comprometimento no trabalho: "The opportunity for friendship in the workplace" (1995).
12. Além dos artigos de Mann (2018) e Riordan e Griffeth (1995), mencionados anteriormente, veja também o artigo de Adam Grant (2015), "Friends at work? Not so much", para o *The New York Times*.
13. Mary D. Ainsworth escreveu sobre essas e outras experiências de vida num capítulo de *Models of Achievement*, de Agnes N. O'Connell e Nancy Felipe Russo, publicado em 1983.
14. Essas tendências estão documentadas em Hochschild e Machung (1989/2012), *The Second Shift*. Veja também o trabalho de Coltrane (2000), "Research on household labor", que documenta tendências e desigualdades semelhantes.
15. Veja, por exemplo, o trabalho de Bianchi e colegas (2012), "Who did, does or will do it, and how much does it matter?".
16. Saffron (2021), "Our desire for quick delivery is bringing more warehouses to our neighborhoods". Documentação adicional dessas alterações pode ser encontrada nestes sites: www.inquirer.com/philly/blogs/inq-phillydeals/ne-phila-ex-budd-site--sold-for-18m-to-cdc-for-warehouses-20180308.html; www.workshopoftheworld.com/northeast/budd.html; e https://philadelphianeighborhoods.com/2019/10/16/northeast-residents-look-to-city-for-answers-about-budd-site-development.
17. Veja Grant (2015), "Friends at work? Not so much".
18. Veja o relatório de Armour e colegas (2020), "The COVID-19 pandemic and the changing nature of work", para a RAND Corporation.
19. Para saber mais sobre a natureza mutável de certos tipos de trabalho e suas implicações, veja "The IWG Global Workspace Survey" (2019).

Capítulo 10 – Toda amizade é colorida

1. Emily Dickinson escreveu essa declaração numa carta de 1858 para Samuel Bowles.
2. Essa citação é de "Upaddha Sutta", *Samyutta Nikaya*, XLV.2, cuja tradução para o inglês pode ser acessada em: www.buddhismtoday.com/english/texts/samyutta/sn45-2.html.
3. Aristóteles escreveu essas palavras no início de um ensaio sobre amizades na *Ética a Nicômaco* (Livro VIII), em 350 a.C.
4. Essa citação de Sêneca pode ser encontrada em *Cartas de um estoico*.

5. Veja Holt-Lunstad e colegas (2010), "Social relationships and mortality risk".
6. Veja Giles e colegas (2004), "Effects of social networks on 10 year survival in very old Australians".
7. Veja Kroenke e colegas (2006), "Social networks, social support, and survival after breast cancer diagnosis".
8. Esses resultados são relatados em Orth-Gomér e Johnson (1987), "Social network interaction and mortality".
9. Citação retirada de Way (2013), "Boys' friendships during adolescence", p. 202.
10. Veja, por exemplo, a revisão e meta-análise de Hall (2011), "Sex differences in friendship expectations", com 36 amostras separadas de um total de 8.825 indivíduos. Essa meta-análise descobriu que homens e mulheres têm mais expectativas semelhantes do que diferentes em relação à amizade. Elas esperavam um pouco mais de suas amizades do que os homens, mas essa diferença foi tão pequena que as semelhanças ultrapassaram 85%.
11. Sandstrom e Dunn (2014), "Is efficiency overrated?".
12. Hall (2019), "How many hours does it take to make a friend?", apresenta pesquisas sobre como o contato repetido está ligado à amizade.
13. O artigo clássico de Granovetter sobre laços fracos é "The strength of weak ties" (1973).
14. Ueland (1941), "Tell me more".

Conclusão – Nunca é tarde demais para ser feliz

1. Gustavson e colegas (2012) abordam o conflito em estudos longitudinais em "Attrition and generalizability in longitudinal studies".
2. Taylor e colegas (2017) avaliaram cursos de aprendizagem socioemocional na meta-análise "Promoting positive youth development through school-based social and emotional learning interventions". Hoffman e colegas (2020) discutiram um exemplo desses cursos no artigo "Teaching emotion regulation in schools".
3. Nós (Bob e Marc) estamos empenhados na promoção desse tipo de aprendizado na idade adulta e, para isso, contamos com a Lifespan Research Foundation (www.lifespanresearch.org). Com base nas pesquisas citadas neste livro, criamos dois cursos de cinco sessões para ajudar as pessoas a ter uma vida mais feliz e satisfatória. O curso "Road Maps for Life Transitions" (www.lifespanresearch.org/course-for-individuals) foi desenvolvido para adultos em todas as fases da vida, enquanto o curso "Next Chapter" (www.lifespanresearch.org/next-chapter) foi especialmente desenvolvido para pessoas entre 50 e 70 anos.

BIBLIOGRAFIA

AINSWORTH, Mary D. "Reflections by Mary D. Ainsworth". *In*: O'CONNELL, Agnes N.; RUSSO, Nancy Felipe (orgs.). *Models of achievement: Reflections of eminent women in psychology*. Nova York: Columbia University Press, 1983.

AKNIN, L. *et al.* "Mental health during the first year of the COVID-19 pandemic: A review and recommendations for moving forward". *Perspectives on Psychological Science*, v. 17, n. 4, p. 915-936, jan. 2022.

ALLEN, Joseph P. *et al.* "Longitudinal assessment of autonomy and relatedness in adolescent-family interactions as predictors of adolescent ego development and self-esteem". *Child Development*, v. 65, n. 1, p. 179-194, 1994.

ALLIBONE, Samuel Austin. *Prose quotations from Socrates to Macauley*. Filadélfia: J. B. Lippincott, 1880.

ARENDT, Hannah. *A condição humana*. Rio de Janeiro: Forense Universitária, 2016, 13ª ed.

ARISTÓTELES. *Ethica nicomachea*. São Paulo: Odysseus, 2008.

ARMOUR, Philip *et al.* "The COVID-19 pandemic and the changing nature of work: lose your job, show up to work, or telecommute?" *RAND Corporation*, Santa Monica, CA, 2020. Disponível em: www.rand.org/pubs/research_reports/RRA308-4.html.

ARNETT, Jeffrey J. "Emerging adulthood: a theory of development from the late teens through the twenties". *American Psychologist*, v. 55, p. 469-480, 2000.

BAILEY, Marlon M. *Butch queens up in pumps*. Ann Arbor: University of Michigan Press, 2013.

BALDWIN, T. W. *William Shakespeare's Small Latine and Lesse Greeke*. Urbana: University of Illinois Press, 1944.

BALTES, Paul B. "On the incomplete architecture of human ontogeny". *American Psychologist*, v. 52, p. 366-380, 1997.

BANCROFT, Anne. *The wisdom of the Buddha: Heart teachings in his own words*. Boulder, CO: Shambala, 2017.

BANDURA, Albert. "The psychology of chance encounters and life paths". *American Psychologist*, v. 37, n. 7, p. 747-755, 1982.

BARRETO, Manuela *et al.* "Loneliness around the world: age, gender, and cultural differences in loneliness". *Personality and Individual Differences*, v. 169, 110066, 2021.

BARRICK, Elyssa M.; BARASCH, Alixandra; TAMIR, Diana. "The unexpected social consequences of diverting attention to our phones". *PsyArXiv*, 18 out. 2020.

BIANCHI, Suzanne M. *et al.* "Who did, does or will do it, and how much does it matter?" *Social Forces*, v. 91, n. 1, p. 55-63, set. 2012.

BIRKJÆR, Michael; KAATS, Micah. "Does social media really pose a threat to young people's well-being?" *Nordic Council of Ministers*, p. 44, 2019.

BOHLMEIJER, Ernst Thomas, KLOOSTER, Peter M. ten; FLEDDERUS, Martine. "Psychometric properties of the Five-Facet Mindfulness Questionnaire in depressed adults and development of a short form". *Assessment*, v. 18, n. 3, p. 308-320, 2011.

BONANNO, G. A. *et al.* "The importance of being flexible: The ability to both enhance and suppress emotional expression predicts long-term adjustment". *Psychological Science*, v. 15, p. 482-487, 2004.

BONANNO, George; BURTON, Charles L. "Regulatory flexibility: An individual differences perspective on coping and emotion regulation". *Perspectives on Psychological Science*, v. 8, n. 6, p. 591-612, 2013.

BOSMA, Hans *et al.* "Low job control and risk of coronary heart disease in Whitehall II (Prospective Cohort) Study". *BMJ*, v. 314, p. 558-565, 1997.

BROMFIELD, Richard. *Playing for real.* Boston: Basil Books, 1992.

BUCHHOLZ, Laura. "Exploring the promise of mindfulness as medicine". *JAMA*, v. 314, n. 13, p. 1327-1329, out. 2015.

BUSCHMAN, Timothy J. *et al.* "Neural substrates of cognitive capacity limitations". *PNAS*, v. 108, n. 27, p. 11252-11255, jul. 2011.

BYRON, Ellen. "The pleasures of eating alone". *The Wall Street Journal*, 2 out. 2019. Disponível em: www.wsj.com/articles/eating-alone-loses-its-stigma-11570024507.

CACIOPPO, John T.; CACIOPPO, Stephanie. "The phenotype of loneliness". *European Journal of Developmental Psychology*, v. 9, n. 4, p. 446-452, 2012.

CACIOPPO, John T.; CACIOPPO, Stephanie. "The Population-Based Longitudinal Chicago Health, Aging, and Social Relations Study (CHASRS): study description and predictors of attrition in older adults". *Archives of Scientific Psychology*, v. 6, n. 1, p. 21-31, 2018.

CACIOPPO, John T.; CACIOPPO, Stephanie; BOOMSMA, Dorret I. "Evolutionary mechanisms for loneliness". *Cognition and Emotion*, v. 28, n. 1, p. 3-21, 2014.

CACIOPPO, John T.; PATRICK, William. *Solidão: A natureza humana e a necessidade de vínculo social*. Rio de Janeiro: Record, 2011.

CACIOPPO, John T. *et al.* "The Chicago Health, Aging and Social Relations Study". *In*: EID, Michael; LARSEN, Randy J. (orgs.). *The science of subjective well-being*. Nova York: Guilford Press, 2008. p. 195-219.

CARNEGIE, Dale. *Como fazer amigos e influenciar pessoas*. Rio de Janeiro: Sextante, 2019.

CARROLL, Lewis. *Alice através do espelho e o que ela encontrou por lá*. São Paulo: Martin Claret, 2013.

CARSTENSEN, Laura L. "The influence of a sense of time on human development". *Science*, v. 312, n. 5782, p. 1913-1915, 2006.

CARSTENSEN, Laura L.; ISAACOWITZ, D. M.; CHARLES, S. T. "Taking time seriously: A theory of socioemotional selectivity". *American Psychologist*, v. 54, n. 3, p. 165-181, 1999.

CASPI, A.; MOFFITT, T. E. "The continuity of maladaptive behavior: From description to understanding in the study of antisocial behavior". *In*: CICCHETTI, D.; COHEN, D. J. (orgs.). *Developmental psychopathology: Risk, disorder, and adaptation*. Hoboken, NJ: John Wiley & Sons, 1995. v. 2.

CHAKKARATH, Pradeep. "Indian thoughts on psychological human development". *In*: MISRA, G. (org.). *Psychology and psychoanalysis in India*. Nova Délhi: Munshiram Manoharlal Publishers, 2013. p. 167-190.

CHAMIE, Joseph. "The end of marriage in America?" *The Hill*, 10 ago. 2021. Disponível em: https://thehill.com/opinion/finance/567107-the-end-of-marriage-in-america.

COAN, James. "Why we hold hands: Dr. James Coan at TEDxCharlottesville 2013." TEDx Talks, 25 jan. 2014. Disponível em: www.youtube.com/watch?v=1UMHUPPQ96c.

COAN, James; SCHAEFER, Hillary S.; DAVIDSON, Richard J. "Lending a hand: social regulation of the neural response to threat". *Psychological Science*, v. 17, n. 12, p. 1032-1039, 2006.

COHEN, Leonard. *The future*. Sony Music Entertainment, 1992.

COHEN, Shiri *et al.* "Eye of the beholder: The individual and dyadic contributions of empathic accuracy and perceived empathic effort to relationship satisfaction". *Journal of Family Psychology*, v. 26, n. 2, p. 236-245, 2012.

COHN, Deborah A. *et al.* "Working models of childhood attachment and couple relationships". *Journal of Family Issues*, v. 13, n. 4, p. 432-449, 1992.

COLTRANE, Scott. "Research on household labor: Modeling and measuring the social embeddedness of routine family work". *Journal of Marriage and Family*, v. 62, n. 4, p. 1208-1233, 2000.

COX, Rachel Dunaway. *Youth into maturity*. Nova York: Mental Health Materials Center, 1970.

CRICK, N. R.; DODGE, K. A. "A review and reformulation of social-information processing mechanisms in children's development". *Psychological Bulletin*, v. 115, p. 74-101, 1994.

CRONIN, Christopher J.; EVANS, William N. "Excess mortality from COVID and non-COVID causes in minority populations". *Proceedings of the National Academy of Sciences*, v. 118, n. 39, e2101386118, set. 2021.

CURTIS, Gemma. "Your life in numbers". Licenças Creative Commons, 29 set. 2017 (modificado pela última vez em 28 abr. 2021). Disponível em: www.dreams.co.uk/sleep-matters-club/your-life-in-numbers-infographic.

CZEISLER, Mark E. *et al.* "Mental health, substance use, and suicidal ideation during the COVID-19 pandemic". *Morbidity and Mortality Weekly Report*, p. 1049-1057, 24-30 jun. 2020.

DALAI LAMA. "Economics, happiness, and the search for a better life". Dalailama.com, fev. 2014. Disponível em: www.dalailama.com/news/2014/economics-happiness-and-the-search-for-a-better-life.

DICKINSON, Emily. "Dickinson letter to Samuel Bowles (letter 193)". *Letters from Dickinson to Bowles Archive*, 1858. Disponível em: http://archive.emilydickinson.org/correspondence/bowles/l193.html.

DONNE, John. *Devotions upon emergent occasions: Together with death's duel*. Ann Arbor: University of Michigan Press, 1959.

DWORKIN, Jordan D. *et al.* "Capturing naturally occurring emotional suppression as it unfolds in couple interactions". *Emotion*, v. 19, n. 7, p. 1224-1235, 2019.

EID, Michael; LARSEN, Randy J. (orgs.). *The science of subjective well-being*. Nova York: Guilford Press, 2008.

EMERSON, Ralph Waldo. "Gifts" (1844). *Essays and English traits*. The Harvard Classics, 1909-1914. Disponível em: www.bartleby.com/5/113.html.

EMERSON, Ralph Waldo. *Ensaios*. São Paulo: Martin Claret, 2003.

EMERSON, Ralph Waldo. *Letters and social aims*. Londres: Chatto & Windus, 1876.

EPLEY, Nicholas; SCHROEDER, Juliana. "Mistakenly seeking solitude". *Journal of Experimental Psychology*, v. 143, n. 5, p. 1980-1999, 2014.

ERIKSON, Erik. *Infância e sociedade*. Rio de Janeiro: Zahar, 1976.

ERIKSON, Erik. *Identity and the life cycle*. Nova York: International Universities Press, 1959.

ERIKSON, Erik; ERIKSON, Joan M. *The life cycle completed: Extended version*. Nova York: Norton, 1997.

FALLOWS, James. "Linda Stone on maintaining focus in a maddeningly distractive world". *The Atlantic*, 23 maio 2013. Disponível em: www.theatlantic.com/national/archive/2013/05/linda-stone-on-maintaining-focus-in-a-maddeningly-distractive-world/276201.

FARSON, Richard; KEYES, Ralph. *Whoever makes the most mistakes*. Nova York: Free Press, 2002.

FIESE, Barbara H. *Family routines and rituals*. New Haven: Yale University Press, 2006.

FIESE, Barbara H. et al. "A review of 50 years of research on naturally occurring family routines and rituals: Cause for celebration?" *Journal of Family Psychology*, v. 16, n. 4, p. 381-390, 2002.

FINKEL, Eli J. *The all-or-nothing marriage: How the best marriages work*. Nova York: Dutton, 2017.

FISHEL, Anne K. "Harnessing the power of family dinners to create change in family therapy". *Australian and New Zealand Journal of Family Therapy*, v. 37, p. 514-527, 2016.

FRAIBERG, Selma et al. "Ghosts in the nursery: A psychoanalytic approach to the problems of impaired infant-mother relationships". *Journal of American Academy of Child Psychiatry*, v. 14, n. 3, p. 387-421, 1975.

FUNG, Helene H.; CARSTENSEN, Laura L. "Sending memorable messages to the old: Age differences in preferences and memory for advertisements". *Journal of Personality and Social Psychology*, v. 85, n. 1, p. 163-178, 2003.

GABLE, Shelly L. "Approach and avoidance social motives and goals". *Journal of Personality*, v. 74, p. 175-222, 2006.

GIATTINO, Charlie; ORTIZ-OSPINA, Esteban; ROSER, Max. "Working hours". ourworldindata.org, 2013/2020. Disponível em: https://ourworldindata.org/working-hours.

GILES, L. C. et al. "Effects of social networks on 10 year survival in very old Australians: The Australian Longitudinal Study of Aging". *Journal of Epidemiology and Community Health*, v. 59, p. 547-579, 2004.

GRANOVETTER, Mark S. "The strength of weak ties". *American Journal of Sociology*, v. 78, n. 6, p. 1360-1380, 1973.

GRANT, Adam. "Friends at work? Not so much". *The New York Times*, 4 set. 2015. Disponível em: www.nytimes.com/2015/09/06/opinion/sunday/adam-grant-friends-at-work-not-so-much.html?r=2&mtrref=undefined&gwh=52A0804F85EE4EF9D01A-D22AAC839063&gwt=pay&assetType=opinion.

GRIFFIN, Sarah C. et al. "Loneliness and sleep: A systematic review and meta-analysis". *Health Psychology Open*, v. 7, n. 1, p. 1-11, 2020.

GROSS, James J. "Emotion regulation: Affective, cognitive, and social consequences". *Psychophysiology*, v. 39, n. 3, p. 281-291, 2002.

GROSS, James J.; LEVENSON, Robert W. "Emotional suppression: Physiology, self-report, and expressive behavior". *Journal of Personality and Social Psychology*, v. 64, n. 6, p. 970-986, 1993.

GUSTAVSON, Kristin *et al.* "Attrition and generalizability in longitudinal studies: Findings from a 15-year population-based study and a Monte Carlo simulation study". *BMC Public Health*, v. 12, art. 918, 2012.

HALL, Jeffrey A. "Sex differences in friendship expectations: A meta-analysis". *Journal of Social and Personal Relationships*, v. 28, n. 6, p. 723-747, set. 2011.

HALL, Jeffrey A. "How many hours does it take to make a friend?." *Journal of Social and Personal Relationships*, v. 36, n. 4, p. 1278-1296, abr. 2019.

HAMMOND, Claudia. "Who feels lonely? The results of the world's largest loneliness study". *BBC Radio 4*, maio 2018. Disponível em: www.bbc.co.uk/programmes/articles/2yzhfv4DvqVp5nZyxBD8G23/who-feels-lonely-the-results-of-the-world-s-largest-loneliness-study.

HANH, Thich Nhat. *O milagre da atenção plena*: Uma introdução à prática da meditação. Petrópolis, RJ: Vozes, 2018.

HARRIS, Judith Rich. *Diga-me com quem anda...* Rio de Janeiro: Objetiva, 1999.

HAWKLEY, Louise C.; CACIOPPO, John T. "Loneliness matters: A theoretical and empirical review of consequences and mechanisms". *Annals of Behavioral Medicine: A Publication of the Society of Behavioral Medicine*, v. 40, n. 2, p. 218-227, 2010.

HAYES, Steven C. *et al.* "Measuring experiential avoidance: A preliminary test of a working model". *The Psychological Record*, v. 54, n. 4, p. 553-578, 2004.

HELSON, R. *et al.* "The growing evidence for personality change in adulthood: Findings from research with inventories". *Journal of Research in Personality*, v. 36, p. 287-306, 2002.

HILL-SODERLUND, Ashley L. *et al.* "Parasympathetic and sympathetic responses to the strange situation in infants and mothers from avoidant and securely attached dyads". *Developmental Psychobiology*, v. 50, n. 4, p. 361-376, 2008.

HOCHSCHILD, Arlie Russell; MACHUNG, Anne. *The second shift*. Nova York: Penguin, 1989/2012.

HOFFMANN, Jessica D. *et al.* "Teaching emotion regulation in schools: Translating research into practice with the RULER approach to social and emotional learning". *Emotion*, v. 20, n. 1, p. 105-109, 2020.

HOLMES, Thomas H.; RAHE, Richard H. "The social readjustment rating scale". *Journal of Psychosomatic Research*, v. 11, n. 2, p. 213-218, 1967.

HOLT-LUNSTAD, Julianne; SMITH, Timothy B.; LAYTON, J. Bradley. "Social relationships and mortality risk: A meta-analytic review". *PLoS Medicine*, v. 7, n. 7, e1000316, 2010.

HOLT-LUNSTAD, Julianne *et al.* "Loneliness and social isolation as risk factors for mortality: A meta-analytic review". *Perspectives on Psychological Science*, v. 10, n. 2, p. 227-237, 2015.

HOUSE, James S. *et al.* "Social relationships and health". *Science* New Series, v. 241, n. 4865, p. 540-545, jul. 1988.

HOWARD, Jane. *Families*. Nova York: Simon & Schuster, 1998.

HUANG, Grace Hui-Chen; GOVE, Mary. "Confucianism and Chinese families: Values and practices in education". *International Journal of Humanities and Social Science*, v. 2, n. 3, p. 10-14, fev. 2012.

HWANG, Tzung-Jeng *et al.* "Loneliness and social isolation during the COVID-19 pandemic". *International Psychogeriatrics*, v. 32, n. 10, p. 1217-1220, 2020.

IMPETT, E. A. *et al.* "Moving toward more perfect unions: Daily and long-term consequences of approach and avoidance goals in romantic relationships". *Journal of Personality and Social Psychology*, v. 99, p. 948-963, 2010.

IPSOS. "2020 predictions, perceptions and expectations", mar. 2020.

IWG. "The IWG Global Workspace Survey". International Workplace Group, mar. 2019. Disponível em: https://assets.regus.com/pdfs/iwg-workplace-survey/iwg-workplace-survey-2019.pdf.

JAFFE, Sara. "Queer time: The alternative to 'adulting.'" *JStor Daily*, 10 jan. 2018. Disponível em: https://daily.jstor.org/queer-time-the-alternative-to-adulting.

JEFFREY, Karen *et al.* "The cost of loneliness to UK employers". New Economics Foundation, fev. 2017. Disponível em: https://neweconomics.org/uploads/files/NEF_COST-OF-LONELINESS_DIGITAL-Final.pdf.

JESTE, Dilip V.; LEE, Ellen E.; CACIOPPO, Stephanie. "Battling the modern behavioral epidemic of loneliness: Suggestions for research and interventions". *JAMA Psychiatry*, v. 77, n. 6, p. 553-554, 2020.

JHA, Amishi *et al.* "Deploying mindfulness to gain cognitive advantage: Considerations for military effectiveness and well-being". *NATO Science and Technology Conference Proceedings*, p. 1-14, 2019. Disponível em: www.amishi.com/lab/wp-content/uploads/Jhaetal_2019_HFM_302_DeployingMindfulness.pdf.

JOHNSON, Sue. *Love sense: The revolutionary new science of romantic relationships*. Nova York: Little, Brown, 2013.

KAHNEMAN, Daniel; DEATON, Angus. "High income improves evaluation of life but not emotional well-being". *Proceedings of the National Academy of Sciences*, v. 107, n. 38, p. 16489-16493, set. 2010.

KAHNEMAN, Daniel; TVERSKY, Amos. "Prospect theory: An analysis of decision under risk". *Econometrica*, v. 47, p. 263-291, 1979.

KIECOLT-GLASER, Janice K. "WEXMED Live: Jan Kiecolt-Glaser". 6 out. 2016, Ohio State Wexner Medical Center. Vídeo, 14:52. Disponível em: www.youtube.com/watch?v=hjUW2YC1OYM.

KIECOLT-GLASER, Janice K. et al. "Slowing of wound healing by psychological stress". *Lancet*, v. 346, n. 8984, p. 1194-1196, nov. 1995.

KILLGORE, William D. S. et al. "Loneliness: A signature mental health concern in the era of COVID-19". *Psychiatry Research*, v. 290, 113117, 2020.

KILLINGSWORTH, Matthew; GILBERT, Daniel T. "A wandering mind is an unhappy mind". *Science*, v. 330, n. 6006, p. 932, 2010.

KRAUSE, Sabrina et al. "Effects of the adult attachment projective picture system on oxytocin and cortisol blood levels in mothers". *Frontiers in Human Neuroscience*, v. 8, n. 10, p. 627, 2016.

KROENKE, Candyce H. et al. "Social networks, social support, and survival after breast cancer diagnosis". *Journal of Clinical Oncology*, v. 24, n. 7, p. 1105-1111, 2006.

KROSS, Ethan. *A voz na sua cabeça: Como reduzir o ruído mental e transformar nosso crítico interno em maior aliado*. Rio de Janeiro: Sextante, 2021.

KROSS, Ethan; AYDUK, Ozlem. "Self-distancing: theory, research, and current directions". *Advances in Experimental Social Psychology*, v. 55, p. 81-136, 2017.

KROSS, Ethan; AYDUK, Ozlem; MISCHEL, W. "When asking 'why' does not hurt: Distinguishing rumination from reflective processing of negative emotions". *Psychological Science*, v. 16, n. 9, p. 709-715, 2005.

KROSS, Ethan et al. "Facebook use predicts declines in subjective well-being in young adults". *PLoS ONE*, v. 8, n. 8, e69841, 2013.

KUMASHIRO, M.; ARRIAGA, X. B. "Attachment security enhancement model: Bolstering attachment security through close relationships". *In*: MATTINGLY, B.; McINTYRE, K.; LEWANDOWSKI Jr., G. (orgs.). *Interpersonal relationships and the self-concept*. Cham, Suíça: Springer, 2020. p. 69-88.

LA FONTAINE, Jean de. *Fábulas de La Fontaine: Antologia*. São Paulo: Martin Claret, 2012.

LAZARUS, Richard S. *Emotion and adaptation*. Nova York: Oxford University Press, 1991.

LAZARUS, Richard S.; FOLKMAN, Susan. *Stress, appraisal, and coping*. Nova York: Springer, 1984.

LEE, Ellen et al. "High prevalence and adverse health effects of loneliness in community-dwelling adults across the lifespan: Role of wisdom as a protective factor". *International Psychogeriatrics*, v. 31, n. 10, p. 1447-1462, 2019.

L'ENGLE, Madeleine. *Walking on water: Reflections on faith and art*. Nova York: Convergent, 1980.

LEVESQUE, Amanda. "The West End through time". *Mit.edu*, 2010. Disponível em: http://web.mit.edu/aml2010/www/throughtime.html.

LEVINSON, Daniel. *The seasons of a woman's life*. Nova York: Random House, 1996.

LUO, Ye; WAITE, Linda J. "Loneliness and mortality among older adults in China". *The Journals of Gerontology: Series B*, v. 69, n. 4, p. 633-645, jul. 2014.

LYUBOMIRSKY, Sonja; SHELDON, Kennon M.; SCHKADE, David. "Pursuing happiness: The architecture of sustainable change". *Review of General Psychology*, v. 9, n. 2, p. 111-131, 2005.

MAGAN, Christopher. "Isolated during the pandemic seniors are dying of loneliness and their families are demanding help". *Twin Cities Pioneer Press*, 19 jun. 2020. Disponível em: www.twincities.com/2020/06/19/isolated-during-the-pandemic-seniors-are-dying-of-loneliness-and-their-families-are-demanding-help.

MANN, Annamarie. "Why we need best friends at work". *Gallup*, jan. 2018. Disponível em: www.gallup.com/workplace/236213/why-need-best-friends-work.aspx.

MANNER, Jane. "Avoiding eSolation in online education". *In*: CRAWFORD, C. et al. (orgs.). *Proceedings of SITE 2003: Society for Information Technology and Teacher Education International Conference*. Albuquerque: Association for the Advancement of Computing in Education (AACE), 2003. p. 408-410.

MARMOT, Michael G. et al. "Contribution of job control and other risk factors to social variations in coronary heart disease incidence". *Lancet*, v. 350, p. 235-239, 1997.

MATTHEWS, Timothy et al. "Lonely young adults in modern Britain: Findings from an epidemiological cohort study". *Psychological Medicine*, v. 49, n. 2, p. 268-277, jan. 2019.

McADAMS, Kimberly; LUCAS, Richard E.; DONNELLAN, M. Brent. "The role of domain satisfaction in explaining the paradoxical association between life satisfaction and age". *Social Indicators Research*, v. 109, p. 295-303, 2012.

McGRAW, A. P. et al. "Comparing gains and losses". *Psychological Science*, v. 21, p. 1438-1445, 2010.

MOORS, A. et al. "Appraisal theories of emotion: State of the art and future development". *Emotion Review*, v. 5, n. 2, p. 119-124, 2013.

MURAYAMA, Kou. "The science of motivation". *Psychological Science Agenda*, jun. 2018. Disponível em: www.apa.org/science/about/psa/2018/06/motivation.

NEUGARTEN, Bernie. "Adaptation and the life cycle". *The Counseling Psychologist*, v. 6, n. 1, p. 16-20, 1976.

NEVAREZ, Michael; YEE, Hannah M.; WALDINGER, Robert J. "Friendship in war: Camaraderie and posttraumatic stress disorder prevention". *Journal of Traumatic Stress*, v. 30, n. 5, p. 512-520, 2017.

NIELSEN REPORT. "Q1 2018 total audience report". 2018. Disponível em: www.nielsen.com/us/en/insights/report/2018/q1-2018-total-audience-report.

NOVICK, Tessa K. *et al.* "Health-related social needs and kidney risk factor control in an urban population". *Kidney Medicine*, v. 3, n. 4, p. 680-682, 2021.

OBERST, Ursula *et al.* "Negative consequences from heavy social networking in adolescents: The mediating role of fear of missing out". *Journal of Adolescence*, v. 55, p. 51-60, 2015.

OKUMURA, Shohaku. *Realizing Genjokoan: The key to Dogen's Shobogenzo.* Boston: Wisdom Publications, 2010.

OLSSON, Craig A. *et al.* "A 32-year longitudinal study of child and adolescent pathways to well-being in adulthood". *Journal of Happiness Studies*, v. 14, n. 3, p. 1069-1083, 2013.

ORBEN, A. "The Sisyphean cycle of technology panics". *Perspectives on Psychological Science*, v. 15, n. 5, p. 1143-1157, 2020.

ORTH-GOMÉR, Kristina; Johnson, J. V. "Social network interaction and mortality: A six year follow-up study of a random sample of the Swedish population". *Journal of Chronic Diseases*, v. 40, n. 10, p. 949-957, 1987.

OVERALL, Nickola C.; SIMPSON, Jeffry A. "Attachment and dyadic regulation processes". *Current Opinion in Psychology*, v. 1, p. 61-66, 2015.

OVERSTREET, R. Larry. "The Greek concept of the 'seven stages of life' and its new testament significance". *Bulletin for Biblical Research*, v. 19, n. 4, p. 537-563, 2009.

PARK, Soyoung Q. *et al.* "A neural link between generosity and happiness". *Nature Communications*, v. 8, n. 15964, 2017.

PARKER, Kim *et al.* "Marriage and cohabitation in the U.S.". Pew Research Center, nov. 2019.

PEARSON, Helen. *The life project.* Berkeley: Soft Skull Press, 2016.

PETROVA, Kate; SCHULZ, Marc S. "Emotional experiences in digitally mediated and in-person interactions: An experience-sampling study". *Cognition and Emotion*, v. 36, n. 4, p. 750-757, 2022.

PETROVA, Kate *et al.* "Self-distancing and avoidance mediate the links between trait mindfulness and responses to emotional challenges". *Mindfulness*, v. 12, n. 4, p. 947-958, 2021.

PLATÃO. *O banquete.* São Paulo: Edipro, 2017.

PRESSMAN, S. D. *et al.* "Loneliness, social network size, and immune response to influenza vaccination in college freshmen". *Health Psychology*, v. 24, n. 3, p. 297-306, 2005.

PULEO, Stephen. *The Boston Italians: A story of pride, perseverance and paesani, from the years of the great immigration to the present day.* Boston: Beacon Press, 2007.

RHEAULT, Magali. In U.S., 3 in 10 working adults are strapped for time. Gallup, 20 jul. 2011. Disponível em: https://news.gallup.com/poll/148583/working-adults-strapped-time.aspx.

RIORDAN, Christine M.; GRIFFETH, Rodger W. "The opportunity for friendship in the workplace: An underexplored construct". *Journal of Business Psychology*, v. 10, p. 141-154, 1995.

ROBERTS, Max; REITHER, Eric N.; LIM, Sojoung. "Contributors to the Black-White life expectancy gap in Washington, D.C.". *Scientific Reports*, v. 10, art. 13416, 2020.

RODER, Eva *et al.* "Maternal separation and contact to a stranger more than reunion affect the autonomic nervous system in the mother-child dyad: ANS measurements during strange situation procedure in mother-child dyad". *International Journal of Psychophysiology*, v. 147, p. 26-34, 2020.

ROGERS, Carl. *Tornar-se pessoa*. São Paulo: Martins Fontes, 2009.

ROGERS, Kenny. "You can't make old friends". *In*: *You can't make old friends*. Warner Music Nashville, 2013. CD, faixa 1.

RUAVIEJA. "Comercial Ruavieja 2018 (legendas em inglês): #WeHaveToSeeMoreOfEachOther". 20 nov. 2018. Disponível em: www.youtube.com/watch?v=kma1bPDR-rE.

RUNG, Ariane L. *et al.* "Work-family spillover and depression: Are there racial differences among employed women?". *SSM – Population Health*, v. 13, 100724, 2020.

SAFFRON, Inga. "Our desire for quick delivery is bringing more warehouses to our neighborhoods". *Philadelphia Inquirer*, 21 abr. 2021. Disponível em: https://www.inquirer.com/real-estate/inga-saffron/philadelphia-amazon-ups-distribution-fulfillment-land-use-bustleton-residential-neighborhood-dhl-office-industrial-parks-20210421.html.

SANDSTROM, Gillian M.; BOOTHBY, Erica J. "Why do people avoid talking to strangers? A mini meta-analysis of predicted fears and actual experiences talking to a stranger". *Self and Identity*, v. 20, n. 1, p. 47-71, 2021.

SANDSTROM, Gillian M.; DUNN, Elizabeth W. "Is efficiency overrated? Minimal social interactions lead to belonging and positive affect". *Social Psychological and Personality Science*, v. 5, n. 4, p. 437-442, mai. 2014.

SCHULZ, Marc; LAZARUS, Richard S. "Emotion regulation during adolescence: A cognitive-mediational conceptualization". *In*: KERIG, P. K.; SCHULZ, M. S.; HAUSER, S. T. (orgs.). *Adolescence and beyond: Family processes and development*. Londres: Oxford University Press, 2012.

SCHULZ, Marc S.; COWAN, P. A.; COWAN, C. P. "Promoting healthy beginnings: A randomized controlled trial of a preventive intervention to preserve marital quality during the transition to parenthood". *Journal of Clinical and Consulting Psychology*, v. 74, p. 20-31, 2006.

SCHULZ, Marc. S. et al. "Coming home upset: Gender, marital satisfaction and the daily spillover of workday experience into marriage". *Journal of Family Psychology*, v. 18, p. 250-263, 2004.

SÊNECA. *Cartas de um estoico*. São Paulo: Montecristo Editora, 2021.

SENNETT, Richard; COBB, Jonathan. *The hidden injuries of class*. Nova York: Knopf, 1972.

SHANKAR, Aparna et al. "Social isolation and loneliness: Relationships with cognitive function during 4 years of follow-up in the English Longitudinal Study of Ageing". *Psychosomatic Medicine*, v. 75, n. 2, p. 161-170, fev. 2013.

SHARIF, M. A.; MOGILNER, C.; HERSHFIELD, H. E. "Having too little or too much time is linked to lower subjective well-being". *Journal of Personality and Social Psychology*, v. 121, n. 4, p. 933-947, 2021.

SHEEHY, Gail. *Novas passagens: Um roteiro para a vida inteira*. Rio de Janeiro: Rocco: 1997.

SMITH, C. A. "Dimensions of appraisal and physiological response in emotion". *Journal of Personality and Social Psychology*, v. 56, n. 3, p. 339-353, 1989.

SOMESHWAR, Amala. "War, what is it good for? Examining marital satisfaction and stability following World War II". Monografia – Bryn Mawr College, 2018.

SPANGLER, Gottfried; SCHIECHE, Michael. "Emotional and adrenocortical responses of infants to the strange situation: The differential function of emotional expression". *International Journal of Behavioral Development*, v. 22, n. 4, p. 681-706, 1998.

STEINBECK, John. *Viajando com Charley*. Rio de Janeiro: BestBolso, 2018.

SUZUKI, Shunryu. *Mente zen, mente de principiante: Palestras informais sobre meditação e prática Zen*. São Paulo: Palas Athenas, 1996.

TAN, Pia. "The taming of the bull. Mind-training and the formation of Buddhist traditions". 2004. Disponível em: http://dharmafarer.org/wordpress/wp-content/uploads/2009/12/8.2-Taming-of-the-Bull-piya.pdf.

TARRANT, John. *A luz dentro da escuridão: Zen, alma e vida espiritual*. Rio de Janeiro: Rocco, 2002.

TAYLOR, Rebecca D. et al. "Promoting positive youth development through school--based social and emotional learning interventions: A meta-analysis of follow-up effects". *Child Development*, v. 88, n. 4, p. 1156-1171, jul./ago. 2017.

THOMPSON, Derek. "The myth that Americans are busier than ever". theatlantic.com, 21 maio 2014. Disponível em: www.theatlantic.com/business/archive/2014/05/the-myth-that-americans-are-busier-than-ever/371350.

THOREAU, Henry David. *The writings of Henry David Thoreau (Journal I, 1837-1846)*. Boston: Houghton Mifflin, 1906.

TWENGE, Jean M. *et al.* "Generational differences in young adults' life goals, concern for others, and civic orientation, 1966-2009". *Journal of Personality and Social Psychology*, v. 102, n. 5, p. 1045-1062, maio 2012.

UELAND, Brenda. "Tell me more". *Ladies' Home Journal*, nov. 1941.

U.S. BUREAU OF LABOR STATISTICS. "Databases, tables & calculators by subject". Disponível em: https://data.bls.gov/timeseries/LNS11300000. Acesso em: out. 2021.

U.S. DEPARTMENT OF HEALTH AND HUMAN SERVICES, CENTERS FOR DISEASE CONTROL AND PREVENTION, NATIONAL CENTER FOR CHRONIC DISEASE PREVENTION AND HEALTH PROMOTION, OFFICE ON SMOKING AND HEALTH. "The health consequences of smoking – 50 years of progress: A report of the surgeon general". Atlanta, 2014. Disponível em: www.cdc.gov/tobacco/data_statistics/sgr/50th-anniversary/index.htm.

VAILLANT, George. *Aging well.* Boston: Little, Brown, 2002.

VAILLANT, George. *Triumphs of experience.* Cambridge: Harvard University Press, 2015.

VAILLANT, George; MUKAMAL, K. "Successful aging". *American Journal of Psychiatry*, v. 158, p. 839-847, 2001.

VERDUYN, Philippe *et al.* "Passive Facebook usage undermines affective well-being: Experimental and longitudinal evidence". *Journal of Experimental Psychology: General*, v. 144, n. 2, p. 480-488, 2015.

VERDUYN, Philippe *et al.* "Do social network sites enhance or undermine subjective well-being? A critical review". *Social Issues and Policy Review*, v. 11, n. 1, p. 274-302, 2017.

VESPA, Jonathan. "The changing economics and demographics of young adulthood, 1975-2016". United States Census Bureau, abr. 2017. Disponível em: www.census.gov/content/dam/Census/library/publications/2017/demo/p20-579.pdf.

VLAHOVIC, Tatiana A.; ROBERTS, Sam; DUNBAR, Robin. "Effects of duration and laughter on subjective happiness within different modes of communication". *Journal of Computer-Mediated Communication*, v. 17, n. 4, p. 436-450, jul. 2012.

WALDINGER, Robert J.; SCHULZ, Marc S. "Facing the music or burying our heads in the sand? Adaptive emotion regulation in midlife and late life". *Research in Human Development*, v. 7, n. 4, p. 292-306, 2010.

WALDINGER, Robert J.; SCHULZ, Marc S. "What's love got to do with it? Social functioning, perceived health, and daily happiness in married octogenarians". *Psychology and Aging*, v. 25, n. 2, p. 422-431, jun. 2010.

WALDINGER, Robert J.; SCHULZ, Marc S. "The long reach of nurturing family environments: Links with midlife emotion-regulatory styles and late-life security in intimate relationships". *Psychological Science*, v. 27, n. 11, p. 1443-1450, 2016.

WALDINGER, Robert J. et al. "Reading others' emotions: The role of intuitive judgments in predicting marital satisfaction, quality and stability". *Journal of Family Psychology*, v. 18, p. 58-71, 2004.

WALLACE, David Foster. "David Foster Wallace on life and work". *The Wall Street Journal*, 19 set. 2008. Disponível em: www.wsj.com/articles/SB122178211966454607.

WANG, Wendy. "More than one-third of prime-age Americans have never married". Institute for Family Studies Research Brief, set. 2020. Disponível em: https://ifstudies.org/ifs-admin/resources/final2-ifs-single-americansbrief2020.pdf.

WAY, Niobe. "Boys' friendships during adolescence: Intimacy, desire, and loss". *Journal of Research on Adolescence*, v. 23, n. 2, p. 201-213, 2013.

WEIL, Simóne. *A gravidade e a graça*. São Paulo: Martins Fontes, 1993.

WERNER, Emmy. "Risk, resilience, and recovery: Perspectives from the Kauai Longitudinal Study". *Development and Psychopathology*, v. 5, n. 4, p. 503-515, 1993.

WERNER, Emmy; SMITH, Ruth S. *Overcoming the odds: High risk children from birth to adulthood*. Ithaca: Cornell University Press, 1992.

WERNER, Emmy; SMITH, Ruth S. *Journeys from childhood to midlife: Risk, resilience, and recovery*. Ithaca: Cornell University Press, 2001.

WERNER, Emmy; SMITH, Ruth S. "An epidemiologic perspective on some antecedents and consequences of childhood mental health problems and learning disabilities (a report from the Kauai Longitudinal Study)". *Journal of American Academy of Child Psychiatry*, v. 18, n. 2, p. 293, 1979.

WHILLANS, Ashley. "Time poor and unhappy". *Harvard Business Review*, 2019. Disponível em: https://awhillans.com/uploads/1/2/3/5/123580974/whillans_03.19.19.pdf.

WHILLANS, Ashley V. et al. "Buying time promotes happiness". *PNAS*, v. 114, n. 32, p. 8523-8527, 2017.

WHITE, Judith B. et al. "Frequent social comparisons and destructive emotions and behaviors: The dark side of social comparisons". *Journal of Adult Development*, v. 13, p. 36-44, 2006.

WHITTON, Sarah W. et al. "Prospective associations from family-of-origin interactions to adult marital interactions and relationship adjustment". *Journal of Family Psychology*, v. 22, p. 274-286, 2008.

WILE, Daniel. *Depois da lua de mel: Como melhorar o relacionamento através dos conflitos*. São Paulo: McGraw Hill, 1990.

WILLIAMS, J. M. et al. *The mindful way through depression*. Nova York: Guilford Press, 2007.

WILSON, Timothy; GILBERT, Daniel T. Affective forecasting. *In*: ZANNA, Mark P. (org.). *Advances in experimental social psychology*. San Diego: Academic Press, 2003. v. 35. p. 345-411.

WILSON, Timothy; GILBERT, Daniel T. "Affective forecasting: Knowing what to want". *Current Directions in Psychological Science*, v. 14, n. 3, p. 131-134, jun. 2005.

WOHN, Donghee Y.; LaROSE, Robert. "Effects of loneliness and differential usage of Facebook on college adjustment of first-year students". *Computers & Education*, v. 76, p. 158-167, 2014.

WOLF, Anthony. *Get out of my life, but first could you drive me and Cheryl to the mall?*. Nova York: Farrar, Straus & Giroux, 2002.

ZAGORSKI, Nick. "Profile of Elizabeth F. Loftus". *Proceedings of the National Academy of Sciences*, v. 102, n. 39, p. 13721-13723, set. 2005.

ZANESCO, Anthony P. *et al*. "Mindfulness training as cognitive training in high-demand cohorts: An initial study in elite military servicemembers". *Progress in Brain Research*, v. 244, p. 323-354, 2019.

CONHEÇA ALGUNS DESTAQUES DE NOSSO CATÁLOGO

- Augusto Cury: Você é insubstituível (2,8 milhões de livros vendidos), Nunca desista de seus sonhos (2,7 milhões de livros vendidos) e O médico da emoção
- Dale Carnegie: Como fazer amigos e influenciar pessoas (16 milhões de livros vendidos) e Como evitar preocupações e começar a viver
- Brené Brown: A coragem de ser imperfeito – Como aceitar a própria vulnerabilidade e vencer a vergonha (900 mil livros vendidos)
- T. Harv Eker: Os segredos da mente milionária (3 milhões de livros vendidos)
- Gustavo Cerbasi: Casais inteligentes enriquecem juntos (1,2 milhão de livros vendidos) e Como organizar sua vida financeira
- Greg McKeown: Essencialismo – A disciplinada busca por menos (700 mil livros vendidos) e Sem esforço – Torne mais fácil o que é mais importante
- Haemin Sunim: As coisas que você só vê quando desacelera (700 mil livros vendidos) e Amor pelas coisas imperfeitas
- Ana Claudia Quintana Arantes: A morte é um dia que vale a pena viver (650 mil livros vendidos) e Pra vida toda valer a pena viver
- Ichiro Kishimi e Fumitake Koga: A coragem de não agradar – Como se libertar da opinião dos outros (350 mil livros vendidos)
- Simon Sinek: Comece pelo porquê (350 mil livros vendidos) e O jogo infinito
- Robert B. Cialdini: As armas da persuasão (500 mil livros vendidos)
- Eckhart Tolle: O poder do agora (1,2 milhão de livros vendidos)
- Edith Eva Eger: A bailarina de Auschwitz (600 mil livros vendidos)
- Cristina Núñez Pereira e Rafael R. Valcárcel: Emocionário – Um guia lúdico para lidar com as emoções (800 mil livros vendidos)
- Nizan Guanaes e Arthur Guerra: Você aguenta ser feliz? – Como cuidar da saúde mental e física para ter qualidade de vida
- Suhas Kshirsagar: Mude seus horários, mude sua vida – Como usar o relógio biológico para perder peso, reduzir o estresse e ter mais saúde e energia

sextante.com.br